新手学K线

快速入门与实操技巧

刘振清 / 编著

中国宇航出版社
·北京·

图书在版编目（C I P）数据

新手学K线快速入门与实操技巧 / 刘振清编著. -- 北京 : 中国宇航出版社, 2022.4（2022.6重印）
ISBN 978-7-5159-2045-0

Ⅰ. ①新… Ⅱ. ①刘… Ⅲ. ①股票投资－基本知识 Ⅳ. ①F830.91

中国版本图书馆CIP数据核字(2022)第041469号

策划编辑 卢　珊
责任编辑 卢　珊　　**封面设计** 李　松

出版发行	中国宇航出版社		
社　址	北京市阜成路8号 (010)68768548	**邮　编**	100830
网　址	www.caphbook.com		
经　销	新华书店		
发行部	(010)68767386 (010)68767382		(010)68371900 (010)88100613(传真)
零售店	读者服务部 (010)68371105		
承　印	北京天顺鸿彩印有限公司		
版　次	2022年4月第1版		2022年6月第2次印刷
规　格	710×1000	**开　本**	1/16
印　张	19.75	**字　数**	277千字
书　号	ISBN 978-7-5159-2045-0		
定　价	59.00元		

本书如有印装质量问题，可与发行部联系调换

K 线，比你更了解股市

（代序）

市场上，分析股价走势的理论和方法层出不穷。有人喜欢看股价运行趋势，有人喜欢用价值分析法来评估股价是否低估，有人则完全凭借一些所谓的“小道”消息来炒股。其实，无论采用何种方法炒股，股价最终都会在一根 K 线图上反映出来。

换句话说，K 线图就是包容一切市场信息的载体。看懂了 K 线图，就了解了股票市场。如果把整个股票市场的走势看作是一个乐章的话，那么，里面的一根根 K 线便是最基本的音符。这些音符或长或短，或起或伏，将股市的高亢与低沉、激情与迷茫，统统呈现在了投资者面前，任凭投资者按照自己的理解去解读、判断和交易。

当然，关于 K 线图的解读，也并非毫无依据。随着股票投资理论的发展，对 K 线图的研判方法也在不断地改进和提升。本书中，对于 K 线图的解读主要围绕以下几个维度展开。

★对单根 K 线的解读

一般来说，单根 K 线只能反映一定周期内（通常为一个交易日）股价的波动情况。这类 K 线在指引未来股价走势方面并不具备太大的优势。毕竟，主力可以在一个交易日内进行大量的诱多与诱空操作，这使得单根 K 线发出的信号准确性不高。不过，一些特殊 K 线的出现，还是值得投资者特别关注的，如大阳线、大阴线以及顶部或底部的十字线等。这些 K 线的形成需要市场环境以及各路资金的配合，并不是主力单独能够完成的。

★对 K 线组合的解读

相比单根K线,K线组合发出的信号准确性要高很多。对K线组合信号的解读，也是本书的重点内容，包括多根 K 线组合、价格形态等。通过 K 线组合，投资者可以更加清晰地看出股价运行的状态和趋势，这对于股价未来走势具有较强的指示作用。

★对 K 线与技术指标组合的解读

事实上，K 线与技术指标组合分析，已经是目前对 K 线分析的主流了。这一点从炒股软件的 K 线图上就可以看出来。几乎在所有的炒股软件中，K 线总是默认与均线、成交量组合使用，这本身就是一种组合分析方法。

为了满足不同投资者的需求，在本书中，不仅给出了 K 线与均线、成交量的组合分析，还提供了 K 线与 MACD 指标、趋势线的组合分析。

当然，无论采用何种方法分析 K 线图，最终目标只有一个，就是找到股价的买卖点。本书在介绍 K 线图时，也将重心放在了对股价买入时机和卖出时机的解读上，以帮助投资者更准确地找到买卖点。

股市中永远存在风险，本书介绍的 K 线图分析方法和技巧，也无法回避股市中的风险，投资者一定要根据自身情况，先控制好风险，再求获利。

总之，投资者要想真正看懂 K 线图，就要经过漫长的学习和积累过程，经历过多次牛熊转换的洗礼。本书提供的各类 K 线图分析方法与技巧，希望能够为投资者的交易成长之路提供一些帮助和支持。

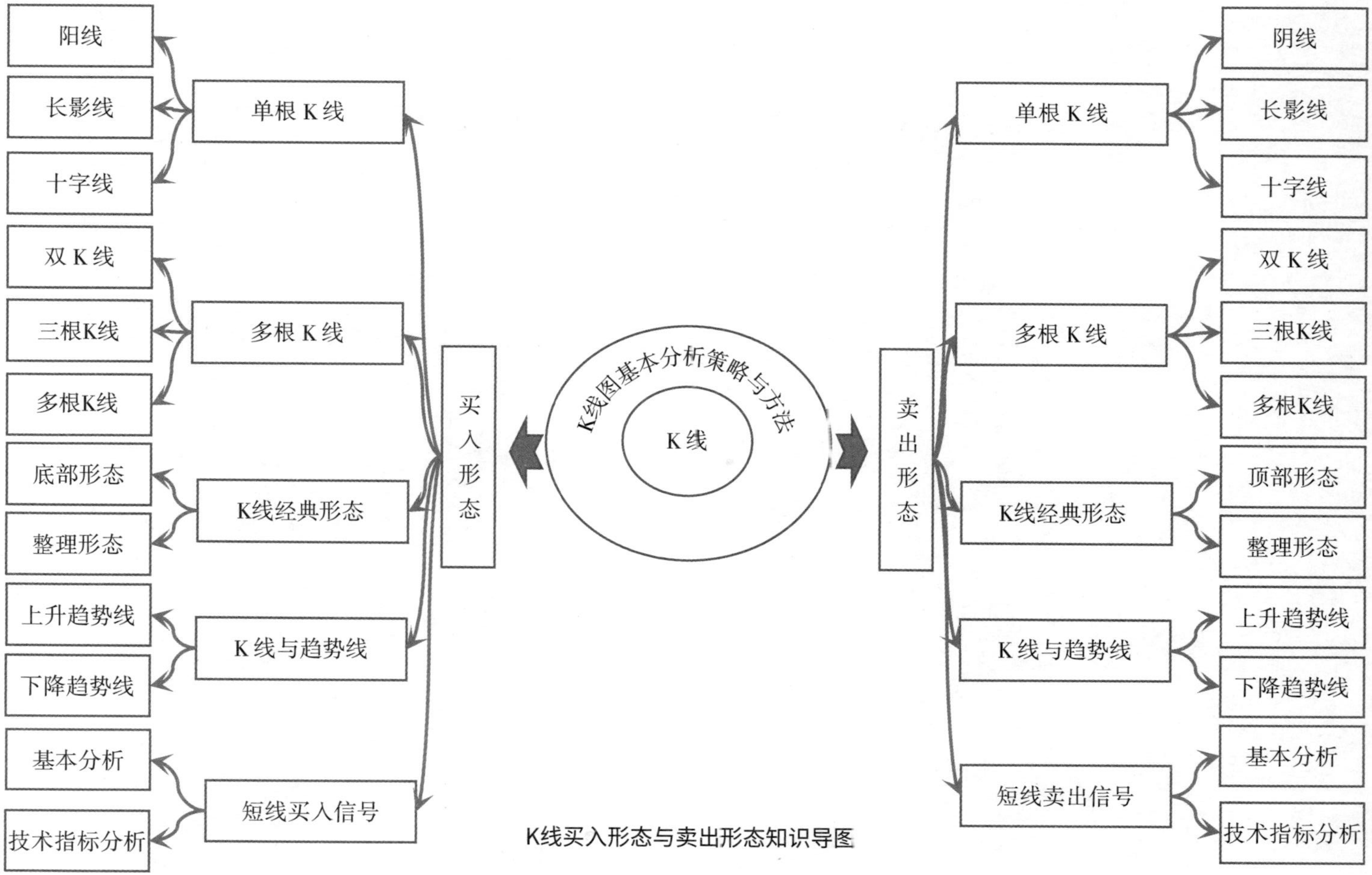

K线买入形态与卖出形态知识导图

目 录 / Contents

第一章

看懂了 K 线，也就看懂了股市

K 线是目前证券市场上最为流行、应用最为广泛的股价走势分析工具，K 线包罗了市场上多空双方争斗的过程与结果。从某种意义上来说，看懂了 K 线，也就看懂了股市。

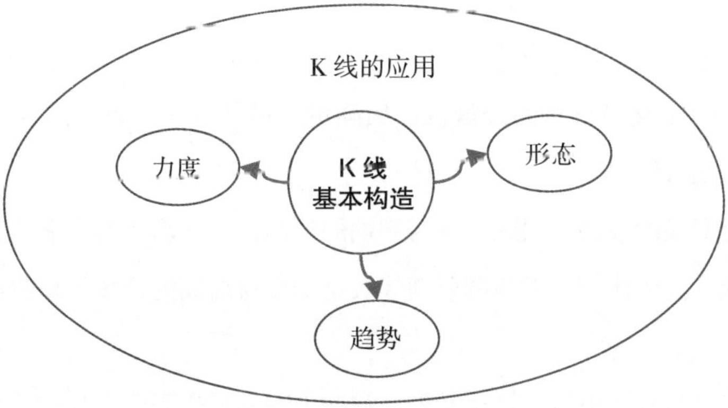

图 1-1　K 线分析与应用知识导图

第一节
K 线与 K 线分析技术

K 线最早起源于日本的江户时代，本来是当时的富豪本间宗久用来记录和预测米市价格波动的分析工具，后来这种技术分析工具传到西方，并逐渐演变、发展成为今天的 K 线图。K 线因其形似蜡烛，又称为蜡烛图；又由于 K 线图的实体分为黑白两色，因而又常常称之为阴阳线。

一、K 线的基本构造

K 线主要包括阴线、阳线和十字线三种，当然，十字线也可以看成是一种特殊的阴线或阳线。我们所看到的 K 线图，基本上都是由上述三种形态及其变形组成的。

从整体上来看，K线是柱状的线条，由影线和实体组成。它能够把某一周期内（通常为一个交易日）的开盘价、最高价、最低价和收盘价这 4 个价格的市场情况直观地表现出来。

K 线上影线的顶端代表这一交易周期的最高价，下影线的末端代表这一交易周期的最低价，实体的上下两端分别代表这一交易周期的开盘价和收盘价，如图 1-2 所示。

开盘价：又称开市价，是指某种证券在证券交易所每个交易周期开盘后第一笔交易的成交价格。目前国内股票市场采用集合竞价的方式来确定每天的开盘价，每个交易日的 9:25 会形成当天的开盘价。

最高价：指某种证券在每个交易周期从开盘到收盘的交易过程中所产生的最高价格。

最低价：指某种证券在每个交易周期从开盘到收盘的交易过程中所产生的最

低价格。

收盘价：指某种证券在每个交易周期最后一笔交易的成交价格。收盘价是当前行情的标准，又是下一个交易周期开盘价形成的依据，代表了买卖双方的力量对比结果，可据以预测未来的市场行情。目前，收盘价和开盘价一样是通过集合竞价产生的，从 14:57 开始集合竞价，至 15:00 产生收盘价。

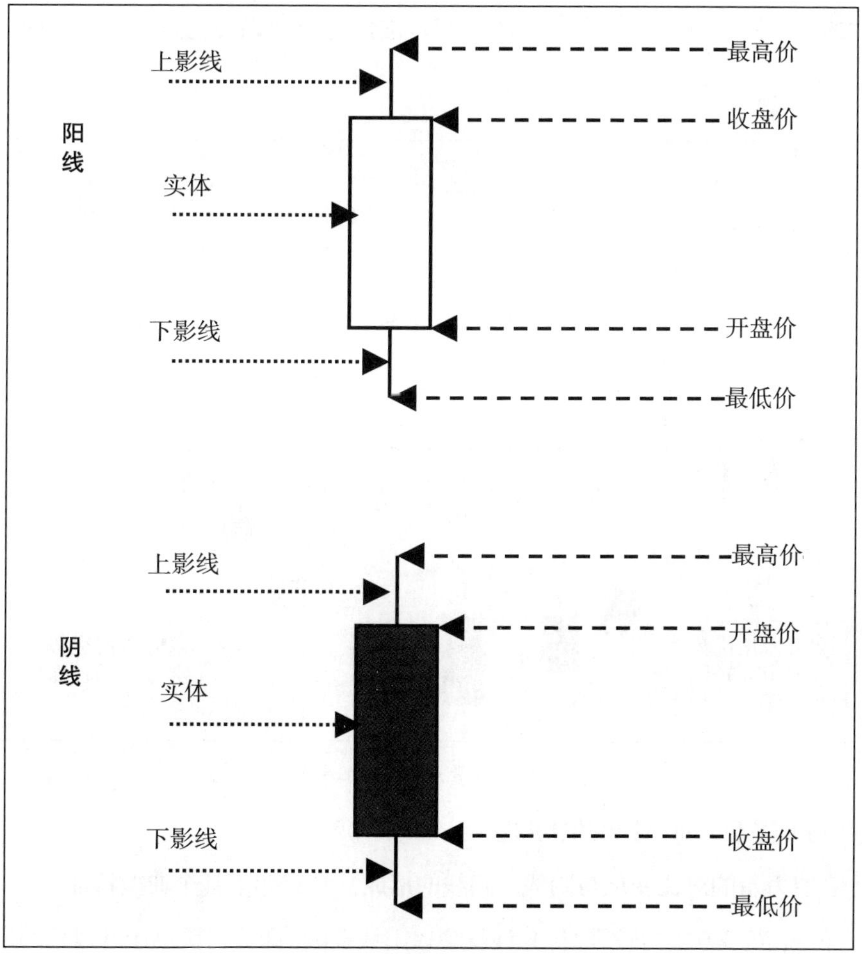

图 1–2　K 线的基本形态

二、K 线形态的意义与转化

阳线与阴线构成了 K 线最基本的形态，而阳线与阴线的形成，又是多空双方博弈的一个结果。在某一交易时段（一般为日内），多方力量胜出，则 K 线为阳线；空方力量胜出，则 K 线为阴线。从另一个角度来看，阳线的出现说明多方实力较强；反之，阴线的形成则说明空方实力较强。不过，多空双方的力量对比并不是一成不变的，而是常常处于动态转化过程中，如图 1-3 所示。

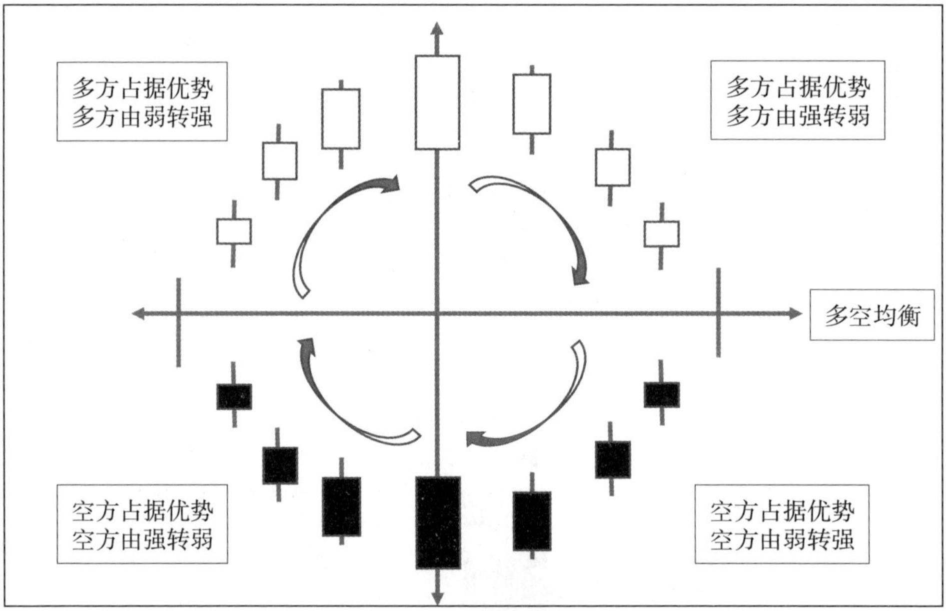

图 1-3　多空力量对比与 K 线形态变化

（1）多空力量对比变化特征。

多空力量的对比变化与阴线、阳线的形成，具有如下几个典型特征。

第一，当多方实力较强时，K 线就会以阳线报收，即收盘价高于开盘价；反之，空方实力较强时，则以阴线报收。

第二，多方力量的变化，一般是从弱逐渐变强，再由强转弱。当多方占据优势，但实力稍强于空方时，K 线就会出现小阳线；当多方力量强盛至极点时，K 线就会呈现光头大阳线或涨停板形态。当多方力量强大到一定程度后，空方力量就会逐渐形成，K 线尽管仍以阳线报收，但阳线的实体长度逐渐缩短，直至多空双方力量呈现均衡状态，这时 K 线就会以十字线报收。

第三，空方力量的变化，也会延续多方力量变化的轨迹，由弱变强，再由强转弱。当空方力量在与多方的对比中处于优势时，K 线会以阴线报收，当空方力量达到最强时，K 线就会呈现光脚大阴线或跌停板，此后，空方力量转弱，多方力量开始增强。当多空双方的力量再度均衡时，还会以十字线形态报收。

（2）阴线与阳线背后的思想。

通过多空力量对比变化以及阴线、阳线的形成，可以发现这样几点。

第一，很少出现绝对的多方强势或空方强势情况，一旦出现这种情况，则意味着多方或空方实力很快将会转入下行通道，这与“盛极而衰”的哲学思想非常相似。

第二，K 线实体的长度本身就是多空双方力量强弱的反映。当 K 线为阳线，且实体越长，说明多方实力越强；反之，当 K 线为阴线，且实体越长，则说明空方实力越强。

第三，任何时候多空力量对比的均衡状态，都只能是暂时的，多空力量对比永远处于运动和变化之中。也就是说，在 K 线图上出现的十字线等反映多空均衡的形态，势必不会长久。

第二节 K线图研判的角度

相对于其他技术分析工具，K线图更为直观和有效。使用K线对股价进行分析和预判时，一般需要从以下几个角度展开。

一、基本判断：形态与颜色

K线实体的颜色、形态以及上下影线的情况，是对多空双方力量对比最为直观的一个判断。

一般来说，这种判断包括如下几项内容。

第一，K线实体的颜色。阳线说明多方实力较强，阴线则说明空方实力较强。

第二，K线实体的长度越长，说明某一方的实力越强。大阴线、大阳线的交易指示含义较为强烈，而一些小实体K线的交易含义就要弱一些。

第三，K线的上下影线也是判断多空力量的一个指标。上影线越长，说明空方对多方的反击越强；反之，下影线越长，则说明多方对空方反击的力量越强。在实战中，一些顶部长上影线、底部长下影线特别需要关注。

下面来看一下浪潮信息的案例，如图1-4所示。浪潮信息的股价在2021年7月到8月初的一段时间里呈现振荡上行趋势。该股股价在振荡过程中，阴线与阳线交替出现，且阳线的数量明显多于阴线，这也从侧面反映了股价振荡上行的态势。

也就是说，投资者只借助最基本的K线颜色和形态，也可以对股价的运行态势有一个最基本的判断。

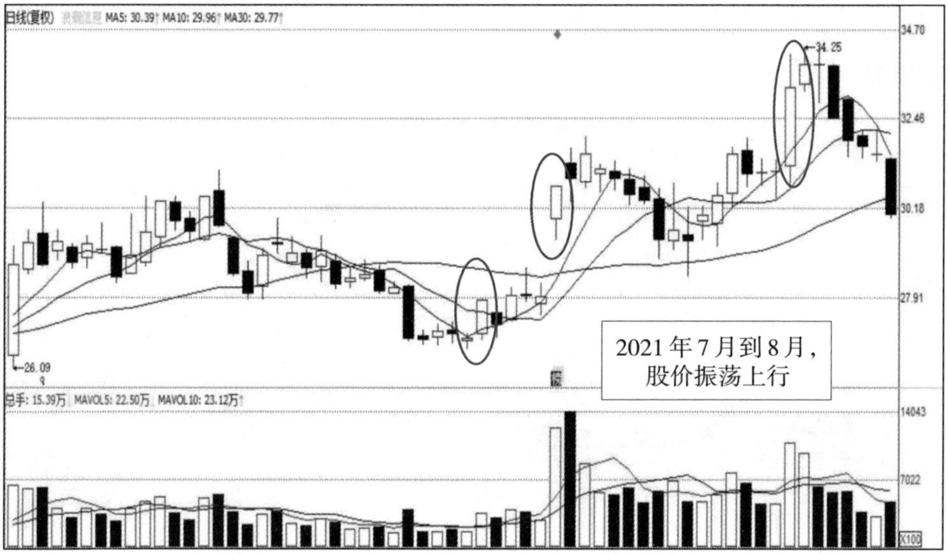

图1-4　浪潮信息（000977）日K线走势图

二、组合判断：攻击力度

K线的攻击力度需要通过多根K线组合判断。一般来说，判断一组K线攻击力度增强还是减弱，可以通过以下几种方法。

第一，在一组上升K线中，若阳线实体越来越长，说明攻击力度越来越强，反之，则说明攻击力度在减弱；在一组下跌K线中，若阴线实体越来越长，说明攻击力度越来越强，反之，则说明攻击力度在减弱。

第二，一组K线上升或下跌时倾斜的角度，也可以判断攻击力度的强弱。若倾斜的角度越来越大，说明攻击力度在加强；反之，则说明攻击力度在减弱。

下面来看一下海利得的案例，如图1-5所示。海利得的股价在2021年8月到9月初的一段时间里呈现大幅上攻走势。该股股价K线在上攻初期多次出现光头大阳线，而进入9月后，股价收出的阳线实体减小，且倾斜的角度也开始趋缓。基于以上态势可知，该股股价上攻的力度开始减弱，未来存在滞涨下跌的可能。

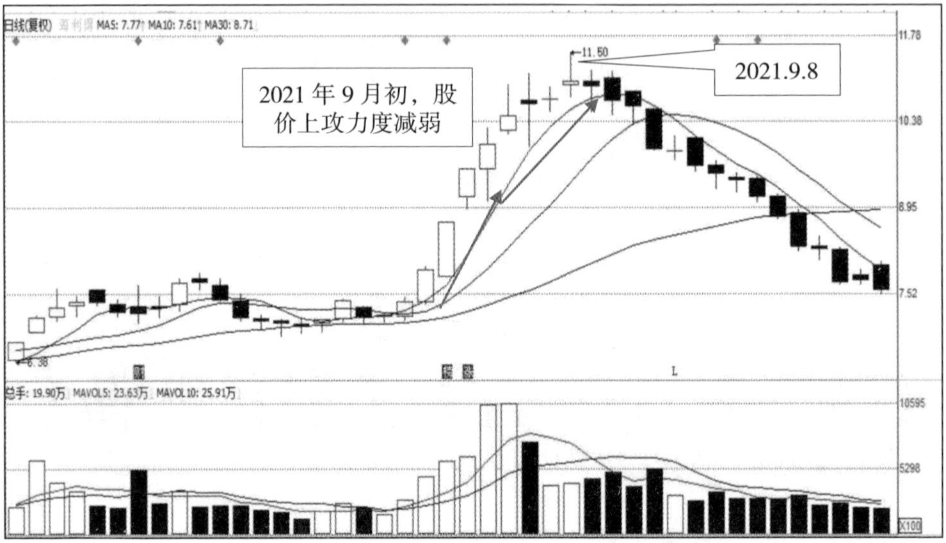

图1-5　海利得（002206）日K线走势图

2021年9月8日，海利得的股价收出一根十字星线，说明多空力量开始趋于平衡，此后，该股股价开始进入下跌通道。

也就是说，投资者只借助最基本的K线攻击力度，也可以对股价的运行态势有一个最基本的判断。

三、趋势判断：上升与下跌

通过K线组合的运行态势以及K线形态，再借助道氏理论中对于趋势的描述，就可以大致掌握股价的基本运行趋势。

（1）《道氏理论》中关于“趋势”的定义。

《道氏理论》被称为证券分析领域的奠基之作。关于趋势的定义，是《道氏理论》一书中最重要的一项阐述，也是对证券分析领域最大的一份贡献。在《道氏理论》一书中，关于“趋势”是这样定义的：

“只要平均指数的高点突破了距它最近的一个高点，而随后回调的低点位于前一个低点的上方，它就处于牛市期间；当最低点跌破前一个低点，而随后反弹的高点位于前一个高点的下方，它就处于熊市期间。”

（2）借助 K 线判断趋势。

将《道氏理论》中关于“趋势”的定义引申至 K 线图领域，就可以更加直观地看出这种趋势以及趋势的变化。

股价振荡运行时，当 K 线的上影线持续创出新的高点时，意味着股价处于上升趋势中；反之，若 K 线的下影线持续创出新的低点，则意味着股价处于下行趋势中。当然，这要通过多个交易日来跟踪判断，而非单独一个或几个交易日。

下面来看一下兆驰股份的案例，如图 1–6 所示。

如图 1–6 所示，兆驰股份的股价在 2021 年 5 月到 8 月期间出现了振荡行情。

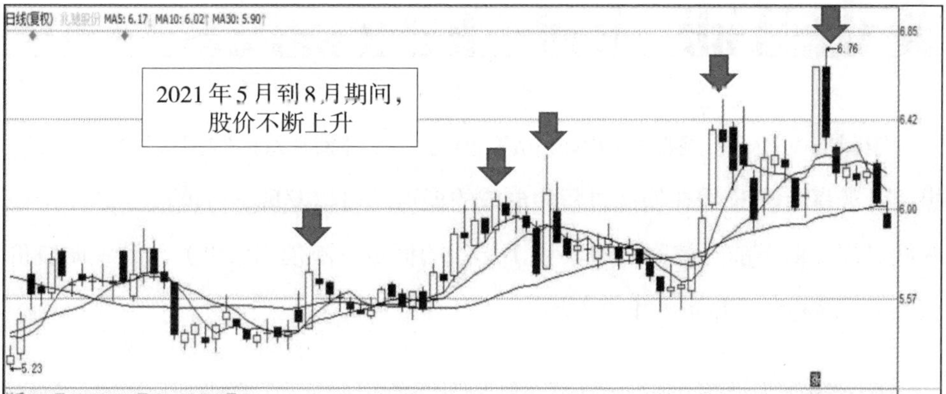

图 1–6　兆驰股份（002429）日 K 线走势图

投资者观察股价 K 线在振荡过程中形成的高点就可以发现：每波段 K 线上影线的高点都要高于前一波段（即 K 线上影线的高点不断创出新高），这说明股价正处于上升趋势，投资者可放心持股待涨。

下面再来看一下兴森科技的案例，如图 1-7 所示。

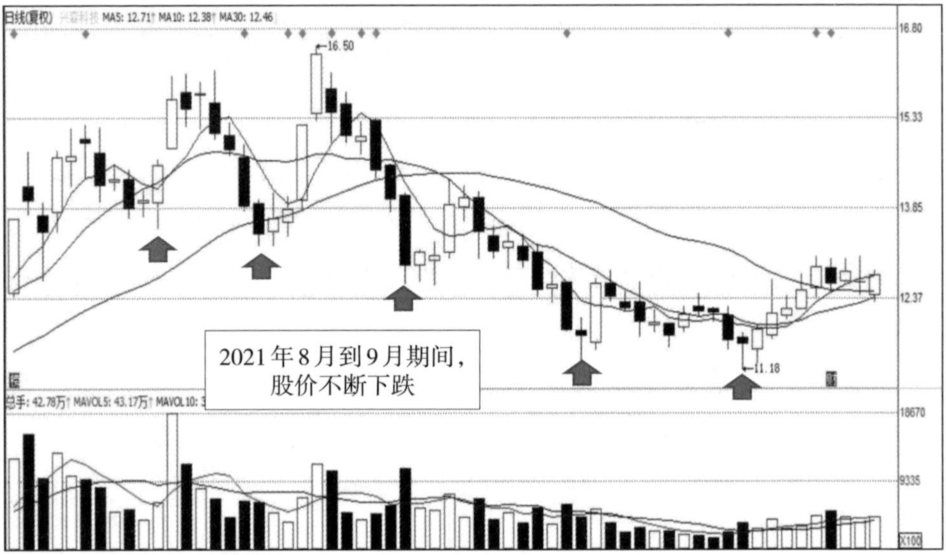

图 1-7　兴森科技（002436）日 K 线走势图

如图 1-7 所示，兴森科技的股价在 2021 年 8 月到 9 月期间出现了振荡行情。投资者观察股价 K 线在振荡过程中形成的低点就可以发现：每波段 K 线下影线的低点都要低于前一波段（即 K 线下影线的低点不断创出新低），这说明股价正处于下跌趋势，投资者不宜入场。

第三节 K 线图在 A 股市场的应用

尽管 K 线图在股价运行趋势判断方面发挥了重要作用，也曾帮助一些投资者获取了相当可观的收益，但由于市场价格运行的复杂性和随机性，以及 K 线图本身的局限性，使得很多投资者对 K 线图的有效性提出了质疑。

一、K 线图的局限性

K 线图的局限性主要表现在以下两个方面。

第一，K 线图的滞后性。

无论是日 K 线、月 K 线还是小时 K 线、分钟 K 线，都是在交易完成后形成的图形，因而其反映的是过去的信息。不过，我们相信，历史就是明天的预演，过去价格波动过程中形成的 K 线形态，未来一定还会出现。事实上，这种情况不只出现过，而且还经常性地出现，这也促使我们不停地对历史进行研究和探讨，以求更加准确地预测未来价格走势。当然，有时候，单独 K 线发出的信号准确性确实不足，但它毕竟为我们提供了一项参考依据。其实，任何一种技术分析都存在这个问题，关键还要看我们如何使用。

第二，K 线信息的有限性。

K 线图给出了开盘价、收盘价、最高价和最低价等四个信息，而反映股票交易的还有成交量、平均持仓成本等信息，这些信息实质上与价格信息同等重要。不过，我们将 K 线与均线、成交量以及其他技术指标结合使用，可以在很大程度上解决这一问题。

二、A 股市场 K 线图的特点

K 线图在 A 股市场的应用过程中，还要特别注意以下几点。

第一，K 线图的不充分形态。

由于 A 股市场设置了涨跌停板，这就使得股价在某个交易日上涨或下跌一定幅度后出现停板现象，反映到 K 线图上，就形成了光头光脚 K 线、T 型板、一字板等特殊形态。这些不充分形态的出现，往往预示股价在后市将延续前一交易日的走势，即前一交易日上涨到涨停板位置后，次一交易日继续上涨的可能性很大。后面的章节还会对这些 K 线形态进行专门研究。

第二，T+1 交易制度对 K 线图的影响。

由于我国股市目前执行 T+1 交易制度，这就在一定程度上限制了交易次数和交易量。很多投资者当天买入股票后，发现行情不对或者自己的买入决策完全是因为庄家诱多造成的，也无法在当日卖出，这就使得很多 K 线图的形态因为庄家的人为原因出现了一些长长的上影线或下影线。同时，也因为 T+1 交易制度的制约，很多专业的投资者都喜欢在尾盘进行交易，这也是尾盘股价变动较大以及出现光头光脚 K 线的一个重要原因。

第二章

K 线图基本分析策略与方法

K 线作为一种证券分析技术，有其独特的优势，但也存在一定的局限。因此，在使用 K 线分析技术时，就需要扬长避短，最大限度地发挥其作用。

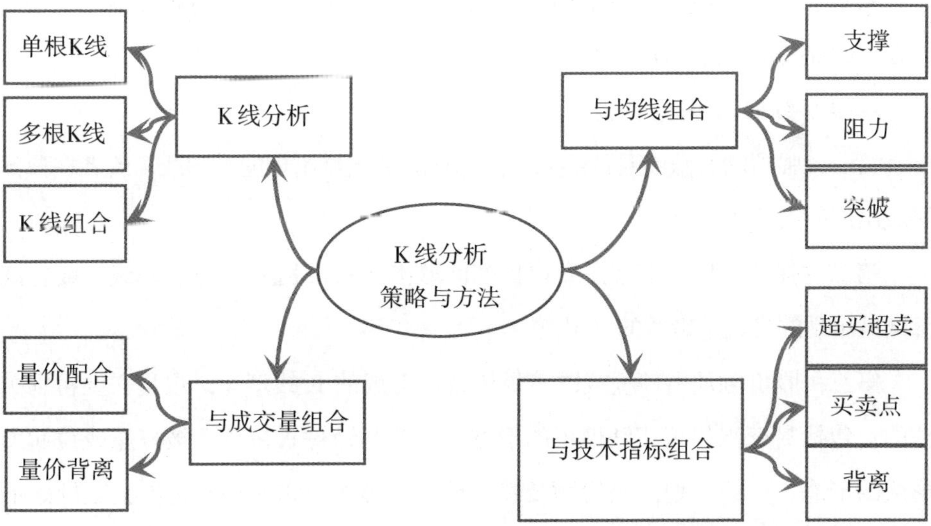

图 2-1　K 线基本分析策略与方法知识导图

第一节 K线或K线组合分析

依据K线形态本身发出的信号判断股价走势，是K线分析的目的。当然，由于单根K线发出的信号具有很大的局限性，在实战中，我们一般都会选择一些比较有特色或有代表性的K线进行分析，而非全部K线。同时，为了提升信号的准确性，也会将一些K线组合成整体进行分析。这些分析方法就构成了最基础的K线分析。

一、单根K线分析

相对而言，单根K线的有效性是比较差的，但是在特殊的环境中，单根K线发出的交易信号也是不可轻视的。

单根K线形态包括但不限于以下几类。

第一，强烈的看涨或看跌形态。比如在底部区域出现的大阳线，或者在顶部区域出现的大阴线等。

第二，强烈的反转形态，如在顶部区域出现的带长上影线的K线，或在底部区域出现的带长下影线的K线等。

第三，股价触及涨停板或跌停板位置后形成的K线形态，也是需要特别关注的，包括封死涨停板或跌停板的形态，以及触及停板位置后被打压或拉起所形成的形态。一般来说，股价触及涨停板或跌停板，未来很有可能会延续之前的走势。

下面来看一下天秦装备的案例，如图2-2所示。天秦装备的股价经过一段时间的下跌后出现底部盘整走势。2021年7月29日，该股股价高开高走收出一根大阳线，这根大阳线直接打破了原有的横盘格局，突破了均线以及横盘阻力位，属于典型的看涨信号。

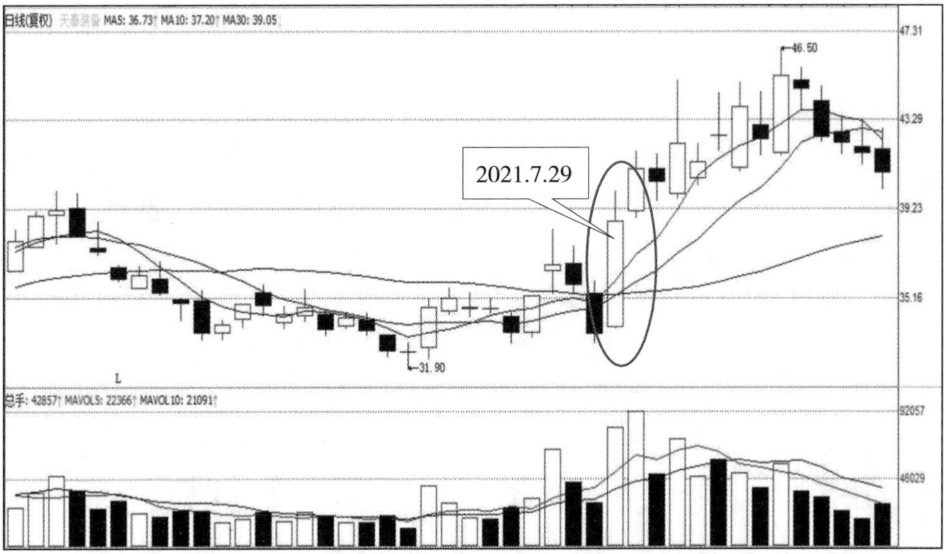

图 2-2　天秦装备（300922）日 K 线走势图

二、两根或两根以上 K 线组合分析

单根 K 线能够反映多空力量的强弱情况，而将多根 K 线组合在一起，可以更为清楚地反映出几个交易日内多空力量的变化情况。投资者借此可以识别出股价的买点或卖点。

典型的 K 线组合形态包括但不限于以下几类。

第一，股价在顶部或底部区域形成的具有明显转折意味的 K 线形态，如早晨之星、黄昏之星、乌云盖顶、曙光初现等。

第二，股价在顶部或底部区域形成的具有典型的上涨启动或下跌启动的 K 线组合形态，如红三兵、黑三卒等。

第三，股价运行过程中所形成的具有明显看涨或看跌意味的 K 线组合，如孕线形态、包线形态、多方炮、空方炮、上升三法等。

下面来看一下泛海控股的案例，如图 2-3 所示。

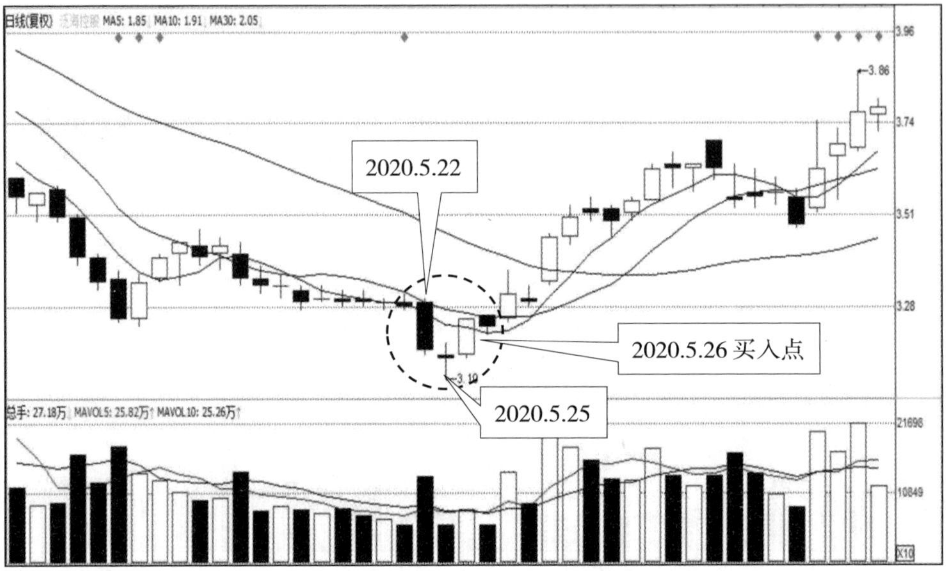

图 2-3　泛海控股（000046）日 K 线走势图

泛海控股的股价在下跌行情末期的 2020 年 5 月 22 日、25 日和 26 日这三个连续的交易日里，形成了早晨之星形态。

2020 年 5 月 22 日，泛海控股收出一根大阴线。

2020 年 5 月 25 日，该股跳空低开，并收出一根实体很小的小阴星，表明多空双方你争我夺，行情具有不确定性。

2020 年 5 月 26 日，该股高开高走，收出一根光头阳线，说明市场已经进入了多头状态。

这三根 K 线共同组成了早晨之星形态。投资者应在 26 日这一天适量买入，并把小阴星的最低价设为止损位。

三、多 K 线组合分析

将一组 K 线看成一个整体，可以清晰地描述多空双方力量在某一时段的强弱转化过程，投资者据此作出的交易判断将更为准确、可靠。

一般来说，股价处于盘整过程时，往往都是重新选择突破方向的时刻，股价的振荡在 K 线图上就容易留下一些典型的整理形态。当股价完成对这些 K 线形态的突破时，就是股价新的运行方向形成的时刻。

多 K 线组合形态包括但不限于以下几类。

第一，股价运行至底部或顶部时，K 线形成的某些具有滞涨、止跌作用的整理形态，如头肩顶、头肩底等。

第二，股价经过一段时间的上涨或下跌后，出现中继调整，此时形成的一些整理形态，如三角形整理形态，楔形、旗形整理形态等。

下面来看一下大东方的案例，如图 2-4 所示。

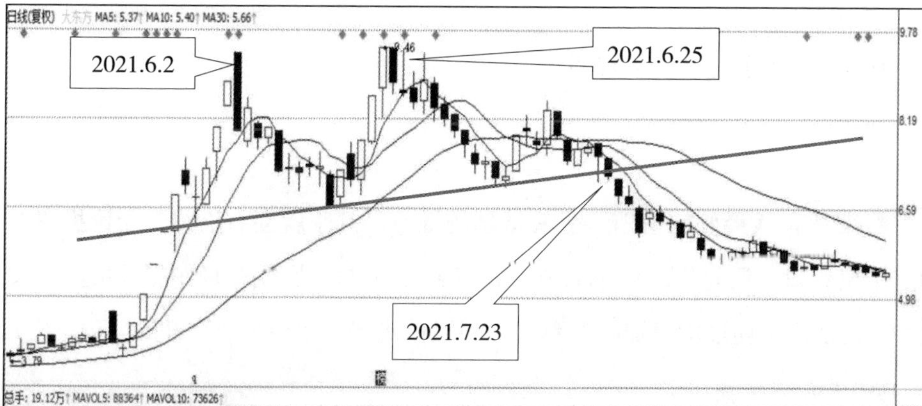

图 2-4　大东方（600327）日 K 线走势图

如图 2-4 所示，2021 年 5 月—7 月，大东方的日 K 线图上出现了头肩顶形态。

2021 年 4 月，振荡整理之后的大东方开启了新一轮的上涨行情。经过一番持续快速上涨，该股于 2021 年 6 月 2 日收出一根光头光脚的大阴线，股价也在创出近期新高后开始回落，从而形成了头肩顶的左峰。

2021 年 6 月中旬，大东方的股价在下跌过程中获得支撑而反弹，但这次反弹持续的时间较短，6 月 23 日，该股刷新了前期高点。6 月 25 日，该股股价重新开始向下，在 K 线图上留下一根上影线很长的小阴线，形成了第二个高峰。与此同时，成交量同步放大，这说明股价有下跌的风险。此后，该股经过一波调整再次出现反弹高点后回落。

2021 年 7 月 23 日，该股股价低开低走，收出一根中阴线。此时头肩顶形态正式确立，投资者宜迅速撤出该股。

第二节 K 线与均线组合分析

均线是 K 线最好的拍档。有 K 线图的地方，几乎就会有均线。无论投资者通过手机看盘，还是借助电脑看盘，在 K 线图页面，均线总是如影随形。事实已经一再证明，通过均线辅助 K 线来分析股价走势，效果是非常好的。

一、均线是有效的辅助分析工具

均线，即移动平均线，英文简称为 MA（Moving Average），是将某一段时间内的股价平均值画在坐标轴上连成的曲线。从均线的定义能够看出这样几点。

第一，均线是一条反映股价平均值的连线。股价的均值，从另一个角度来看，就是市场上的投资者在某一时段的平均持仓成本。比如，5 日均线，其实就是 5 个交易日内投资者买入股票的平均成本。

第二，均线是一条反映一段时间内投资者盈亏状况的曲线。股价位于均线上方，说明某一时间段内买入股票的投资者大部分处于盈利状态；反之，则说明大部分投资者处于亏损状态。

第三，当市场上赚钱效应显现时，会有更多的投资者愿意入场买入股票，从而推动股价进一步走高；反之，当市场上大部分投资者处于亏损状态时，投资者就不愿意入场，从而可能造成股价进一步走低。

下面来看一下映翰通的案例，如图 2-5 所示。

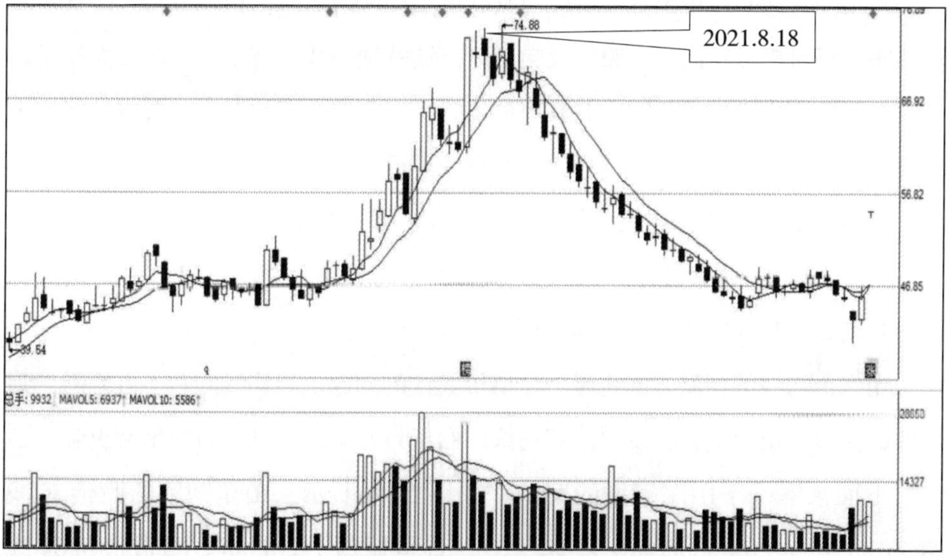

图 2-5　映翰通（688080）日 K 线走势图

从图 2-5 中可以看出，映翰通在 2021 年 8 月 18 日前，股价 K 线基本运行于 10 日均线之上，股价呈现加速上升态势。买入该股的投资者大部分处于盈利状态，因而资金纷纷入场，推动股价继续走高。8 月 18 日之后，股价开始进入均线下方，呈现单边下跌态势，场内获利盘开始了结，场外资金不愿意入场，从而推动股价跌跌不休。

从上述案例可以看出，均线是股价上升趋势与下跌趋势的一个重要分界线。股价 K 线运行于均线之上，股价上攻就比较容易，这就使得均线具有一定的助涨特性；股价 K 线运行于均线下方，则下跌比较容易，这也是均线的助跌特性。

二、均线对 K 线的支撑与阻力

基于均线具有的助涨和助跌特性，使其对股价的运行构成了一定的支撑与阻力。股价运行于均线上方时，大多数投资者处于盈利状态，很多人都跃跃欲试，想要入场，若此时股价出现回调，当其回调至均线附近时，很多人势必将其看成较佳的入场时机，从而推动股价反向上行，这就使均线具有了一定的支撑作用；反之，股价运行于均线下方，若其出现反弹，很多持仓者也会将其看成较佳的止损离场位置，这就很容易使得股价重新进入下行通道。

均线对 K 线的支撑与阻力作用，具有如下几个典型特征。

第一，越是长期均线，对 K 线的支撑与阻力作用越强。比如，30 日均线就比 5 日均线、10 日均线具有更强的支撑与阻力作用。

第二，均线的倾斜方向也是一个值得关注的问题。当均线向右上方倾斜，则均线的支撑作用会更强；反之，若均线向右下方倾斜，则其阻力作用会更强。

下面来看一下山东钢铁的案例，如图 2-6 所示。山东钢铁的股价 K 线自 2021 年 7 月 7 日启动上攻以后，一直呈振荡上升走势。该股股价 K 线在上升过程中也曾出现了几次回调，其中几次小型调整都在 10 日均线附近获得支撑而重新上行，而较大规模的调整则在 30 日均线附近获得足够的支撑。

下面来看一下中信证券的案例，如图 2-7 所示。中信证券的股价 K 线自 2021 年 6 月 7 日启动下跌以后，一直呈振荡下跌走势。该股股价 K 线在下跌过程中也曾出现了几次反弹，并在 30 日均线附近遇到较强的阻力而重新下跌。

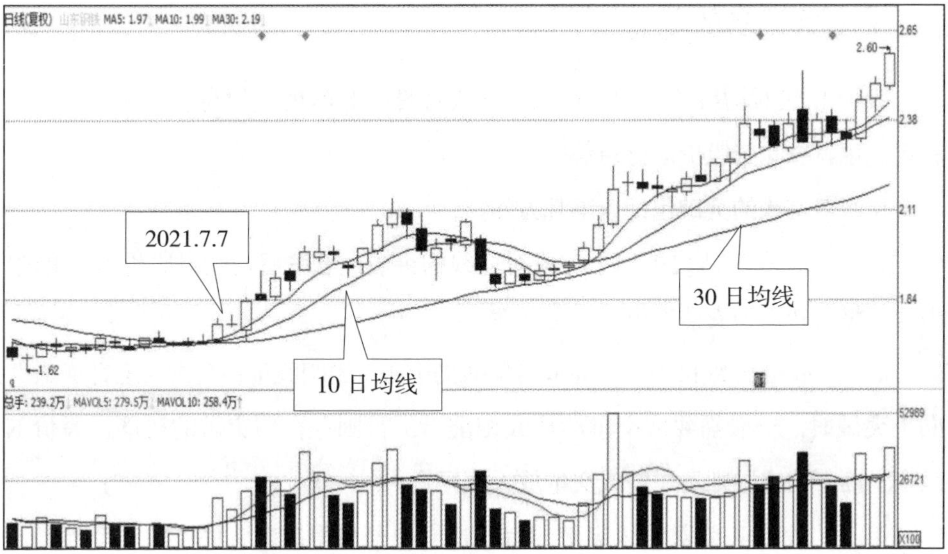

图 2-6 山东钢铁（600022）日 K 线走势图

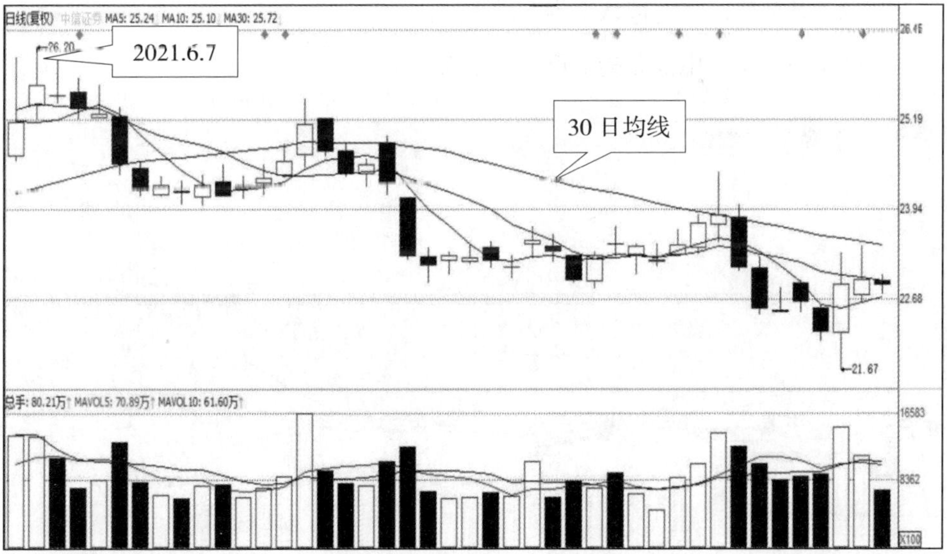

图 2-7 中信证券（600030）日 K 线走势图

从实战经验来看，均线对股价 K 线的支撑与阻力，是我们判断股价运行态势以及股价反弹与回调目标位的重要参照标准。

三、K 线对均线的突破

股价 K 线对均线的突破，意味着均线对股价 K 线的支撑与阻力作用发生了转化，也就意味着股价运行趋势转变。

K 线对均线的突破包括以下几方面。

第一，股价 K 线自下而上完成对均线的突破，意味着均线对股价 K 线的阻力作用将会转化为支撑作用；反之亦然。

第二，股价 K 线自下而上完成对均线的突破，说明股价将会进入上升通道。向上突破时，一般需要成交量的放大相配合，否则存在假突破的可能。股价 K 线自上而下的突破则不需要成交量放大相配合。

第三，股价 K 线对均线突破的有效性，也是值得投资者关注的一个问题。要么股价 K 线能够连续三个交易日站到均线上方或下方；要么实现 3 个点以上的上升或下跌幅度，才能被认定为有效突破。

下面来看一下华电能源的案例，如图 2-8 所示。

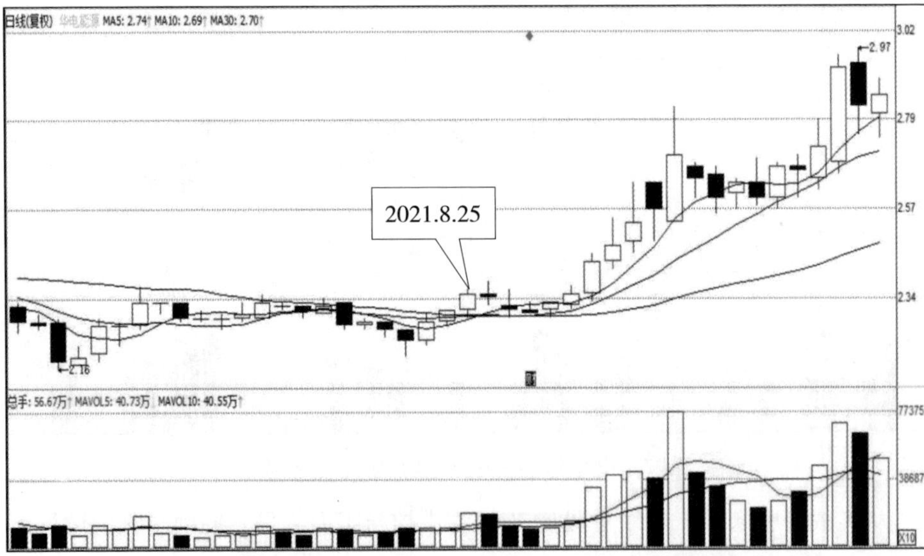

图 2-8　华电能源（600726）日 K 线走势图

如图 2-8 所示，华电能源的股价 K 线经过一段时间的横向盘整后，于 2021 年 8 月 25 日放量向上突破了多条均线，且此后的三个交易日，该股股价 K 线仍旧运行于均线之上，说明此次突破为有效突破，未来股价存在继续上升的可能。

下面来看一下金龙羽的案例，如图 2-9 所示。

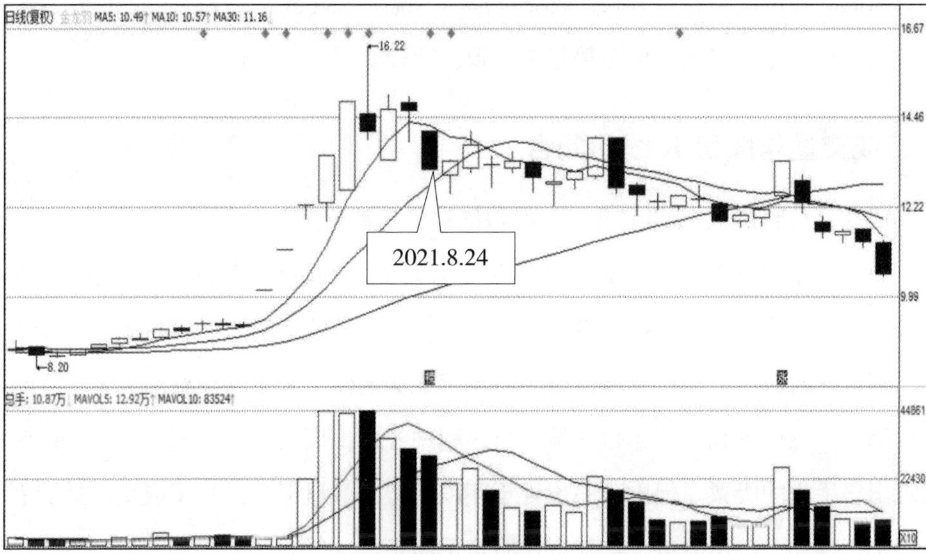

图 2-9 金龙羽（002882）日 K 线走势图

如图 2-9 所示，金龙羽的股价 K 线经过一段时间的持续上攻后，于 2021 年 8 月 24 日下跌，并跌破了 5 日均线，当日跌幅将近 10%。此后的三个交易日，该股股价 K 线仍旧运行于均线之下，说明此次突破为有效突破，未来股价存在继续下跌的可能。

第三节 K 线与成交量组合分析

成交量是检验 K 线信号成色的重要参照指标。成交量放大，意味着多空双方对当前的股价走势存在分歧，成交量越高，说明分歧越大；反之，成交量萎缩，则说明多空双方对当前股价走势趋于一致，比较认可当前的价位。

一、成交量与股价 K 线的配合

成交量与股价 K 线的配合，一般包括以下几种情形。

第一，量价齐升。这是公认的股价上升时的良性量价配合形态。股价 K 线上升，势必会让持币者和持股者对后市产生一定的分歧，而成交量与股价同步上升，则意味着多方已经在这场分歧中占据了优势地位，未来继续看涨。

第二，量价齐跌。这也是股价下行过程中经常出现的一种情况。一些持股者愿意出售手中的股票，但由于股价处于下跌趋势，买盘很少，为了成交，持股者不得不持续向下打压股价，这就促使股价不断走低。

第三，量价齐升属于较佳的量价配合形态，但若成交量达到顶峰（如天量），则很可能意味着股价已经达到顶点，未来存在回落的风险；同时，若量价齐跌至一定低点，即成交量创出一段时间的低点后，很可能会出现向上反弹的走势。

下面来看一下巨化股份的案例，如图 2-10 所示。巨化股份的股价在 2021 年 8 月初开始振荡上升。股价振荡上升过程中，每波向上拉升，成交量都出现了明显放大，这说明股价与成交量处于良性配合状态，未来股价存在继续走高的可能。

下面再来看一下华电能源的案例，如图 2-11 所示。

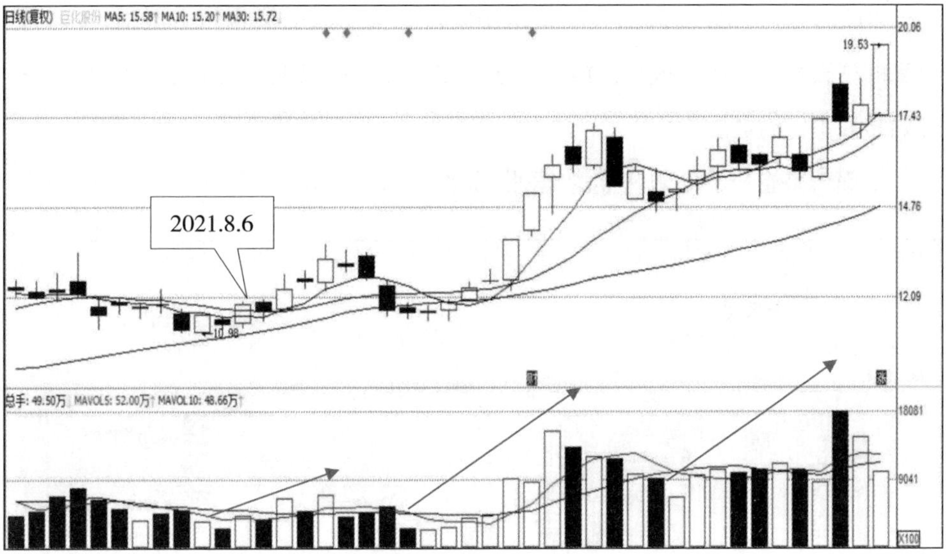

图 2-10　巨化股份（600160）日 K 线走势图

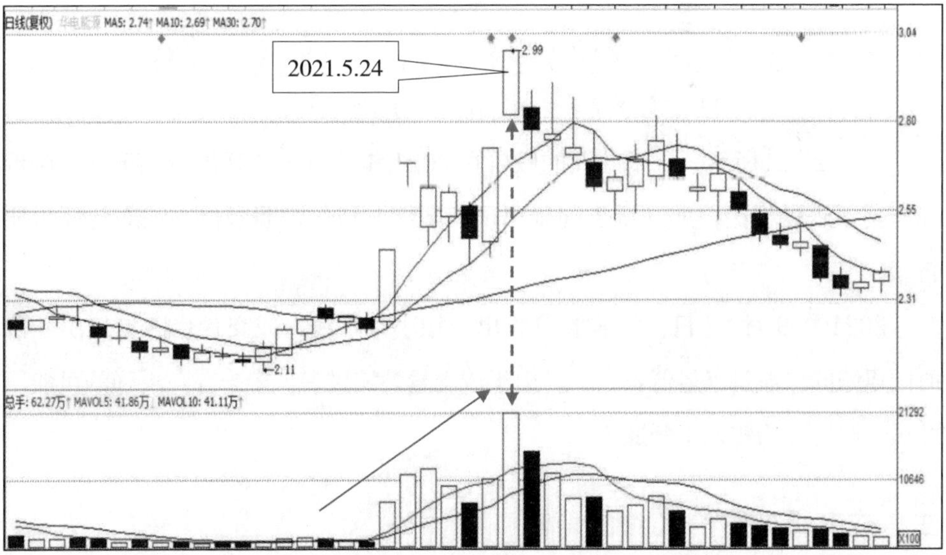

图 2-11　华电能源（600726）日 K 线走势图

如图 2-11 所示，华电能源的股价在 2021 年 5 月初开始振荡上升。股价振荡上升过程中，成交量也同步出现了放大态势，这属于良性的量价形态。

2021 年 5 月 24 日，该股股价创出阶段新高，成交量也同步创出一段时间以来的“天量”。由于成交量放大过多，未来存在难以维系的可能。此后，股价开始转入下行通道。

下面再来看一下千禾味业的案例，如图 2–12 所示。

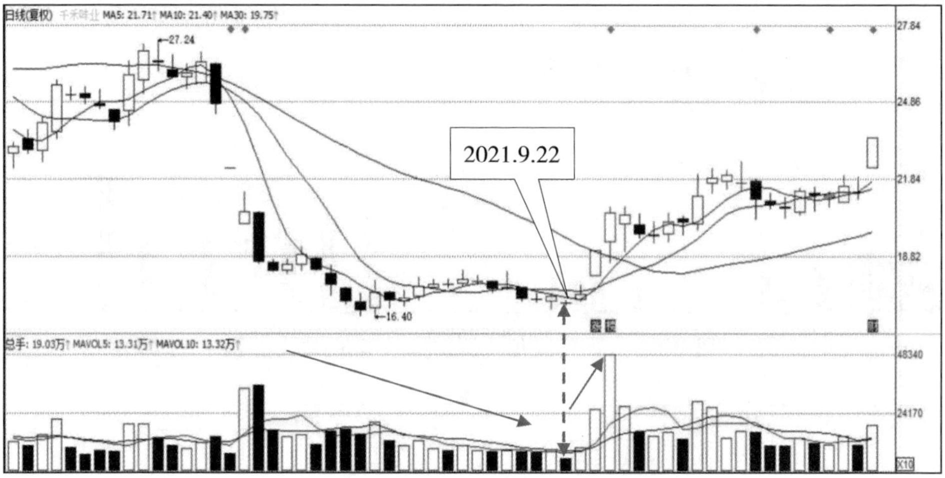

图 2–12　千禾味业（603027）日 K 线走势图

如图 2–12 所示，千禾味业的股价在 2021 年 8 月中旬开始大幅下跌。股价在振荡下跌过程中，成交量也同步出现了萎缩态势，说明股价下跌态势还可能持续。

2021 年 9 月 22 日，该股股价收出一根小十字线，成交量也同步创出一段时间以来的“地量（最低量）”。由于成交量萎缩过多，未来存在反弹的可能。此后，股价开始转入上升通道。

二、成交量与股价 K 线的背离

股价 K 线与成交量背离，是一种值得警惕的情形。一般来说，这种背离可以包括以下几种情况。

第一，股价上升初期成交量萎缩。一般来说，股价启动上涨初期，若成交量出现萎缩态势，往往说明主力筹码锁定较好，多空双方对股价的上升有一定的共识，未来继续看涨。

第二，股价上升末期成交量萎缩，即股价在创下新高时，成交量无力创出新高，则属于典型的量价背离，股价上升之路很难持续，未来存在回调的风险。

第三，股价上升末期，成交量持续放大，而股价出现滞涨情况，即放量滞涨，这属于典型的主力出货形态，未来看跌。

第四，股价下跌初期成交量放大。这属于典型的主力出逃行为，投资者宜立即清仓卖出。

第五，股价下跌末期成交量放大，则属于主力利用利空或盘面走势来恐吓散户交出筹码，一般股价很快会企稳反弹。

下面来看一下运达股份的案例，如图 2-13 所示。运达股份的股价在 2021 年 6 月中旬开始启动上升。6 月 23 日，该股股价放量上攻，其后股价持续上行，而成交量却呈现萎缩态势，这说明主力已经锁定了筹码，未来看涨。

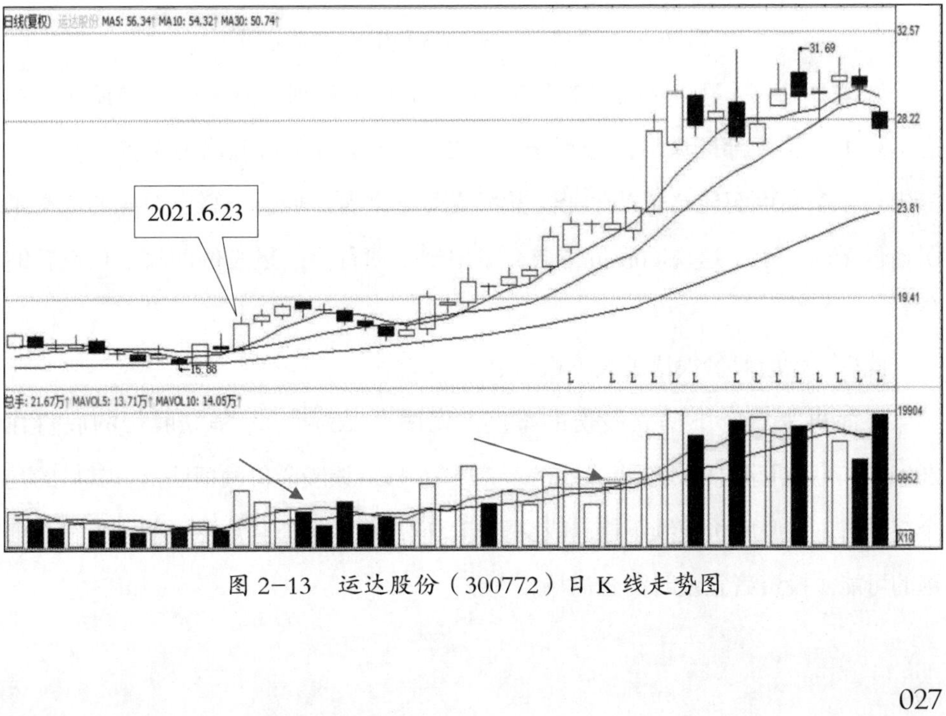

图 2-13　运达股份（300772）日 K 线走势图

其后，该股股价经过一波回调后再度上升，而后再度呈现量升价缩形态，这也是未来看涨的信号。

下面再来看一下喜临门的案例，如图 2-14 所示。

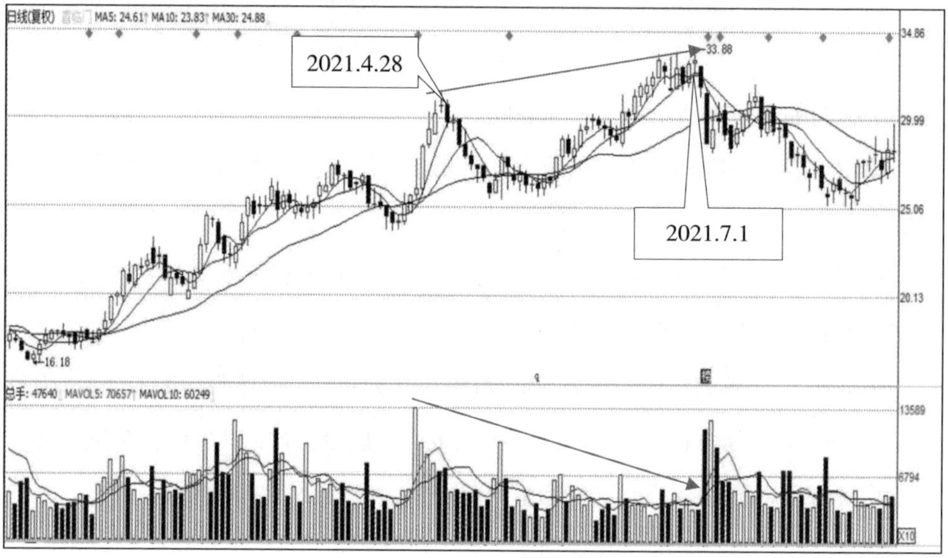

图 2-14　喜临门（603008）日 K 线走势图

如图 2-14 所示，喜临门的股价在 2021 年 1 月到 7 月期间出现振荡上扬态势。上升至顶部区域后，分别于 4 月 28 日和 7 月 1 日创出两个顶部高点，其中后一个高点明显高于前一个。从成交量上来看，后一个高点对应的成交量明显低于前一个，这说明股价与成交量出现了顶背离，是股价即将触顶反转的信号。

此后，该股股价很快进入下跌通道。

下面再来看一下华立股份的案例，如图 2-15 所示。华立股份的股价在 2021 年 7 月期间出现大幅上升态势。7 月 16 日，该股股价触顶回落。其后的几个交易日，该股股价连续下挫，成交量却反向出现放量态势，这说明主力存在出逃的可能，投资者宜及时清仓离场。

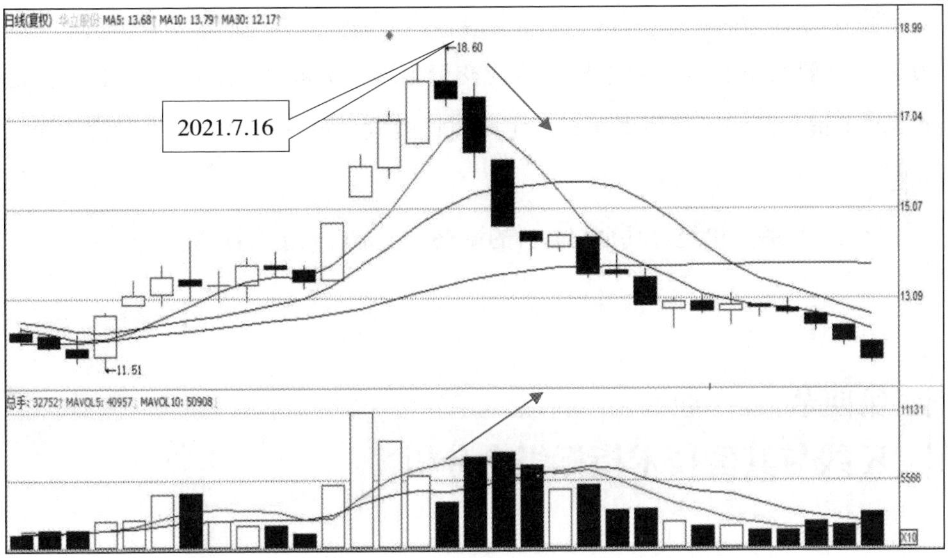

图 2-15　华立股份（603038）日 K 线走势图

此后，该股股价很快进入下跌通道。

下面再来看一下崇达技术的案例，如图 2-16 所示。

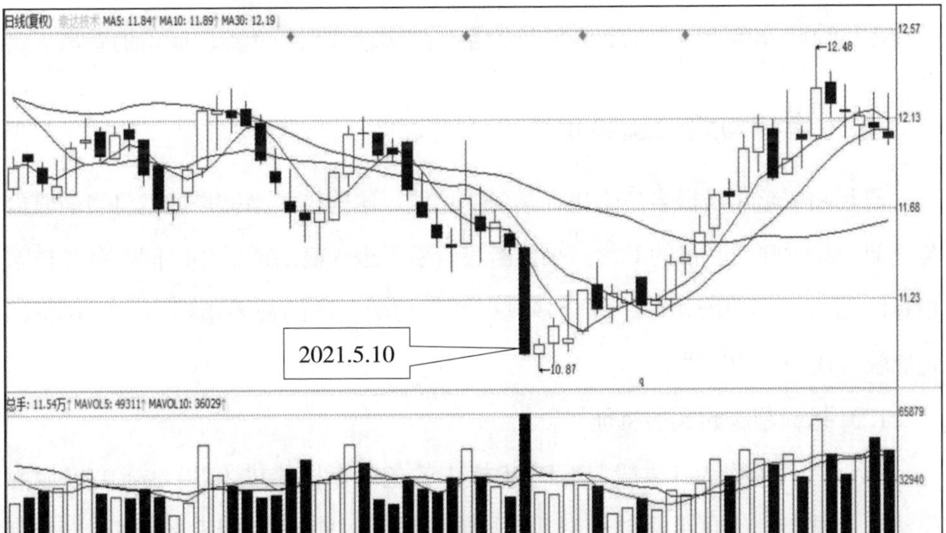

图 2-16　崇达技术（002815）日 K 线走势图

如图 2-16 所示，崇达技术的股价在 2021 年年初出现振荡下跌态势。5 月 10 日，该股股价突然大幅下挫，且成交量出现了大幅放大。鉴于该股股价已经下跌了很长时间，投资者可以认定此时该股放量下跌很可能属于股价的最后一跌。

此后，该股股价经过几个交易日的调整，开始进入上升通道。

第四节 K 线与其他技术指标组合分析

目前，市面上的技术分析指标非常多，而且多数都可以与 K 线兼容并配套使用。比较有代表性的技术指标包括 MACD 指标、KDJ 指标、布林线指标、RSI 指标等。这些技术分析指标在帮助投资者研判股价走势方面都能够起到一定的作用，这些作用大致包括研判股价的超买超卖、买点与卖点、股价的背离等。

一、技术指标与股价超买超卖

研判超买超卖是很多技术指标具备的功能。这些技术指标是通过将当前股价与之前一段时间内股价的对比，来判断股价是否进入高估或低估区间。各类技术指标的超买超卖功能相似。在众多具有超买超卖功能的技术指标中，KDJ 指标是比较有代表性的一种。

KDJ 指标超买超卖的特征如下。

第一，KDJ 超买（一般以 KDJ 指标中的各条指标线进入 80 线上方区域为超买），是指股价在上涨过程中，买盘逐渐放大，KDJ 指标逐步走高；当买盘放大到一定程度无法继续放大时，KDJ 指标上升的难度就会越来越大，此时说明指标已经进入超买区域，未来有下跌的风险。

第二，很多强势股在启动快速上升时，KDJ 指标都会进入超买区间。因而，KDJ 指标超买也经常被用于识别和选择强势股。

第三，KDJ 超卖（一般以 KDJ 指标中的各条指标线进入 20 线下方区域为超卖），是指在股价下跌过程中，卖盘逐渐放大，KDJ 指标逐步走低；当卖盘放大到一定程度无法继续放大时，KDJ 指标下降的难度就会越来越大，此时说明指标已经进入超卖区域，未来有反弹的可能。

第四，通常情况下，KDJ 指标进入超卖区域后，往往也是下跌动能最足的时刻。没有见到股价企稳信号，投资者是不应该轻易入场的。

下面先来看一下扬电科技的案例，如图 2-17 所示。

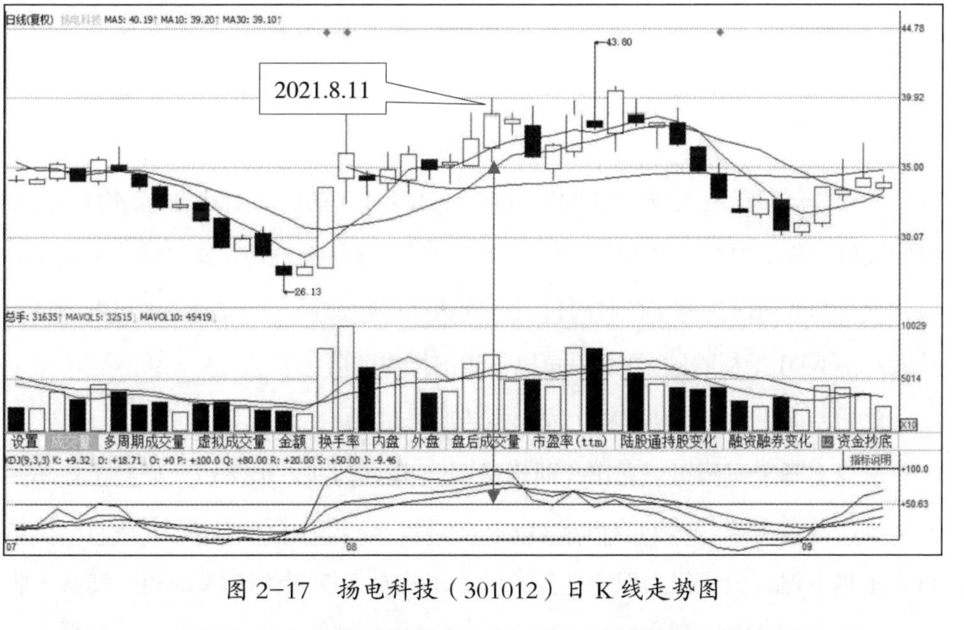

图 2-17　扬电科技（301012）日 K 线走势图

如图 2-17 所示，扬电科技的股价在 2021 年 8 月初启动上升态势。8 月 11 日，该股股价放量上升，KDJ 指标中的曲线 K 进入到 80 线上方的超买区域，说明此时股价存在超买情况，未来有可能出现反转下跌。

此后，该股股价经过几个交易日的调整，开始进入下跌通道。

下面再来看一下中天广择的案例，如图 2–18 所示。

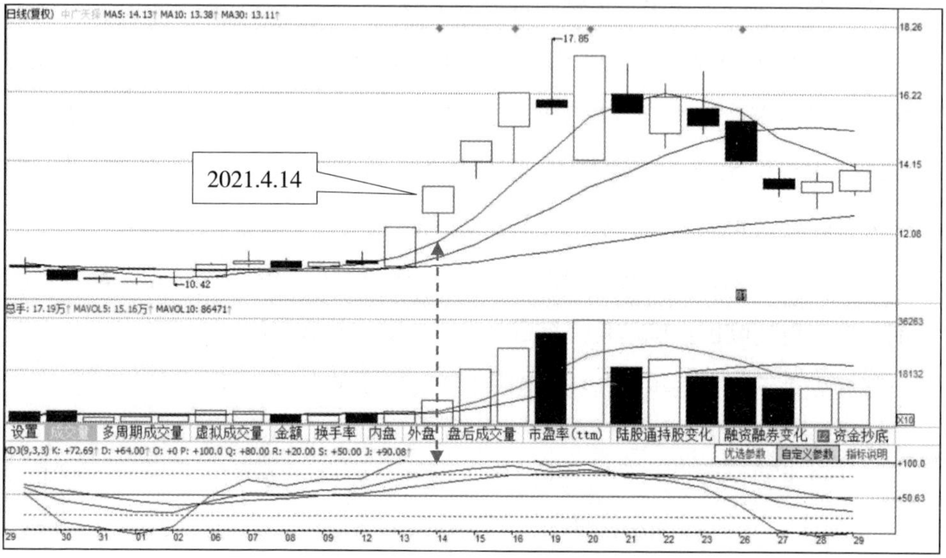

图 2–18　中天广择（603721）日 K 线走势图

如图 2–18 所示，中天广择的股价在 2021 年 4 月初启动上升态势。4 月 14 日，该股股价放量涨停，KDJ 指标中的曲线 K 进入 80 线上方的超买区域，说明此时股价存在超买情况。鉴于此时股价已经到达涨停板位置，持股投资者可继续持有该股，待 KDJ 指标跌破 80 线后再执行卖出操作即可。

此后，该股股价连续大幅上攻，强势风采尽显。

从以上两个案例可以看出，同样是 KDJ 指标超买，但不可一见到指标超买就卖出，而要观察当时的股价 K 线运行态势，待 KDJ 指标跌破 80 线时，再执行卖出也不迟。但是作为保守型投资者，不宜在 KDJ 指标超买时再入场买入股票了，毕竟此时风险很大。

下面再来看一下晶华新材的案例，如图 2–19 所示。晶华新材的股价在 2021 年 4 月初启动一波振荡下跌态势。7 月 28 日，该股股价缩量下跌，KDJ 指标中的曲线 K 进入 20 线下方的超卖区域，说明此时股价存在超卖情况，股价存在反弹向上的可能。

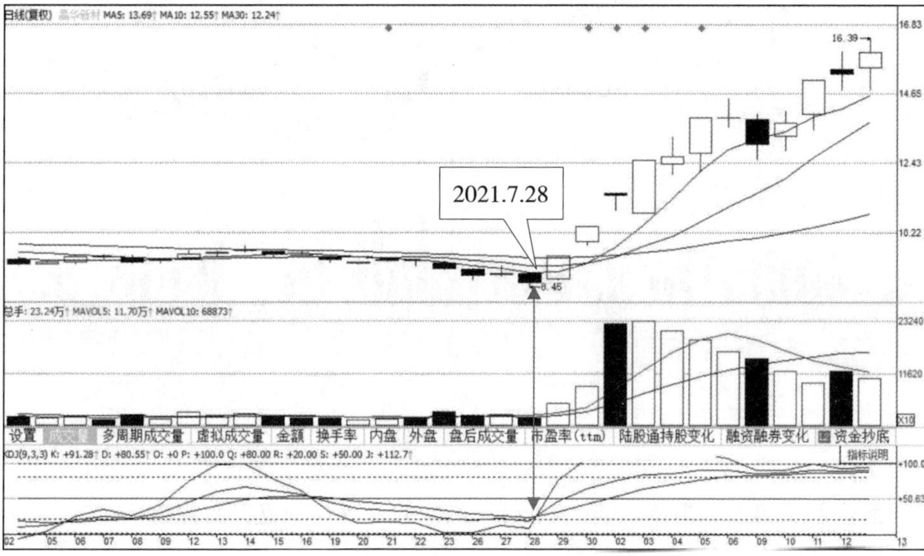

图 2-19　晶华新材（603683）日 K 线走势图

此后，该股股价很快拐头向上，KDJ 指标同步拐头向上并形成黄金交叉，正式进入上升通道。

下面再来看一下牧原股份的案例，如图 2-20 所示。牧原股份的股价在 2021 年 2 月初启动一波振荡下跌态势。7 月 16 日，该股股价开始放量下跌，KDJ 指标中的曲线 K 进入 20 线下方的超卖区域，说明此时股价存在超卖情况，不过，此时也可能是股价下跌最为猛烈的时段。持币投资者需要耐心等待更为明确的买入信号出现时，才能入场。

此后，该股股价经过一段快速下跌后，才开始逐步企稳反弹。

二、技术指标判断买卖点

判断股价的买卖点，是技术指标最基础也是最为核心的一项功能。很多技术

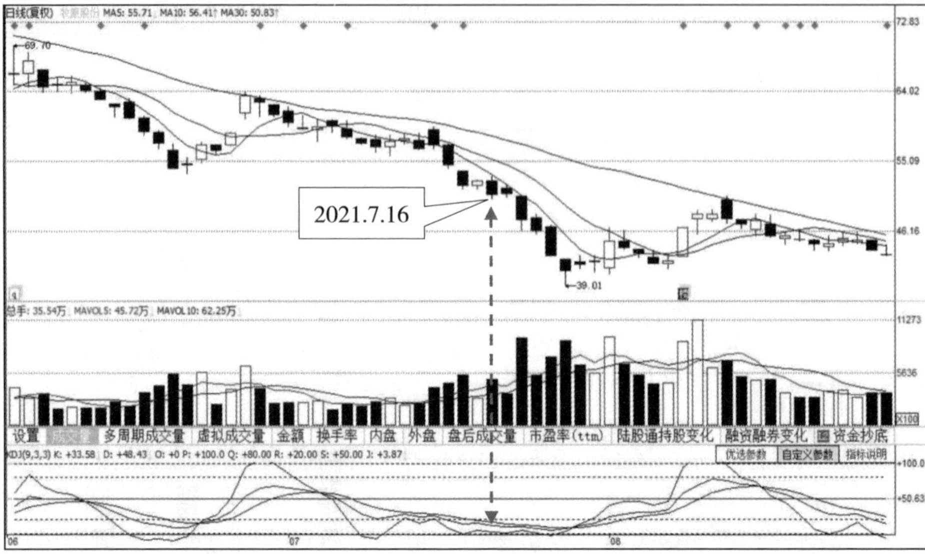

图 2-20　牧原股份（002714）日 K 线走势图

指标都具备买卖点的指示功能，如 KDJ 指标的金叉与死叉，MACD 指标的金叉与死叉，股价突破布林线中轨线等。

从整体上来看，这些技术指标发出的买卖点信号，在一定条件下都具备不错的参考价值，但在实战中，却不可机械地使用，还要结合当时股价的走势情况进行综合判断。下面以 MACD 指标为例进行介绍。

MACD 指标金叉与死叉的特征如下。

第一，相对而言，MACD 指标出现金叉，意味着股价可能出现上升走势；MACD 指标出现死叉，则意味着可能出现下跌走势。

第二，MACD 指标出现金叉与死叉的位置不同，交易指示信号的价值也有所不同。比如，MACD 指标在低位出现金叉，通常属于股价止跌反弹的信号，但反弹的力度可能远远不如 MACD 指标在 0 轴附近形成金叉时股价上攻的力度。

第三，MACD 指标在高位形成死叉，往往意味着股价可能会出现回调或下跌，但下跌力度有多大，还要看 MACD 指标能否跌破 0 轴。

第四，MACD 指标有时在高位形成金叉，可能会指引股价出现第二波上升，这也是投资者需要关注的一种情况。

下面先来看一下诚迈科技的案例，如图 2-21 所示。

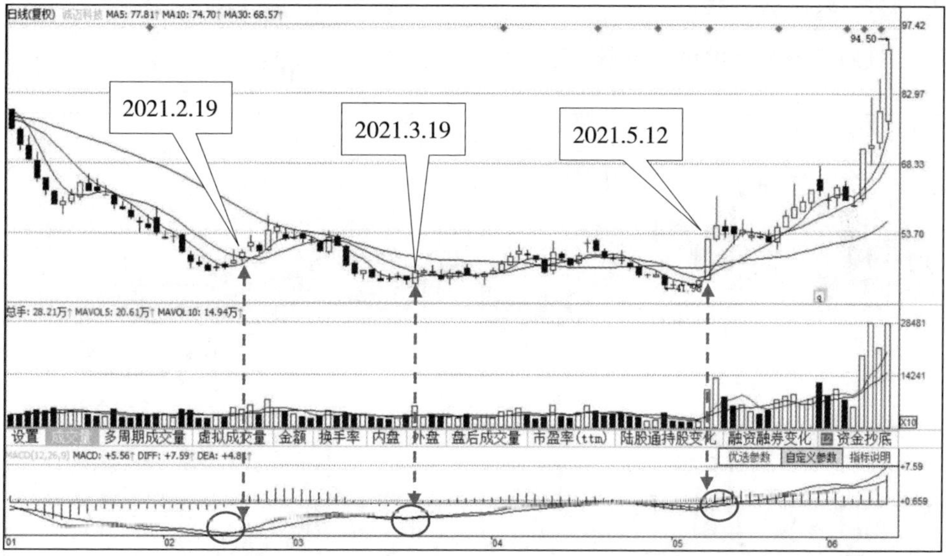

图 2-21　诚迈科技（300598）日 K 线走势图

如图 2-21 所示，诚迈科技的股价在 2021 年 2 月到 5 月期间呈现底部振荡态势。其中，在 2 月 19 日、3 月 19 日和 5 月 12 日，MACD 指标三度出现黄金交叉形态。从股价 K 线的走势来看，MACD 指标的三次金叉都引起了股价上升，但前两次上升幅度都不大，只有第三次金叉，股价才真正实现了快速上攻。

通过 MACD 指标金叉的位置，也可以发现这三次金叉的差别，只有 5 月 12 日的金叉是在 0 轴附近形成的，其他两次都距离 0 轴较远。

由此可见，只有在 0 轴附近形成的金叉，成色才是最高的。

下面来看一下喜临门的案例，如图 2-22 所示。喜临门的股价在 2021 上半年出现振荡上扬态势。7 月 2 日，该股股价突然出现大幅下跌，MACD 指标同步出现高位死叉形态。该死叉位于 0 轴上方较远位置，说明股价有回落的风险，在 MACD 指标跌破 0 轴前，还不能认定股价上升趋势已经终结。

此后，该股股价经过一波下跌后出现振荡走势，MACD 指标重新出现金叉。9 月 15 日，MACD 指标再度出现死叉，且该死叉位于 0 轴附近，这说明该股上升趋势有终结的可能。

其后，该股股价进入下跌通道。

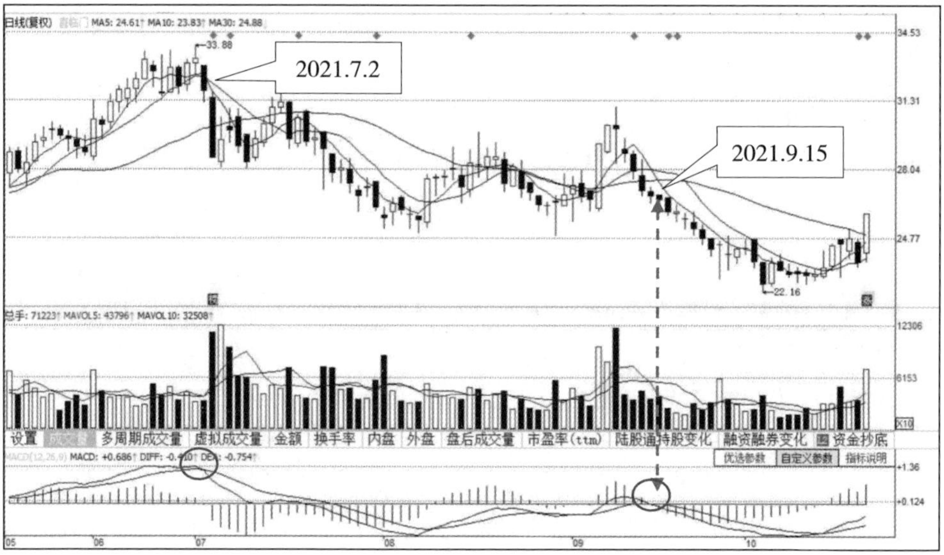

图 2-22　喜临门（603008）日 K 线走势图

三、技术指标与股价背离

技术指标与股价 K 线走势背离，也是技术指标系统发出的重要交易指示信号之一。通常情况下，技术指标的走势会与股价 K 线走势保持一致，即当股价上升时，技术指标也会同步上升，反之亦然。当技术指标与股价 K 线走势产生背离，即股价创出新高，而技术指标无法创出新高，则意味着技术指标与股价出现了顶背离；当股价创出新低，而技术指标无法创出新低时，则意味着股价与技术指标之间出现了底背离。

下面仍以 MACD 指标为例进行说明。在实战中，MACD 指标与股价的背离，是非常经典且有效的一种分析方法，其分析要点如下。

第一，MACD 指标顶背离，是指股价在上涨过程中创下的高点一个比一个高，但 MACD 指标却没有创出新高的现象。这种情况说明股价上升有难以维系的风险，未来看跌。但股价何时会下跌，则需要依靠更为具体的交易信号。

第二，MACD 指标底背离，是指股价在下跌过程中创下的低点一个比一个低，但 MACD 指标却没有创出新低的现象。这种情况说明股价下跌有结束的可能，但股价何时反弹却并不确定。有些情况下，股价与 MACD 指标一次底背离就会反弹，有时则需要经过三次底背离才会反弹。

第三，技术指标与股价 K 线出现背离时，若量价也存在背离现象，则更可强化交易信号的有效性。

下面来看一下联创电子的案例，如图 2-23 所示。

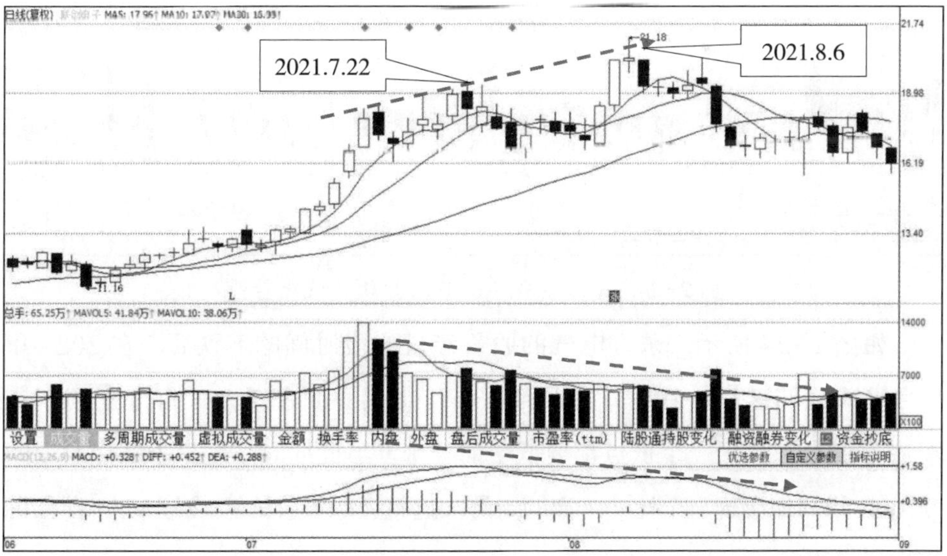

图 2-23　联创电子（002036）日 K 线走势图

如图 2-23 所示，联创电子的股价经过一段时间的上涨后，2021 年 7 月进入顶部区域。其中，在 7 月 22 日和 8 月 6 日分别创下两个顶部高点，且后一个高点明显高于前一个。与此同时，这两个高点对应的 MACD 指标却出现了一个比一个低的走势，成交量的高点也是一个比一个低。这就说明股价 K 线与 MACD 指标形成了顶背离，与成交量也同步形成了顶背离。

股价 K 线与 MACD 和成交量同步出现顶背离，意味着股价在不远的将来会结束上行，开启下跌走势。

下面再来看一下东方电气的案例，如图 2-24 所示。

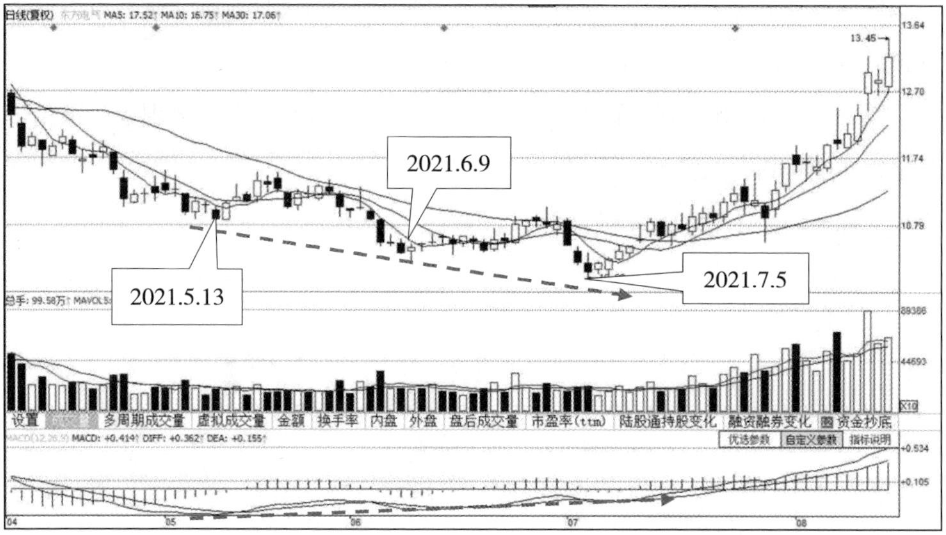

图 2-24　东方电气（600875）日 K 线走势图

如图 2-24 所示，东方电气的股价经过一段时间的下跌后，在 2021 年 5 月进入底部区域。其中，在 5 月 13 日、6 月 9 日和 7 月 5 日分别创下三个底部低点，且后一个低点都要低于前一个。与此同时，这三个低点对应的 MACD 指标却出现一个比一个高的走势，这就意味着股价 K 线与 MACD 指标形成了底背离。

之后不久，股价即结束下跌，开启上升走势。

第三章

单根 K 线及 11 个买入信号

单根 K 线所发出的买入信号相对较弱，但在特殊情况下，一些经典形态还是能够发出相对稳定、可靠的买入信号的。

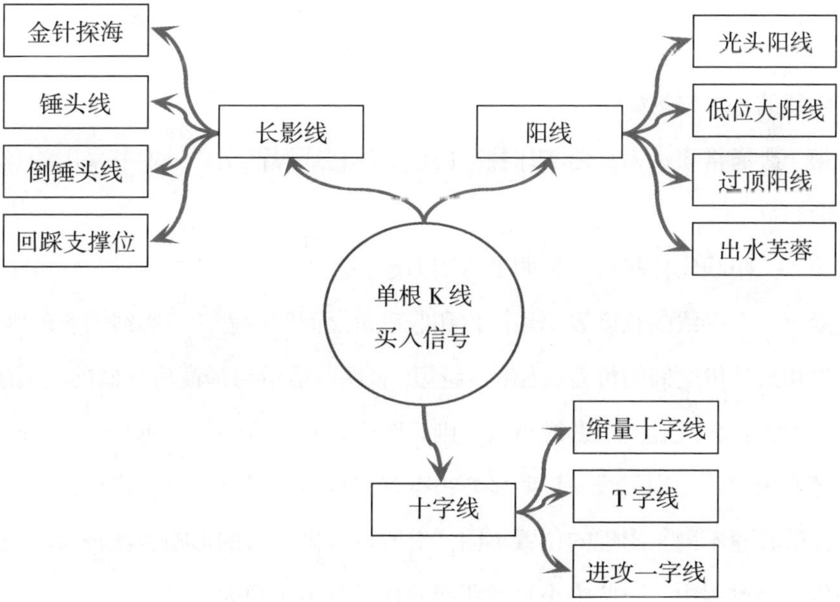

图 3-1 单根 K 线买入信号知识导图

第一节
阳线

阳线是某一交易周期内的收盘价高于开盘价的 K 线。阳线实体上端表示收盘价，下端表示开盘价，实体长短代表收盘价相对于开盘价的涨幅大小，如图 3-2 所示。

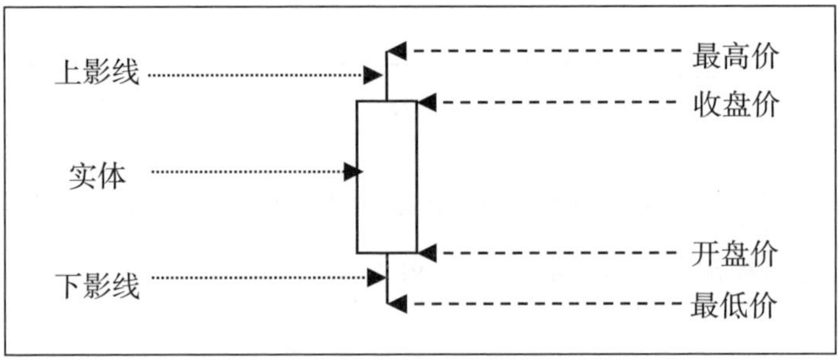

图 3-2 阳线的基本形态

阳线的基本描述如下。

第一，通常表示为红色实体柱、白色实体柱或黑框空心，本书采用的是黑框空心形态。

第二，阳线实体越长，说明多方实力越强。

第三，上影线的长度表示最高价和收盘价之间的价差，下影线的长度则代表开盘价和最低价之间的价差。上影线越短，说明收盘价与最高价之间的距离越近，多方实力越强；反之，上影线越长，则说明空方对多方的打压越强。

通常来说，出现阳线，说明多方占据优势地位，股价上升的概率较大。但阳线实体的长短不同，出现的位置不同，对股价未来走势的影响也比较大。同时，在股价盘整过程中，一些中小阳线所起的作用并不是很大。

总之，在实战中，投资者需要特别关注一些特殊位置的阳线，把握股价启动的时机。

一、光头阳线

光头阳线是一种攻击性极强的形态，指示未来股价继续上攻的概率极大。

光头阳线又称收盘秃阳线，是一种没有上影线的阳线，这种阳线通常以最高价收盘。如图 3-3 所示。

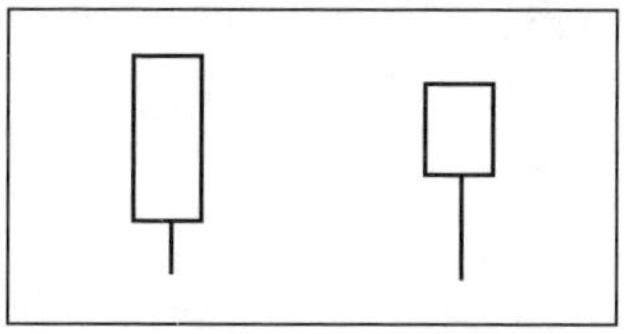

图 3-3　光头阳线

光头阳线是一种在强势上升趋势中容易出现的经典 K 线，它的出现是多方强势逼空的一个结果。一般来说，出现光头阳线，属于强烈的看涨信号。光头阳线的交易含义包括如下几点。

第一，出现光头阳线，说明多方在与空方的争斗中已经取得了绝对优势，股价未来继续走高的概率很大。

第二，低价位区域或股价长时间下跌后出现光头阳线，则属于多方突然发力，股价迎来拐点的概率很高。

第三，若股价经过一段时间的温和上攻后出现光头阳线，说明股价有加速上攻的可能，投资者宜追涨买入。

第四，若股价在连续上涨多日后的顶部区域出现光头阳线，则可能是多方的最后一攻，未来有反转下跌的可能，投资者宜谨慎。

第五，光头阳线的收盘价越接近于涨停位，股价次日高开的概率越大。也就是说，带有涨停板的光头阳线，未来上涨的可能性极大。

下面来看一下三安光电的案例，如图 3-4 所示。三安光电在 2021 年 5 月底进入了振荡上升期。2021 年 5 月 27 日、6 月 17 日和 7 月 20 日，该股股价曾三次收出光头大阳线形态。在光头大阳线出现的次日，股价全部实现了上攻。

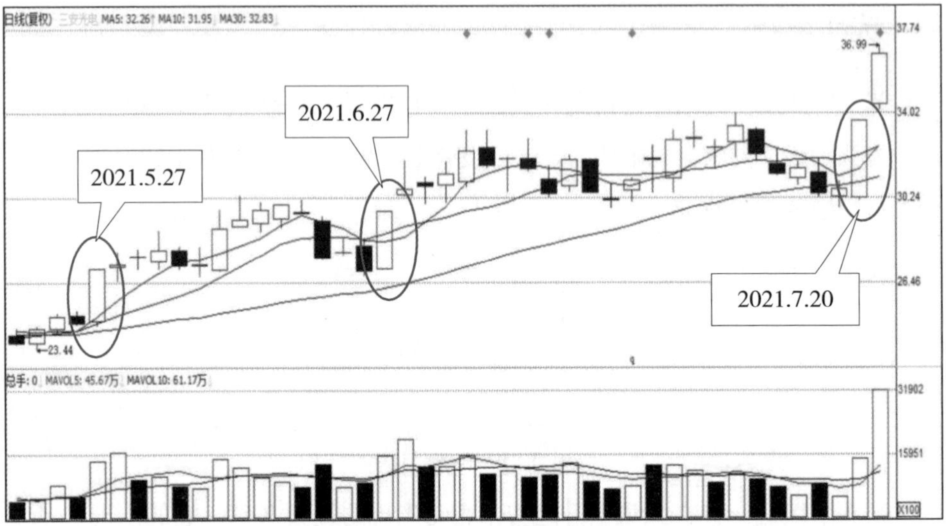

图 3-4　三安光电（600703）日 K 线走势图

当然，从上述案例中也可以看出，光头阳线出现的位置相对较低。若光头阳线在顶部区域出现，还是要谨慎对待的。

二、低位大阳线

低位大阳线是指股价在下跌过程中或底部盘整过程中，突然出现一根阳线打破了 K 线原来的运行轨迹，如图 3-5 所示。

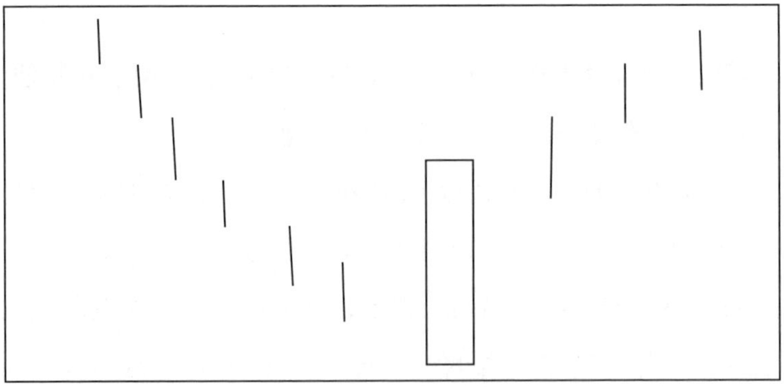

图 3-5　低位大阳线

低位大阳线是一种很极端的 K 线形态，它表示开盘时股价开在一个较低的价位，但多方牢固地控制着盘面，攻势明显，步步逼空，并在收盘时将股价稳步抬升至当日的高点。低位大阳线的实体越长，越接近涨停状态，越能表明多方上升力量强大。

其操作要点如下。

第一，当大阳线出现在低价位区域或深度下跌之后，预示股价或将进入上涨行情，投资者可考虑买入。

第二，当大阳线出现在股价盘整过程中或上涨初期，表明上涨趋势将持续，投资者可适时进行加仓操作。

第三，大阳线的开盘价是一个重要点位，一旦股价后期展开的调整跌破这一价位，就说明该股行情有进一步恶化的风险，投资者应考虑卖出止损。

下面来看一下宁波精达的案例，如图 3-6 所示。宁波精达的股价在 2021 年 5 月初进入了振荡下行期。2021 年 7 月底，该股出现加速下跌态势。到了 8 月初，

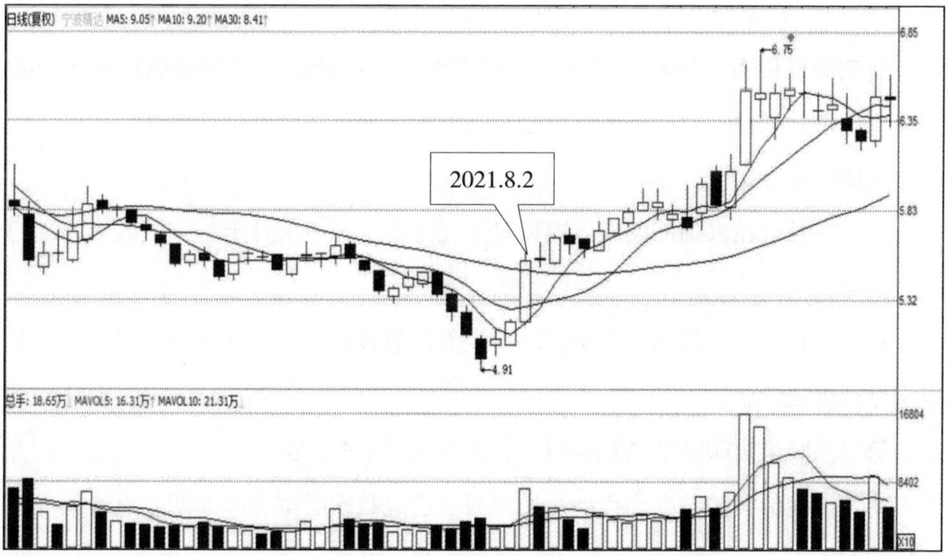

图 3-6 宁波精达（603088）日 K 线走势图

该股下跌趋势有所缓和。2021 年 8 月 2 日，该股拉出一根实体很长的大阳线，短期涨势确立，投资者可果断跟进。

三、过顶阳线

过顶阳线是一个重要的买入信号。股价 K 线向上突破前期顶部形态的同时，伴随着成交量的放大，那么，股价继续上涨的概率非常大。

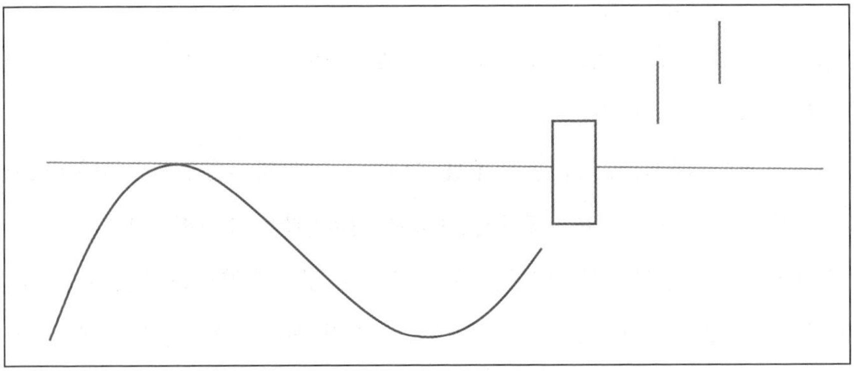

图 3-7　过顶阳线

前期高点位置一般都会聚集较多的套牢盘，若股价 K 线能够放量向上突破该位置，则意味着主力已经下定决心要吃掉套牢盘，将股价带到更高的高点。

其操作要点如下。

第一，股价在来到前期高点附近时，已经有了一段上升走势，集聚了一定的做多动能。

第二，股价到达前期高点位置时，突然以放量拉升的方式突破前期高点，多以涨停板报收。

第三，股价突破前期高点当日，各条均线呈发散排列。

第四，股价突破前期高点前，如果股价已经数次尝试突破前期高点未果，则更好。

下面来看一下宝钢包装的案例，如图 3-8 所示。

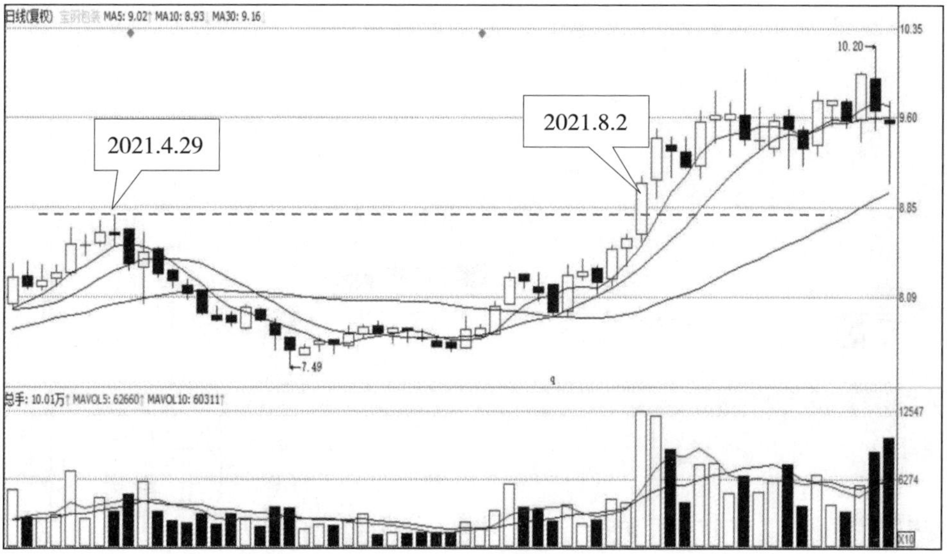

图 3-8　宝钢包装（601968）日 K 线走势图

如图 3-8 所示，2021 年 4 月 29 日，宝钢包装的股价在创下一个阶段高点后出现下跌走势，其后又出现了振荡反弹行情。

2021 年 6 月初，宝钢包装的股价在缓慢上涨一段时间后出现走强态势。其后，8 月 2 日股价以放量大阳线的形式突破了前期高点，说明股价将走出一波上涨行情。

股价向上突破前期高点时，各条均线呈多头发散排列，说明股价短期将呈强势，投资者可买入该股。

四、出水芙蓉

出水芙蓉是指股价 K 线在盘整过程中，各条均线出现黏合状，某日股价大幅上涨，拉出一根大阳线，且此阳线一举突破多条均线。该形态属于强烈的看涨形态，很多强势股在上涨启动期都出现过此种形态，如图 3-9 所示。

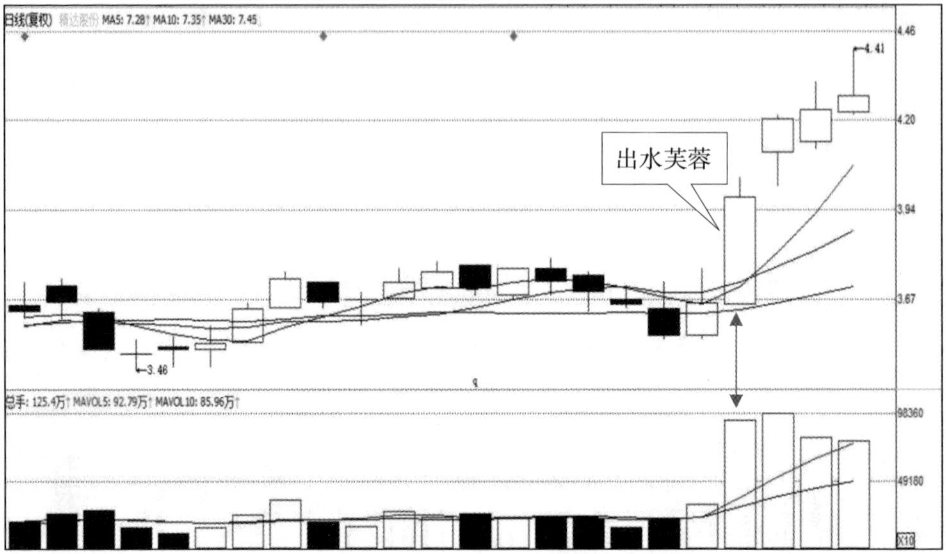

图 3-9　出水芙蓉形态

出水芙蓉形态形成前，股价已经进入了横向盘整行情中，这本身就是股价在选择突破的方向。出现的放量大阳线，打破了选择与犹豫的空间，划定了新的运行方向。

该形态的走势特点和操作要点如下。

第一，某一日股价低开高走，并一举突破了多条均线。

第二，股价突破均线当日常常以涨停报收。

第三，股价突破之后，各条均线由黏合状变为发散状，且方向向上。

第四，股价突破各条均线当日，成交量出现了放大态势。

第五，当股价突破各条均线，并位于各条均线之上时，就是买入该股的一个较好时机。

下面来看一下新研股份的案例，如图 3-10 所示。2021 年 5 月到 8 月期间，新研股份处于阶段性底部的盘整阶段。2021 年 8 月 5 日，该股放量上涨，股价连续突破 5 日、10 日和 30 日均线，收出一根光头光脚阳线。看到这种情况，激进的投资者可以适量买入，稳健的投资者可以再观察几日，等待股价站稳均线后再介入。

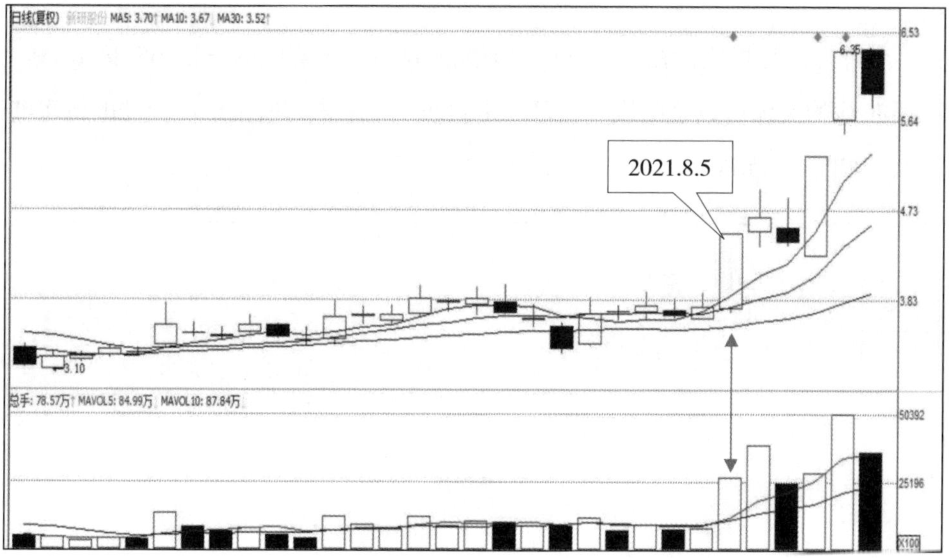

图 3-10　新研股份（300159）日 K 线走势图

第二节 长影线

一般来看，股价 K 线带有长上影线或下影线，说明多空双方进行了激烈的交锋。上影线长，说明空方打压力度较大；下影线长，则说明多方反击力度较大。在股价振荡过程中，这种带有长上影线或下影线的 K 线没有太大的研究价值，但在特殊的位置，还是会形成一些特殊的经典形态，特别是股价处于底部或回调之后的位置时，这些影线（以下影线为主）可能预示着股价将要启动上升行情。

一、金针探海

金针探海是指股价在下跌过程中形成的带有长下影线的一根小实体K线。这根K线的实体可以是阳线，也可以是阴线，预示未来股价继续上涨的概率非常大。如图3-11所示。

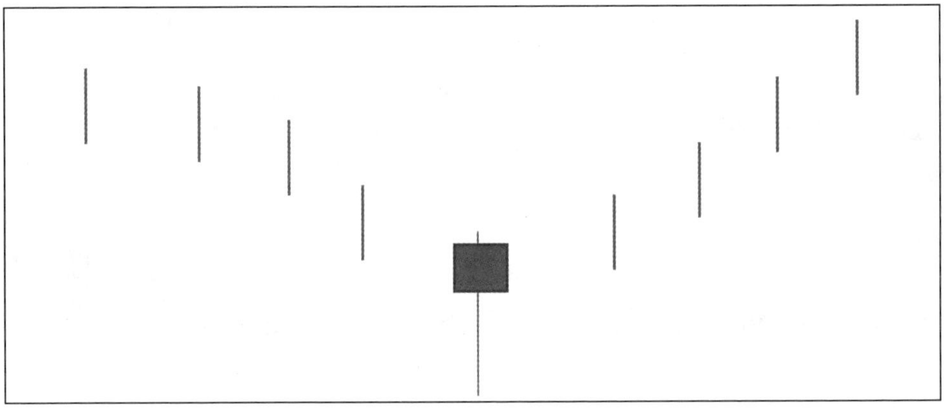

图3-11 金针探海

金针探海形态中，长长的下影线是该形态的典型特征。长下影线的形成，说明空方在股价下行的末期发动了最后一攻，而多方此后发动反击，并赢回了大多数阵地，这属于典型的行情逆转形态。

该形态的特点及主要操作要点如下。

第一，股价在短期内接连走出了明显的下跌态势，说明下跌动能得到了充分的释放。

第二，股价K线出现金针探海当日，下影线越长，说明多方反攻的力度越大，未来股价反弹的幅度也越大。

第三，金针探海形态的最低点若在某一重要支撑位附近，那么，未来股价企稳反弹的概率更大。

第四，股价走出金针探海形态后的次日，如果股价发动上攻，就是买入该股的一个较好时机。

第五，金针探海形态中，下影线最低点是投资者入场的止损位，一旦股价跌破该位置，说明该形态失效，投资者可清仓卖出。

下面来看一下旭升股份的案例，如图 3-12 所示。

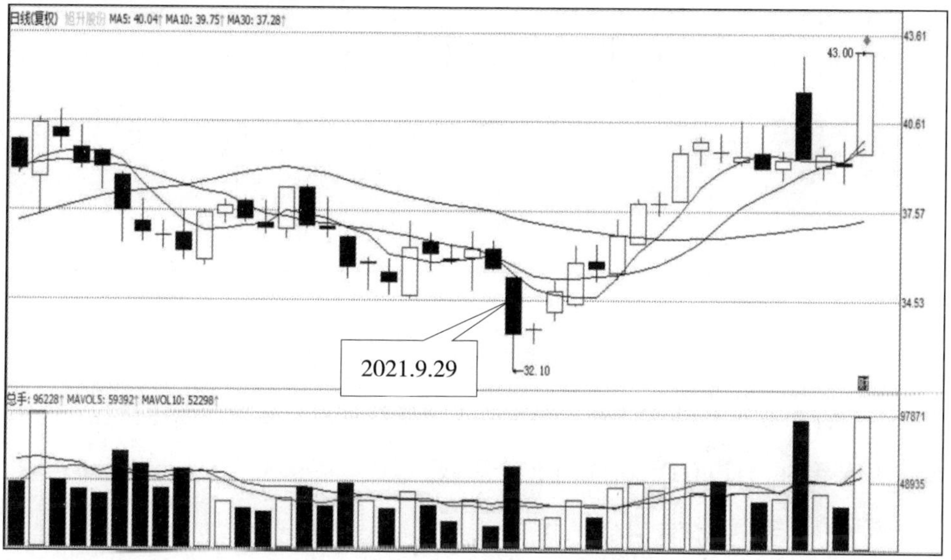

图 3-12　旭升股份（603305）日 K 线走势图

如图 3-12 所示，自 2021 年 8 月初开始，旭升股份的股价走出了一波下跌行情。

2021 年 9 月 29 日，旭升股份的股价大幅跳空低开低走，一度创出 32.10 元的低点，此后多方发力反击，收复了一定的失地，在 K 线图上留下了一根带长下影线的阴线。

至此，金针探海形态正式成立，投资者可在次日入场买入该股。此后，该股股价出现了一波振荡上升走势。

二、锤头线

锤头线又称锤子线，因其像锤头而得名，以带长长的下影线为其显著特征。如图3–13所示。

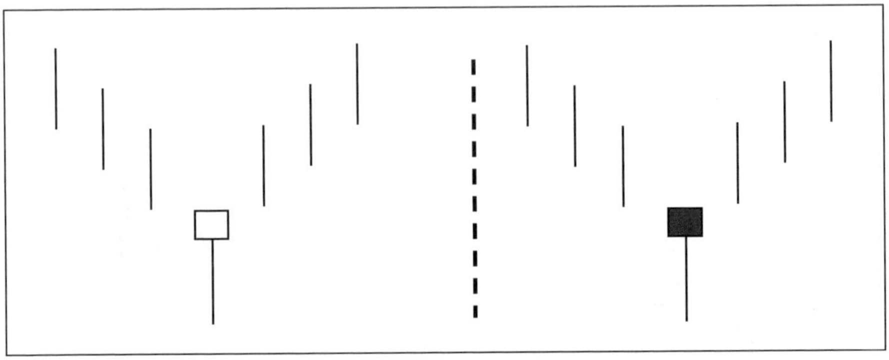

图3–13 锤头线

从形态上来看，锤头线与金针探海十分相似，也可以看成是金针探海的特殊形态。金针探海对K线实体的大小、有无上影线都没有要求，而锤头线则要求K线实体要小，且没有或仅有很小的上影线。

该形态的特点及操作要点如下。

第一，锤头线出现前，股价要经过一段时间的下跌，下跌动能要得到充分的释放，这样锤头线才有可能夯实底部。

第二，锤头线出现的同时，若成交量同步萎缩，甚至出现地量，更属于典型的股价见底信号。

第三，锤头线的下影线越长，则股价反转的概率越大，未来止跌反弹的可能性也越高。

第四，锤头线出现的次日，若股价能够突破锤头线的最高价，可考虑入场买入。

第五，锤头线中，下影线的最低点就是投资者入场的止损位，一旦股价跌破该位置，则说明该形态失效，投资者可清仓卖出。

下面来看一下凯赛生物的案例，如图 3-14 所示。

如图 3-14 所示，从 2021 年 7 月初开始，处于上升趋势中的凯赛生物走出了一段回调整理行情。

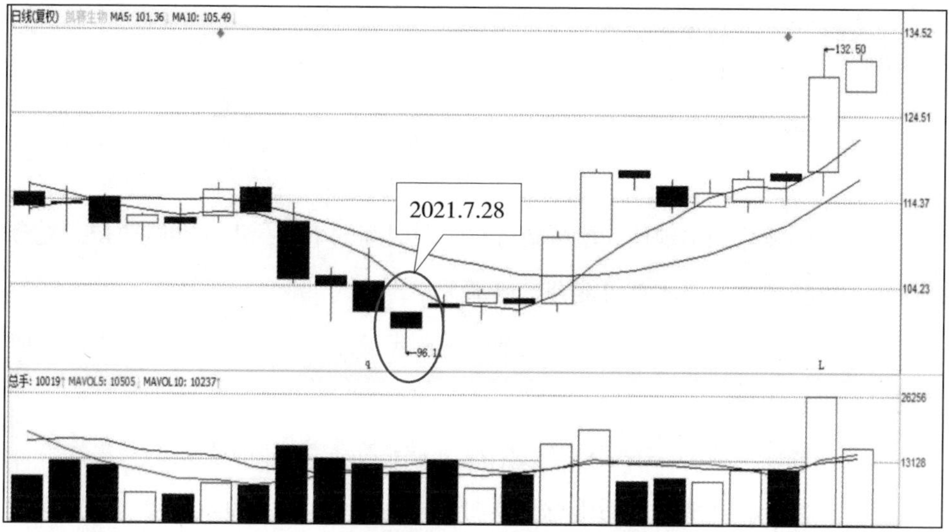

图 3-14　凯赛生物（688065）日 K 线走势图

2021 年 7 月 28 日，该股收出一根锤头线，表明下档接盘能力较强，后市有转向的可能。此后，该股股价重新进入振荡上行通道。当股价向上突破锤头线的最高价时，投资者可考虑入场建仓。

三、倒锤头线

倒锤头线又称倒锤子线，是与锤头线刚好相反的一种 K 线形态，其实就是一个位于底部区域的略带小实体的倒 T 字线。如图 3-15 所示。

从形态上来看，倒锤头线的出现说明多方已经发动了反攻，但最终仍被空方大幅打压。相对而言，倒锤头线的反转意味要弱于锤头线。

该形态的特点及操作要点如下。

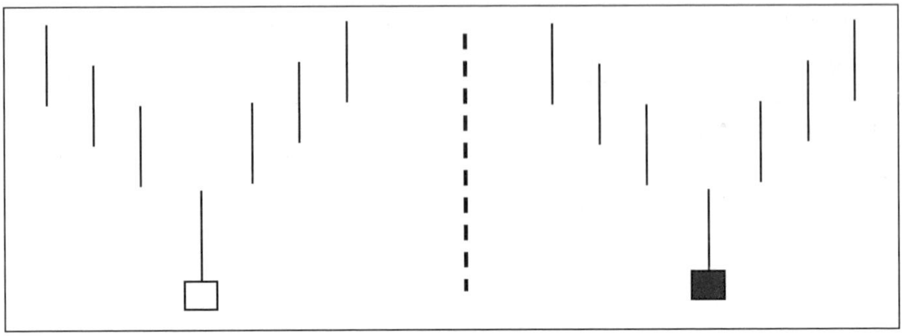

图 3-15　倒锤头线

第一，倒锤头线出现前，股价要经过一段时间的下跌，下跌动能要得到充分的释放，这样倒锤头线才有可能夯实底部。

第二，倒锤头线出现的同时，若成交量同步萎缩，甚至出现地量，更属于典型的股价见底信号。

第三，倒锤头线形态的实体若为阳线，未来看涨意味更强烈。

第四，鉴于倒锤头线的看涨意义要弱于锤头线，因而，投资者可将倒锤头线上影线的最高点看成最佳入场点。只有股价完成对倒锤头线上影线最高点的突破后，才能入场买入股票。

第五，倒锤头线中，实体的最低点就是投资者入场的止损位，一旦股价跌破该位置，则说明该形态失效，投资者可清仓卖出。

下面来看一下电魂网络的案例，如图 3-16 所示。从 2021 年 7 月中旬开始，电魂网络的股价启动了一波下跌走势，到了 8 月下旬，该股跌势突然加速。

2021 年 8 月 31 日，该股收出一根倒锤头线，表明下档接盘能力较强，后市有转向的可能。次日，该股股价低开高走，并一举突破倒锤头线的最高点，以大阳线报收，强势尽显，投资者可在当日执行买入操作。

四、长脚回踩支撑位

长脚回踩支撑位，是指股价 K 线在回调或下跌过程中，下影线触及某一重

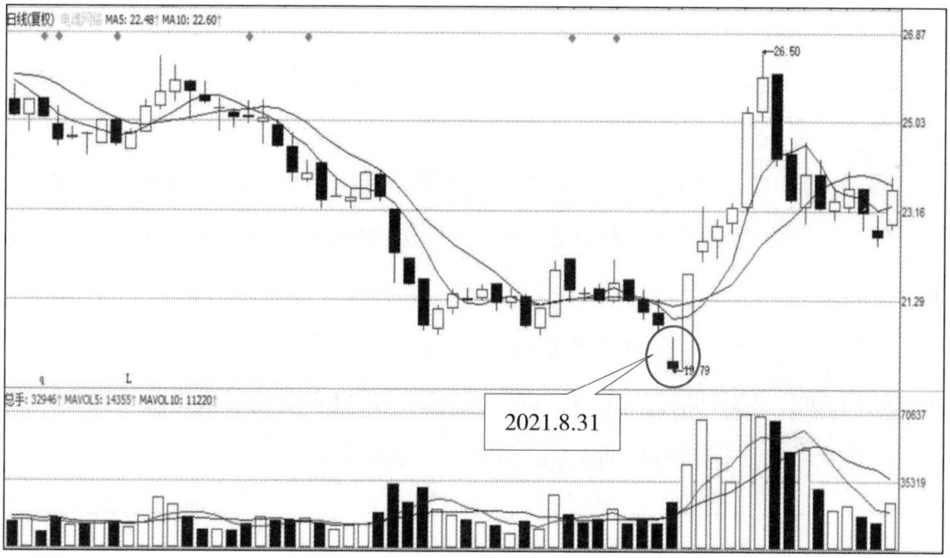

图 3-16　电魂网络（603258）日 K 线走势图

要支撑位后获得支撑而重新上攻的一种形态，属于典型的看涨反转形态，如图 3-17 所示。

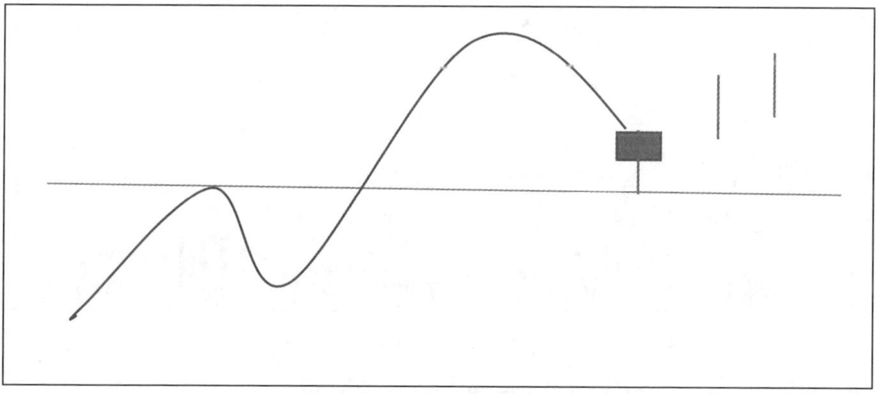

图 3-17　长脚回踩支撑位

长脚回踩支撑位也可以看成是金针探海的一种特殊形态。该形态有时也与锤头线相似，只是对 K 线实体没有具体的要求。出现该形态，说明股价 K 线在支撑位置获得了较为强劲的支撑，未来看涨。

该形态的特点及主要操作要点如下。

第一，股价 K 线获得支撑的位置，应该是较为强劲的支撑位，包括前期高点、前期低点、中长期均线位置等。

第二，股价 K 线出现长脚回踩当日，下影线越长，未来上涨的可能性越高。

第三，股价走出长脚回踩形态后的次日，如果股价发动上攻，就是买入该股的一个较好时机。

第四，长脚回踩形态中，下影线的最低点就是投资者入场的止损位，一旦股价跌破该位置，则说明支撑无效，该形态失效，投资者可清仓卖出。

下面来看一下朗新科技的案例，如图 3-18 所示。

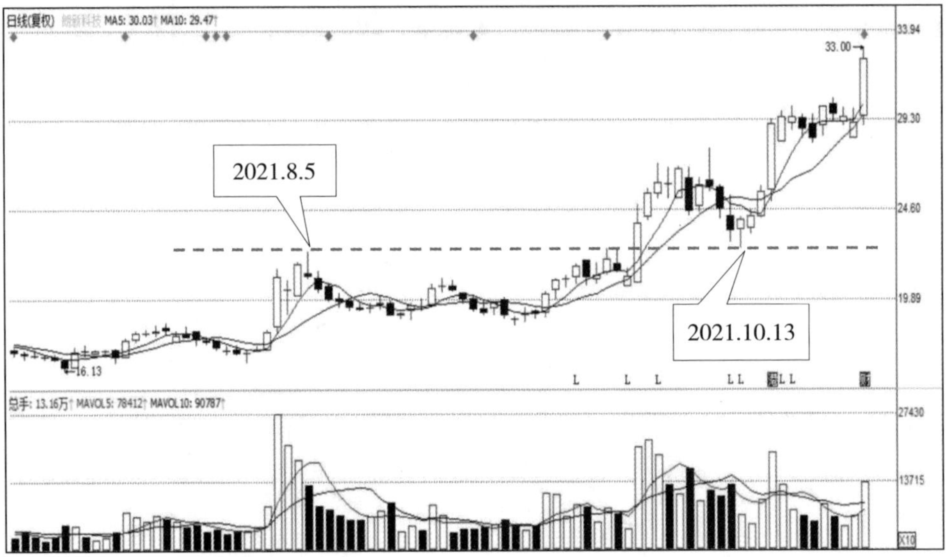

图 3-18　朗新科技（300682）日 K 线走势图

如图 3-18 所示，从 2021 年 7 月底开始，朗新科技的股价开始启动了一波快速上升走势，到了 8 月 5 日，该股在创出阶段高点后回调。

此后，该股股价经过一段时间的调整后重新启动上攻。接着，该股股价在突破 8 月 5 日的高点后再度回落。

2021年10月13日，该股股价在回调至8月5日高点附近时，收出一根带长下影线的K线，表明下档支撑能力较强，后市有转向的可能。

次日，该股低开高走，并一举突破10月13日的最高点，投资者可在当日执行买入操作。

第三节 十字线

十字线形态本身就是多空双方经过激烈争夺后最终达到力量暂时均衡的一个产物，一般来说，这类形态出现后，后市具有很大的不确定性。但在一些特定条件下，还是对交易具有一定的指示含义。

一、底部缩量十字星

底部缩量十字星，是指股价在下跌过程中形成的带有影线的一根小实体K线。这根K线实体可以是阳线，也可以是阴线，属于典型的股价触底信号。如图3-19所示。

底部缩量十字星形态，表明多空双方相对认可当前的价格。在下跌趋势中，出现这种形态本身也是空方实力不济的表现，属于典型的行情逆转形态。

该形态的特点及主要操作要点如下。

第一，股价在短期内接连走出了明显的下跌态势，说明下跌动能得到了充分的释放。

第二，股价K线在出现底部缩量十字星时，一般上下影线都不会太长，实体也不会太大，这是一种多空双方力量均衡的产物。

第三，成交量萎缩也是该形态最显著的特征。缩量幅度越大，未来反转的概率越高，有时甚至会形成“地量见地价”的形态。

第四，股价走出底部缩量十字星形态后的次日，如果股价发动上攻，就是买入该股的一个较好时机。

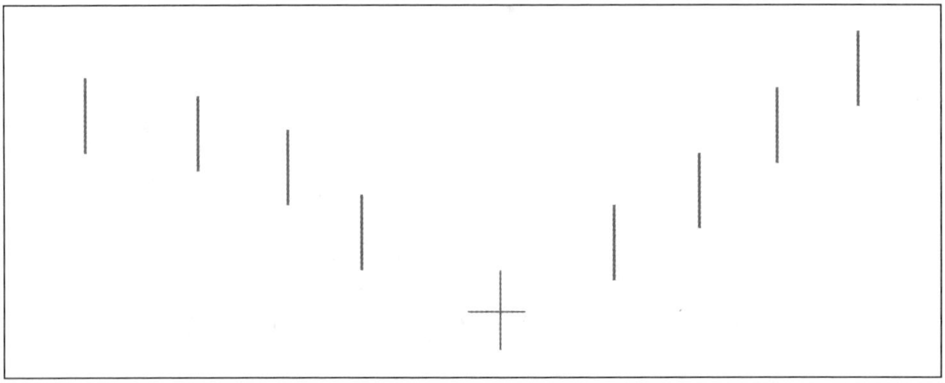

图 3-19　底部缩量十字星

第五，底部缩量十字星中，下影线的最低点就是投资者入场的止损位，一旦股价跌破该位置，则说明该形态失效，投资者可清仓卖出。

下面来看一下芯原股份的案例，如图 3-20 所示。

自 2021 年 6 月下旬开始，芯原股份的股价走出了一波振荡回调行情。2021 年 7 月 19 日，芯原股份的股价大幅跳空低开低走，一度创出 61.04 元的低点，此后多方发力反击，收复了一定的失地，在 K 线图上留下了一根小阴星。当日成交量相比前一交易日有所萎缩，投资者需要保持观望。

次日，该股再度收出一根小阳星，且成交量进一步萎缩。投资者应该清楚，成交量不可能持续萎缩下去，只要下一个交易日股价上涨，成交量出现放大，底部缩量十字星形态就可以确认了。

次日，该股低开高走收出一根中阳线。至此，底部缩量十字星形态正式成立，投资者可考虑追涨买入股票。

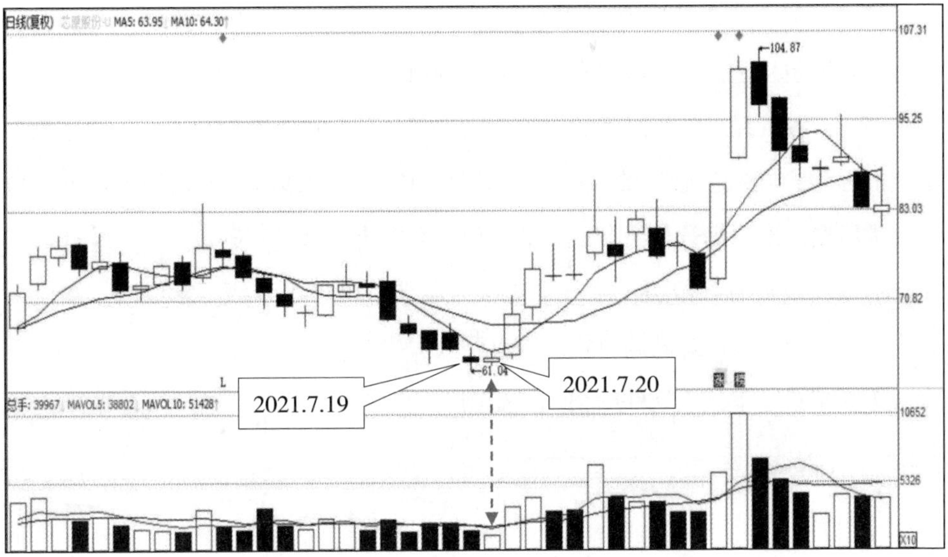

图 3-20　芯原股份（688521）日 K 线走势图

二、T 字线

T 字线又称多胜线、蜻蜓十字线，可以看作是十字线的一种变形，相当于是一种没有上影线的十字线。T 字线的开盘价、最高价和收盘价这三个价格相等，如图 3-21 所示。

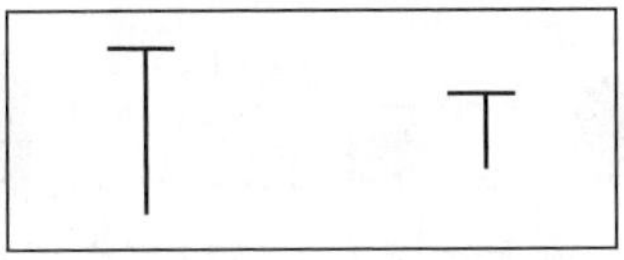

图 3-21　T 字线

T 字线的出现多是股价开盘后空方大力向下打压股价，此后多方发力向上拉升收复失地，以开盘价的价位收盘。T 字线经常会以涨停板收盘，具有较强的看涨意味，其交易含义如下。

第一，以涨停板报收的 T 字线，具有较强的看涨意义，股价未来继续走高的可能性很大。

第二，股价经过一段时间的下跌后出现T字线，此后股价开始上升，说明多方开始准备反击，未来股价有拐头向上的可能。

第三，股价经过一段时间的上涨后出现T字线，说明股价有加速上涨迹象，不过此时也存在股价触顶的风险。投资者应该在T字线即将形成的当日火线抢入这类股票，次日高开是没有疑问的，但未来能走多远并不确定。

第四，投资者若按照T字线形态买入股票，可将T字线下影线的末端设置为止损位，一旦股价跌破此位置，则应坚决卖出止损。

下面来看一下顶点软件的案例，如图3-22所示。

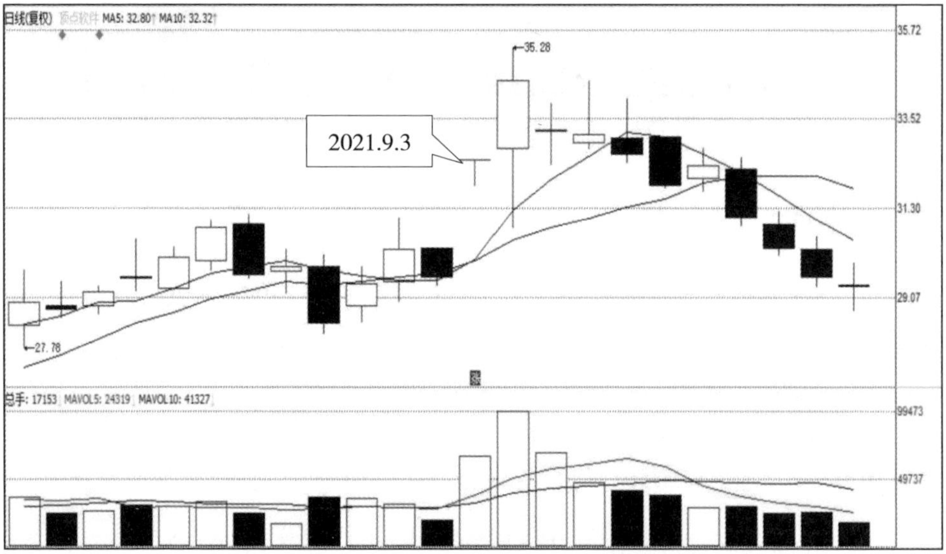

图3-22 顶点软件（603383）日K线走势图

如图3-22所示，2021年7月，处于振荡上升行情中的顶点软件的股价出现了横向振荡态势。2021年9月3日，受国产软件概念板块热炒的影响，该股以涨停价开盘，之后卖压剧增，股价下跌，但在收盘时仍被拉回到开盘的价位上。

次日，该股高开高走，不过并未再度封上涨停板。其后，该股开始了一波回调走势。

三、进攻一字线

一字线是一种非常特殊的 K 线，它的开盘价、收盘价、最高价和最低价都是同一个。进攻一字线是股价全天涨停形成的一种形态，属于典型的看涨形态。如图 3–23 所示。

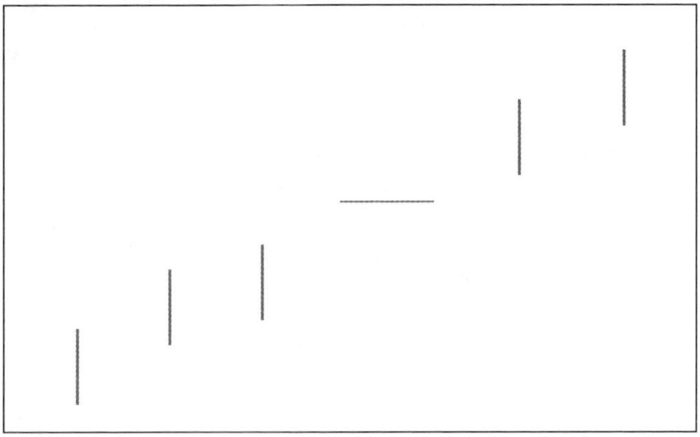

图 3–23　进攻一字线

进攻一字线的出现，说明多方已经取得了绝对优势，空方根本没有任何反击的能力。该形态的交易含义包括以下几点。

第一，在股价启动初期，若出现一字线形式的涨停板，意味着股价将会启动一波大幅上涨。不过，普通投资者很难在一字线涨停板出现时买入股票，若一字线涨停板的次日股价并未出现一字线涨停板，则可考虑少量追涨买入该股；若股价连续多日拉出一字线涨停板，则不宜追高买入。

第二，股价经过一段时间的上涨进入高位区域后，若出现一字线涨停板，则可能属于多方的最后一波攻击，一旦攻击停止，股价有筑顶回落的风险，投资者不宜再追涨买入股票。

下面来看一下中青宝的案例，如图 3–24 所示。中青宝的股价从 2021 年 8 月到 9 月一直处于波段振荡状态。9 月 7 日，中青宝在元宇宙概念的催化下，振荡走高并封于涨停板。

2021年9月8日，中青宝再度拉出一根涨停一字线。次日，股价跳空高开高走，再度发动一波上升走势。

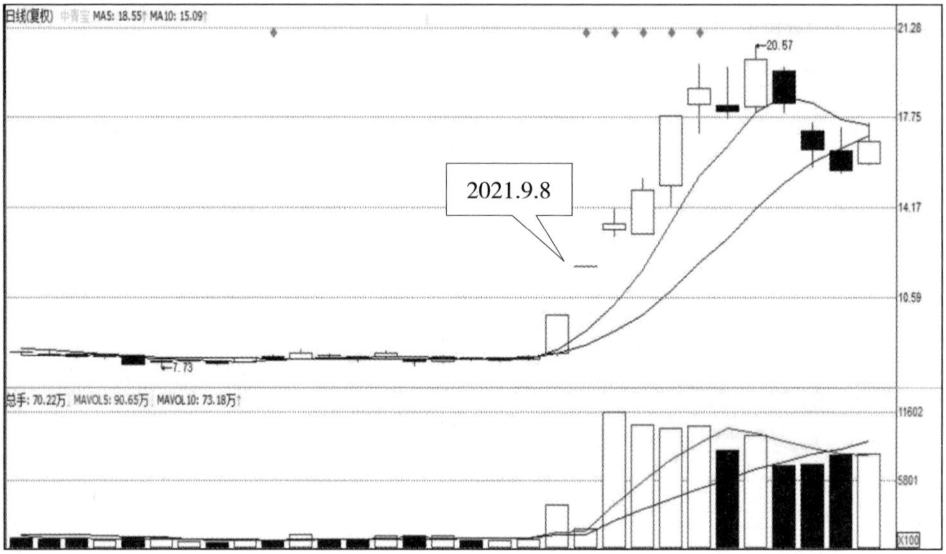

图 3-24　中青宝（300052）日 K 线走势图

第四章

单根 K 线及 11 个卖出信号

相比于买入信号，卖出信号的研判其实并不需要那么严谨而周密。尽管如此，依靠单根 K 线就想确认股价的下跌趋势，还是比较困难的，准确性也不高。只在特殊情况下，一些经典形态才能相对准确地发出卖出信号。

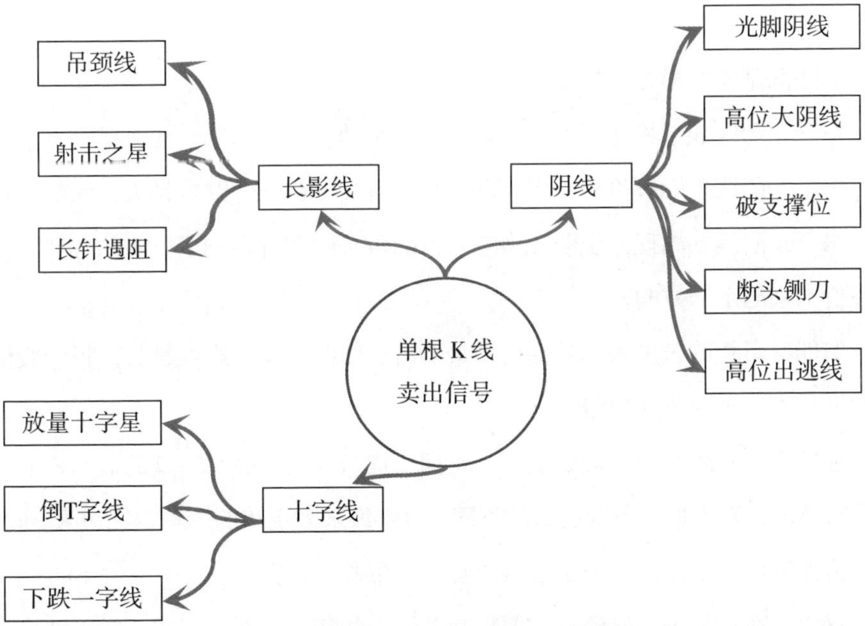

图 4-1 单根 K 线卖出信号知识导图

第一节 阴线

阴线的出现，说明该类证券在某一交易周期内的收盘价低于开盘价。阴线实体的上端表示开盘价，下端表示收盘价，实体长短代表收盘价相对于开盘价的跌幅大小，如图 4-2 所示。

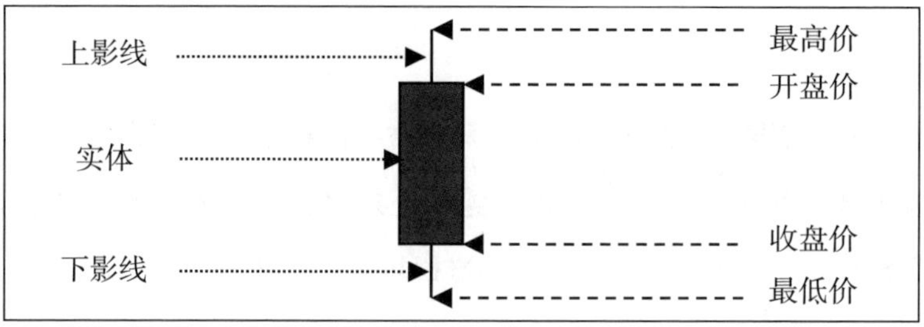

图 4-2 阴线的基本形态

阴线的基本交易含义如下。

第一，阴线表示相比于买盘，卖盘更为强势。

第二，阴线表示股价出现了下跌走势，且实体越长，跌幅越大，跌势越猛。

第三，阴线的出现，说明在多空双方的争斗中空方占据了一定的优势，主导了股价未来的走势方向。

第四，影线的长度表示最高价和最低价之间的价差，影线越长，说明股价波动幅度越大，多空争斗越激烈。

通常来说，阴线的出现说明空方占据了优势地位，股价下跌的概率较大。但阴线实体的长短不同，出现位置的不同，对股价未来走势的影响也比较大。同时，在股价盘整过程中，一些中小阴线所起的作用并不是很大。

总之，在实战中，投资者需要特别关注一些特殊位置的阴线，在下跌趋势到来之前出逃。

一、光脚阴线

光脚阴线又称收盘秃阴线，是一种没有下影线的阴线。这种阴线通常以最低价收盘，如图4-3所示。

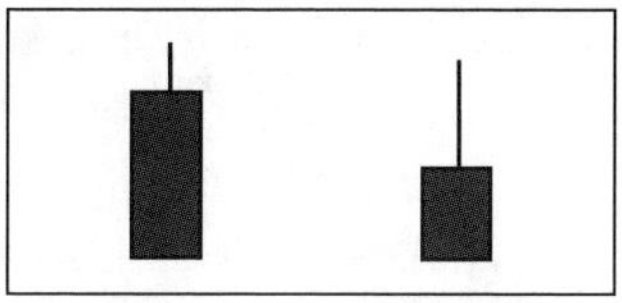

图4-3 光脚阴线

光脚阴线是一种在强势下跌趋势中容易出现的经典K线，它的出现是空方强势进攻的一个结果。也就是说，股价开盘后，尽管多方曾经试图将股价拉升至较高的水平，但空方很快收复失地，并迅速取得绝对优势地位，多方失去还手的力量。该类K线形态属于典型的看跌形态。

光脚阴线的交易含义包括如下几点。

第一，光脚阴线的出现，说明空方在与多方的争斗中已经取得了绝对优势，股价未来继续走低的概率很大。

第二，高价位区域或股价长时间上涨后出现光脚阴线，则属于空方突然发力，股价迎来拐点的概率很高。

第三，若股价经过一段时间的温和下跌后出现光脚阴线，说明股价有加速下跌的可能，投资者宜杀跌卖出。

第四，若股价在连续下跌多日后的底部区域出现光脚阴线，则可能是空方的最后一攻，未来有反转上升的可能，投资者宜保持关注。

第五，光脚阴线的收盘价越接近于跌停位，股价次日低开的概率越大。

下面来看一下天下秀的案例，如图4-4所示。2021年9月中旬，天下秀的股价经过振荡调整后进入高价位区域。2021年9月13日这一天，该股股价上攻未果，出现回落，其后的两个交易日，股价持续走低。9月

16 日，该股股价收出一根光脚阴线，预示股价还将继续下跌，投资者宜远离。

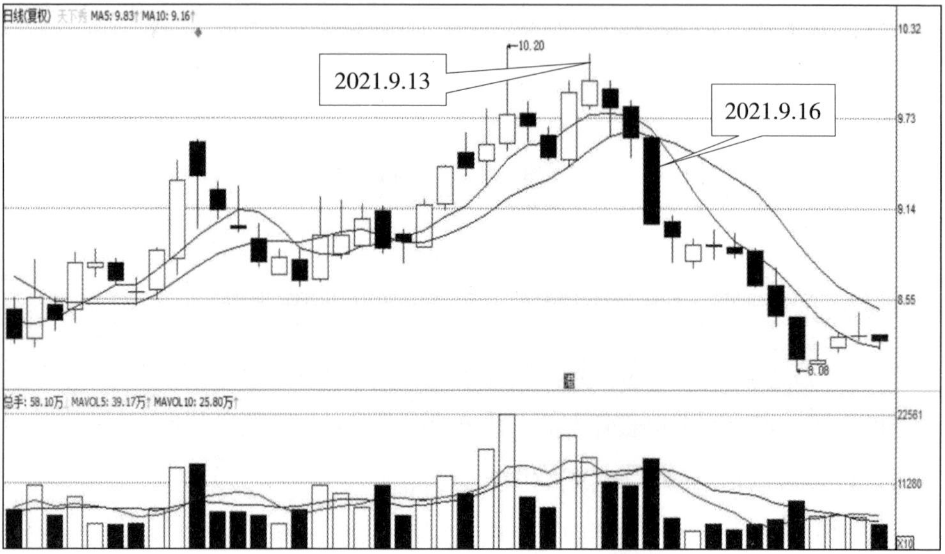

图 4-4　天下秀（600556）日 K 线走势图

二、高位大阴线

高位大阴线是指在股价上涨过程或底部盘整过程中，突然出现的一根阴线打破了 K 线原来的运行轨迹，如图 4-5 所示。

高位大阴线是一种很极端的 K 线形态，它表示开盘时股价开在一个较高的价位，但空方牢固地控制着盘面，攻势明显，步步打压，并在收盘时将股价打压至当日的最低点。高位大阴线的实体越长，越接近跌停状态，越能表明空方打压力量的强大。

其操作要点如下。

第一，当大阴线出现在高价位区域或连续上攻之后，预示股价或将进入下跌行情，投资者可考虑卖出。

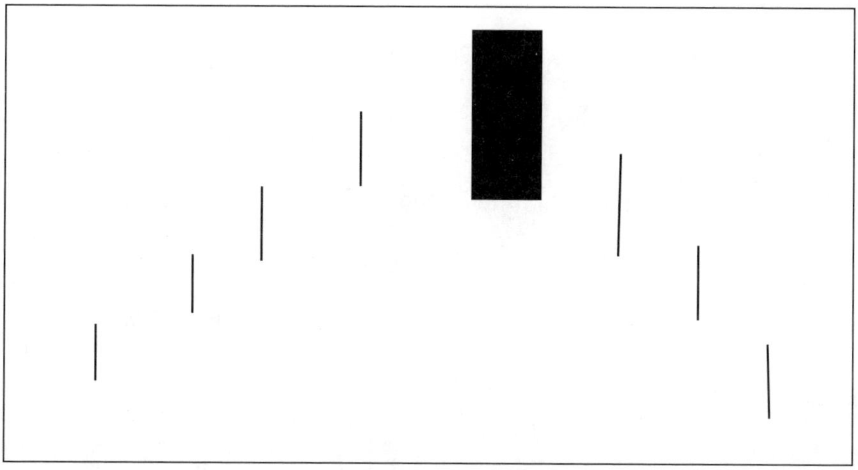

图 4-5　高位大阴线

第二，当大阴线出现在股价盘整过程中或下跌初期，表明下跌趋势将持续，投资者可适时进行减仓或清仓操作。

第三，大阴线的开盘价是一个重要的点位，一旦股价后期展开的反弹向上突破这一价位，就说明该股行情有逆转的可能。

第四，通常情况下，阴线的出现不需要成交量放大相配合就可以确认股价的下跌。不过，若大阴线出现的同时，成交量也同步放大，则可强化下跌信号的有效性。

下面来看一下岩石股份的案例，如图 4-6 所示。自 2021 年 6 月中旬开始，岩石股份的股价就进入了高位振荡盘整区域。2021 年 8 月 17 日，该股股价突然大幅下跌，成交量同步出现大幅放大，预示股价还将继续下跌，投资者宜远离这样的股票。

三、破支撑位阴线

破支撑位阴线是一个重要的卖出信号。股价 K 线向下跌破某一重要支撑位的同时，伴随着成交量的放大，那么股价继续下跌的概率非常大。

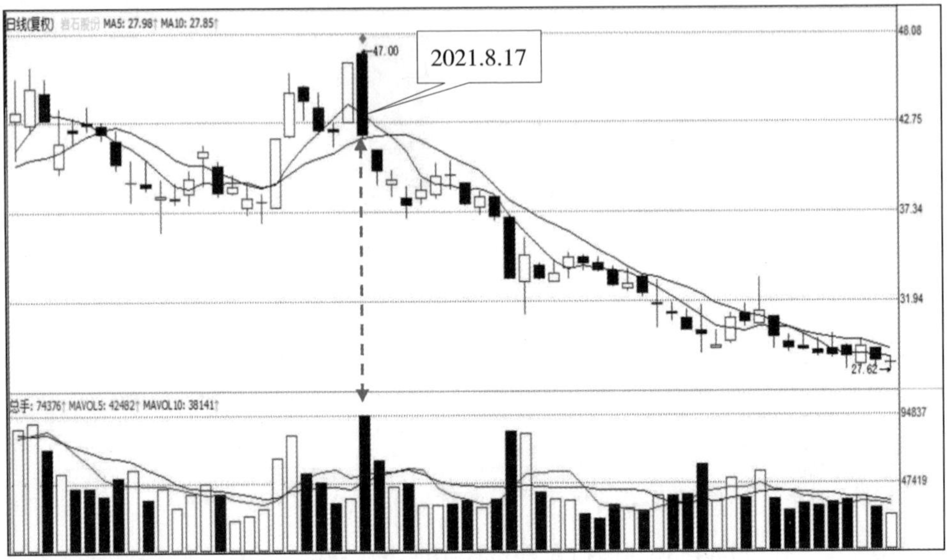

图 4-6　岩石股份（600696）日 K 线走势图

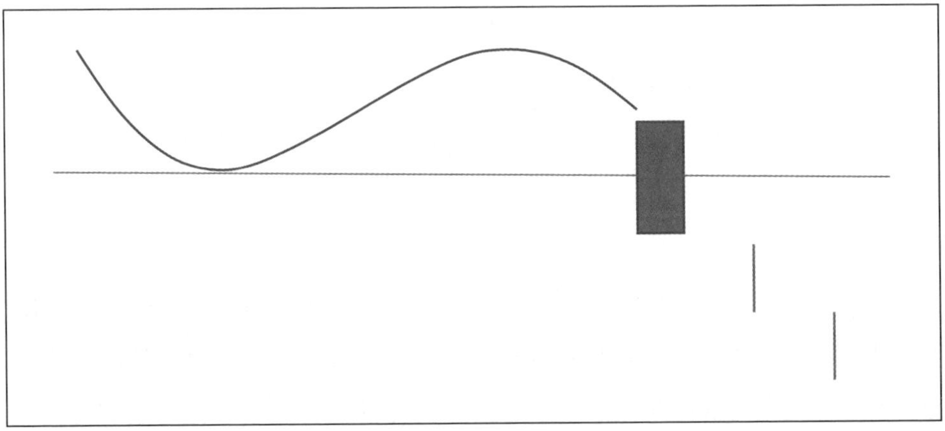

图 4-7　破支撑位阴线

重要支撑位置一般都会有较多的买单埋伏在附近，若股价 K 线能够向下跌破该位置，则意味着主力已经下定决心要出货，股价将会进入新的低点。

其操作要点如下。

第一，股价来到支撑位附近时，已经有了一段下跌走势，集聚了一定的做空动能。

第二，股价到达支撑位位置时，突然以向下打压的方式跌破支撑位，意味着股价将开启下跌通道。

第三，股价跌破支撑位，各条均线呈发散排列。

第四，股价跌破的支撑位，如果股价已经数次在此位置遇支撑，此时跌破，则未来看跌的意味更浓。

下面来看一下中欣氟材的案例，如图 4-8 所示。

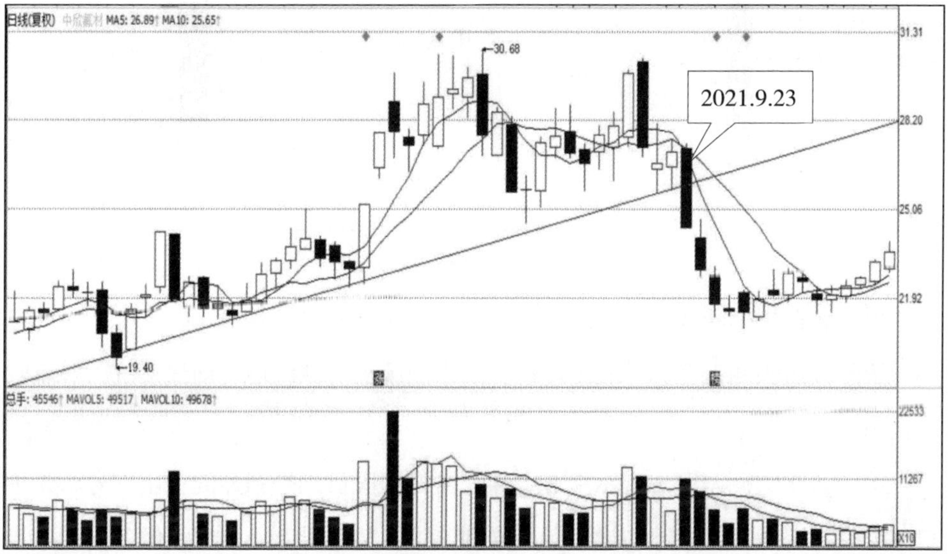

图 4-8　中欣氟材（002915）日 K 线走势图

如图 4-8 所示，自 2021 年 6 月下旬开始，中欣氟材的股价出现了一波振荡上升行情。该股股价在振荡过程中出现了几次回调，且回调的低点都位于一根上升趋势线上。这也就意味着，该上升趋势线对股价具有较强的阻力作用。

2021 年 9 月 23 日，该股股价突然大幅下跌，并收出一根大阴线，且该阴线向下大幅跌破了支撑线，预示股价还将继续下跌，投资者宜远离这样的股票。

四、断头铡刀

断头铡刀又称一阴破多线，是指一根大幅下跌的大阴线向下连续突破短期、中期和长期均线，收盘价位于这些均线之下，如图 4-9 所示。断头铡刀形态是一种明显的看跌信号，暗示股价上涨势头已经到顶，头部将被铡断，下跌之势无法阻挡。

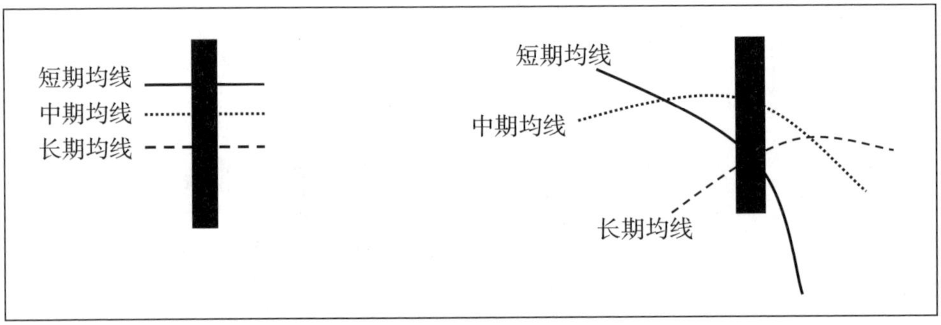

图 4-9　断头铡刀

投资者在根据断头铡刀形态进行操作时，应注意以下几点。

第一，断头铡刀形态一般出现在上涨末期或高价位区域，均线系统一般呈收敛状态。

第二，断头铡刀形态表示空方突然抛盘打压股价，是强烈的卖出信号。无论是激进的投资者还是稳健的投资者，遇到这种走势时千万不能继续做多，而应该果断减仓或是清仓。

第三，如果某个交易日投资者发现一根阴线连续吃掉多条均线，就表示断头铡刀形态正在形成。

第四，大阴线的实体越长，收盘价距离均线的位置越低，看跌信号越强烈。

第五，如果股价下跌的同时成交量显著放大，则股价日后下跌的空间也相应较大。

第六，断头铡刀形成时，均线可能是空头排列，也可能是多头排列，亦有可能形成死叉。

下面来看一下多伦科技的案例，如图4-10所示。

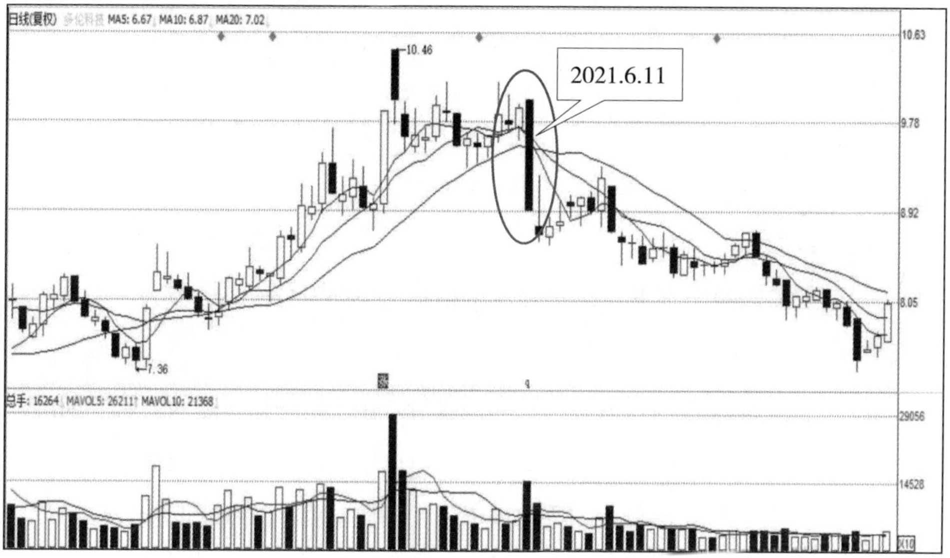

图4-10　多伦科技（603528）日K线走势图

如图4-10所示，自2021年5月中旬开始，多伦科技的股价进入了顶部区域。此后，该股股价在顶部出现了横向振荡走势。2021年6月11日，该股股价突然大幅下跌，当日收出的大阴线一举跌破了多条均线，形成了断头铡刀形态。

此形态属于典型的看空卖出信号，投资者宜立即离场。

五、高开出逃线

股价在平稳运行过程中，某日受利好或其他消息影响突然大幅高开，然后持续下行，最终收出一根大阴线，如图4-11所示。

此种形态的出现，属于典型的主力借机出货形态。该形态出现后，股价一般都会有一段长时间的下跌走势，极端情况下，还有可能会出现“天地板”形态（即于涨停板位置开盘，以跌停板位置收盘）。

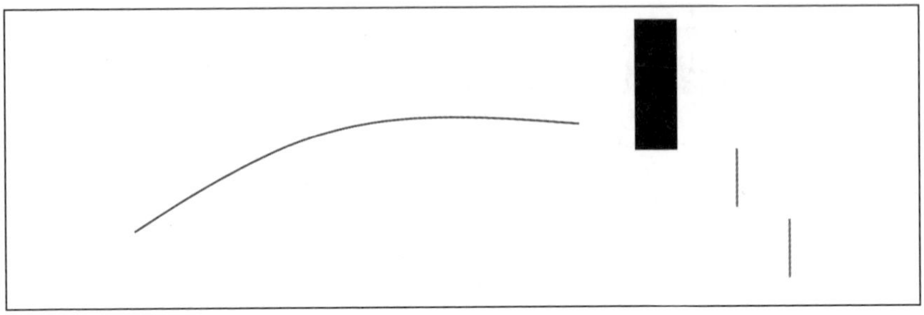

图 4-11　高开出逃线

该形态的操作要点如下。

第一，大阴线实体越长，股价开盘价格越高，向下打压幅度越大，未来下跌的概率越大。

第二，大阴线出现当日成交量越高，股价未来下跌的概率越大。若能创出一段时间以来的最大成交量——“天量”，则更可增强股价下行的概率。

第三，一般来说，高位大阴线出现当日，投资者就应该执行卖出操作。

下面来看一下九鼎投资的案例，如图 4-12 所示。

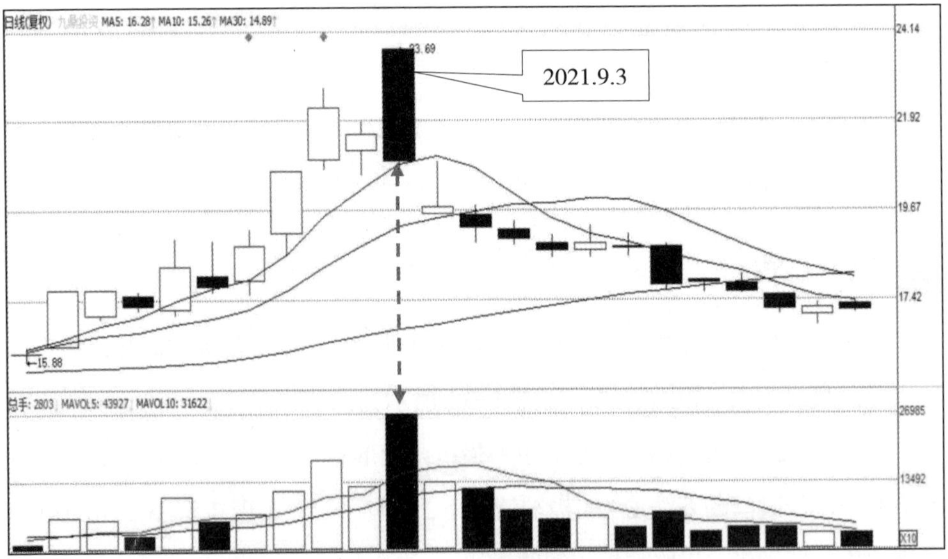

图 4-12　九鼎投资（600053）日 K 线走势图

如图 4-12 所示，自 2021 年 8 月初开始，九鼎投资的股价就进入了振荡上升通道。2021 年 9 月 3 日，该股股价突然以大幅跳空涨停的方式开盘，正当投资者幻想着一字板时，涨停板被打开并直线向下，最终收出一根放量大阴线。此阴线出现时，成交量同步出现大幅放大，且成交量创出阶段新高。此形态明确地告诉投资者，主力在出货，这就是高开出逃线。未来股价还将继续下跌，投资者宜远离这样的股票。

第二节 长影线

前面介绍过，长上影线与下影线的出现，本身就是多空双方争夺的结果，只有在特殊的情况下，才具有典型的看空意味。

一、吊颈线

吊颈线可以看成是一根出现在顶部区域的锤头线，其形态及构成与锤头线完全一样，只是出现在了阶段行情的顶部区域。如图 4-13 所示。

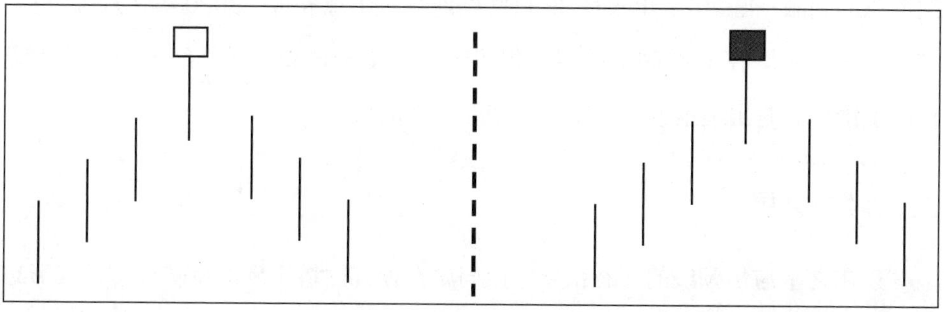

图 4-13　吊颈线

出现在顶部区域的吊颈线，是以长长的下影线为主要特征的。其长下影线的出现，说明空方已经对多方实施了较强的反击，只是最后多方仍旧顽强地将股价拉升至开盘价附近。由于此前股价已经上涨多日，多方实力已经有所损耗，此时多方的这种拉升就可能让其耗尽最后一滴血，未来多方想要继续拉升股价，可能会“力有不逮”。

因此，吊颈线经常会成为阶段顶部的典型形态，具有较强的转势意味，其下一个交易日的股价走势十分重要。

该形态的交易含义如下。

第一，吊颈线中的实体颜色并不影响对其形态的研判，但若实体颜色为阴线，则股价未来下跌的概率更大。

第二，一般来说，吊颈线形态需要成交量放大相配合。即成交量放大时出现吊颈线，则卖出信号更为可靠；反之，可靠性较低。

第三，股价跳空高开并最终形成涨停板，是不宜按照吊颈线来研判的，毕竟涨停板意味着股价还有很大的上涨空间在当日没有得到有效释放。

第四，吊颈线出现后，股价出现回调，且跌破吊颈线下影线的末端，则可说明股价下行趋势已经确立，投资者宜执行卖出操作；反之，若股价不跌反涨，且股价向上突破了吊颈线的最高点，则可认定该形态失败。

下面来看一下凯撒旅业的案例，如图 4-14 所示。凯撒旅业的股价受资产重组消息的刺激，自 2020 年 6 月 30 日开始连续拉出涨停板。2020 年 7 月 13 日，该股高开低走，在 K 线图上收出一根吊颈线。鉴于该股之前已经出现了较大幅度的上涨，此时出现吊颈线，属于典型的看跌信号。

二、射击之星

射击之星与吊颈线的形态相反，但同属在顶部区域出现的反转形态，其形态与倒锤头线完全相同，只是位置不同，如图 4-15 所示。

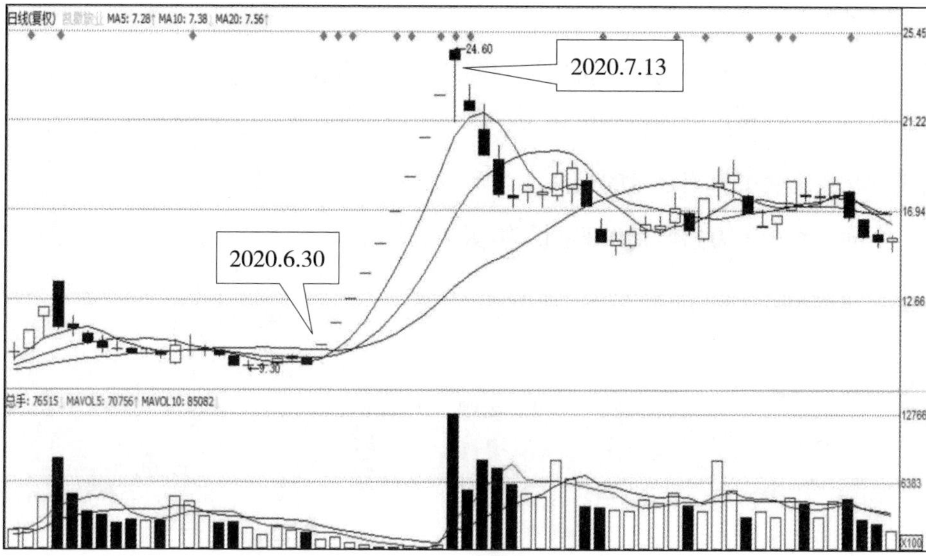

图 4-14 凯撒旅业（000796）日 K 线走势图

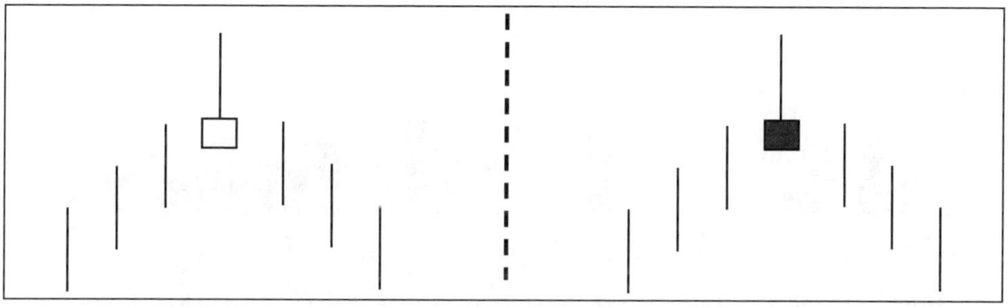

图 4-15 射击之星

出现在顶部区域的射击之星，是以长长的上影线为主要特征的。其长上影线的出现，说明多方在进攻过程中遭到了空方的疯狂打压，而且多方面对空方的打压，再也没有能力收复失地，这本身就是多方示弱的一种形态，未来空方很有可能会继续打压。

第一，射击之星中的实体颜色并不影响对其形态的研判，但若实体颜色为阴线，则股价未来下跌的概率更大。

第二，一般来说，射击之星形态需要成交量放大相配合。即成交量放大时，射击之星出现，则卖出信号更为可靠；反之，可靠性较低。

第三，射击之星出现后股价出现回调，且跌破射击之星实体的最低价，则可说明股价下行趋势已经确立，投资者宜执行卖出操作；反之，若股价不跌反涨，且股价向上突破了射击之星的最高点，则可认定该形态失败。

下面来看一下万盛股份的案例，如图 4–16 所示。

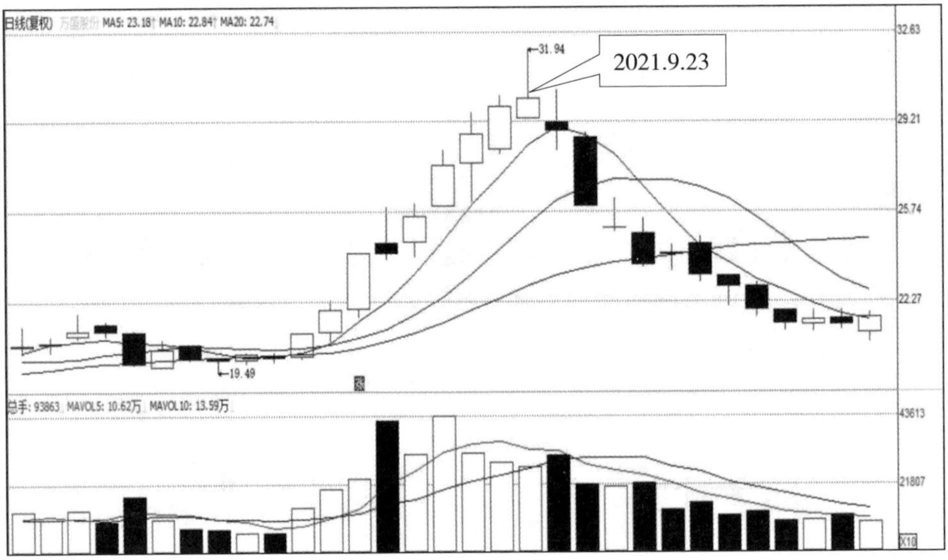

图 4–16　万盛股份（603010）日 K 线走势图

如图 4–16 所示，万盛股份从 2021 年 9 月初开始出现了一波快速上涨行情。2021 年 9 月 23 日，该股高开高走，收出一根射击之星，投资者可以判断多空双方的力量对比发生了变化，行情极有可能变坏，应该在次日（9 月 24 日）果断清仓。

次日，该股低开低走，在稍作挣扎之后便一路向下，并在当天收出一根阴十字线。

三、长针触及阻力位

长针触及阻力位，是指股价 K 线在反弹过程中，上影线触及某一重要阻力位后受阻而重新下跌的一种形态，属于典型的看跌形态，如图 4–17 所示。

长针触及阻力位，也可以看成是射击之星的一种特殊形态。出现该形态，说明股价 K 线在阻力位置受到了强阻，未来看跌。

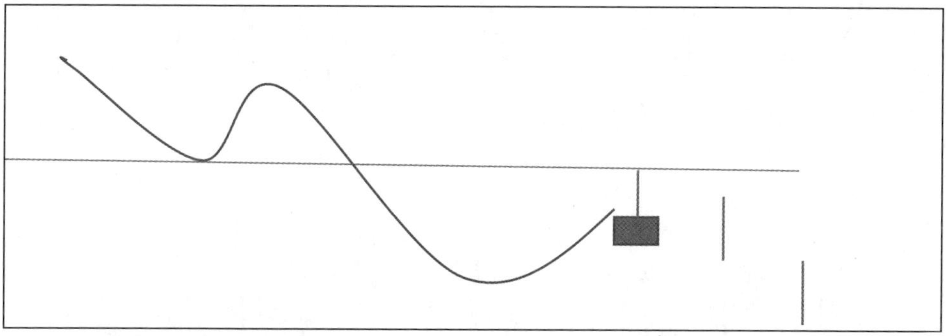

图 4–17　长针触及阻力位

该形态的主要操作要点如下。

第一，股价 K 线受到阻力的位置，应该是较为强劲的阻力位，包括前期高点、前期低点、中长期均线位置等。

第二，股价 K 线出现长针触及阻力位当日，上影线越长，未来下跌的可能性越高。

第三，股价走出长针触及阻力位形态后的次日，如果股价出现下跌，就是卖出该股的一个较佳时机。

第四，长针触及阻力位形态中，上影线的最高点就是投资者的补仓位，一旦股价有效突破该位置，则说明阻力无效，该形态失效，投资者可考虑择机入场。

下面来看一下珀莱雅的案例，如图 4–18 所示。珀莱雅的股价在 2021 年 1 月 11 日创下阶段高点后出现回调。其后，该股股价再度上攻，于 2 月 9 日向上突破了 1 月 11 日的高点，并很快重新下跌。这也印证了 1 月 11 日高点的阻力作用。

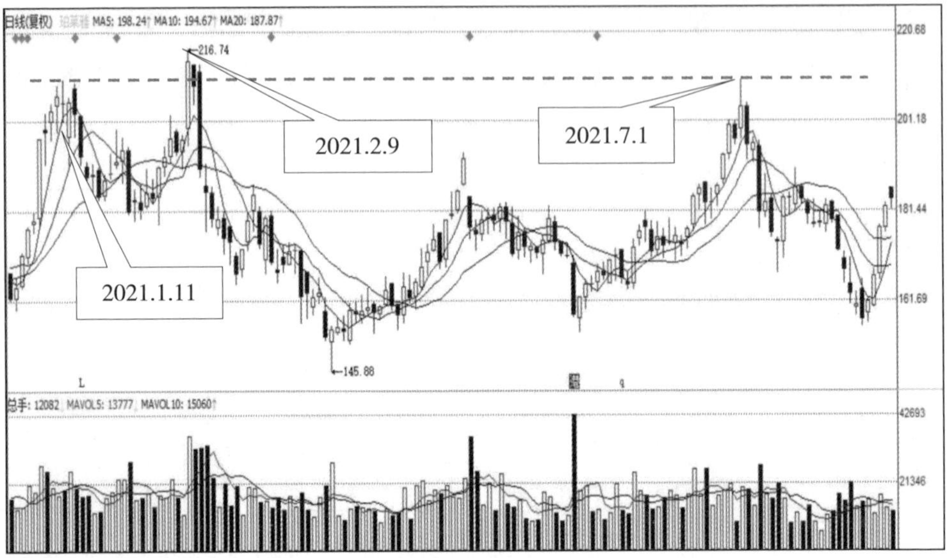

图 4-18　珀莱雅（603605）日 K 线走势图

此后，该股股价经过几次反弹与调整后，在 7 月 1 日再度来到了 1 月 11 日高点附近位置。此时，该股股价一度触及该高点，并在空方的打压下收出了一根带长上影线的 K 线。这属于典型的长针触及阻力位形态，未来看跌。

此后，该股股价重新进入下跌通道。

第三节 十字线

如前所述，这类形态出现后，后市具有很大的不确定性，但在一些特定条件下，还是对交易具有一定的指示含义。

一、高位放量十字星

高位放量十字星，是指在股价上涨过程中形成了带有影线的一根小实体 K 线。这根 K 线的实体可以是阳线，也可以是阴线，属于典型的股价触顶回落信号。如图 4–19 所示。

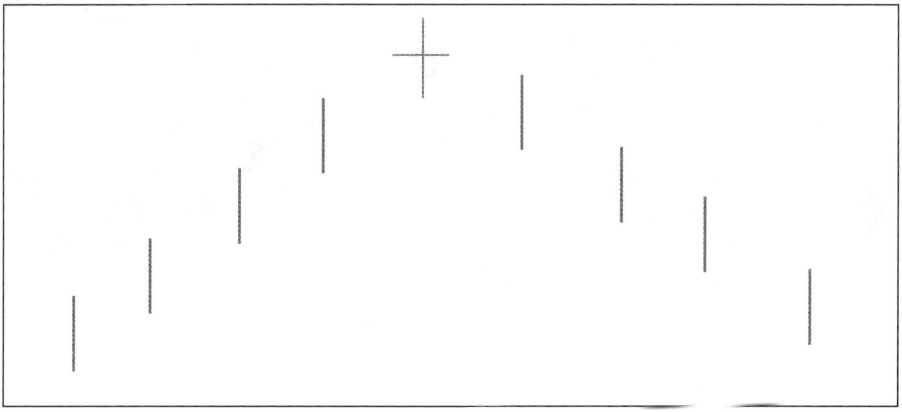

图 4–19　高位放量十字星

高位放量十字星形态，表明多空双方对当前价格具有较大的争议。在上涨趋势中出现这种形态，本身也是多方实力不济的表现，属于典型的行情逆转形态。

该形态的主要操作要点如下。

第一，股价在短期内接连走出了明显的上涨态势，说明上涨动能得到了充分的释放。

第二，股价 K 线在高位出现放量十字星时，一般上下影线可能会比较长，这是多空双方经过激烈斗争的结果。

第三，成交量放大也是该形态最显著的特征。放量幅度越大，未来反转的概率越高，有时甚至会形成“天量见天价”形态。

第四，股价走出高位放量十字星形态后的次日，如果股价出现下跌，就是卖出该股的一个较好时机。

第五，高位放量十字星形成后，若股价不跌反涨，且向上突破了十字星最高价，则说明形态失败，投资者可考虑补仓。

下面来看一下世运电路的案例，如图 4-20 所示。

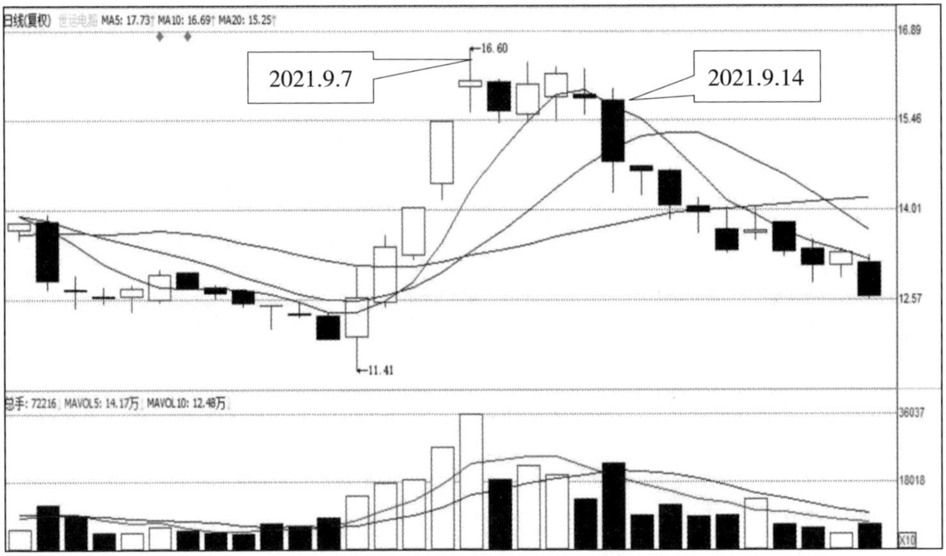

图 4-20 世运电路（603920）日 K 线走势图

如图 4-20 所示，自 2021 年 6 月下旬开始，世运电路的股价走出了一波快速上升行情。

2021 年 9 月 7 日，世运电路的股价大幅跳空高开高走，一度创出 16.60 元的高点。此后空方发力反击，在 K 线图上留下了一根小阳星。当日成交量相比前一交易日出现了较大放量，投资者需要保持警惕。

此后的几个交易日，该股股价小幅振荡，但股价并未突破 9 月 7 日的最高价。

9 月 14 日，该股平开低走收出一根中阴线，至此，高位放量十字星形态正式成立，投资者可立即卖出股票。

二、倒 T 字线

倒 T 字线又称空胜线、墓碑十字，是十字线的一种变形，相当于是一种没有下影线的十字线。倒 T 字线的开盘价、最低价和收盘价这三个价格相等，如图 4–21 所示。

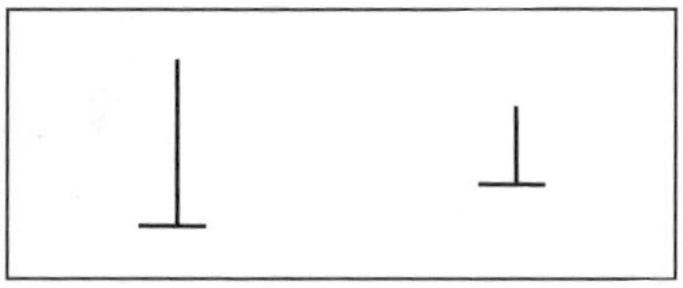

图 4–21　倒 T 字线

倒 T 字线反映了多方的反击被空方无情打压的现实，也是空方占据绝对优势地位的一个写照。该形态多以跌停板报收，属于典型的看空形态。

该形态的主要操作要点如下。

第一，一般来说，以跌停板报收的倒 T 字线，未来继续走低的概率极大。

第二，股价上升过程中出现倒 T 字线，说明空方开始准备反击，未来股价下跌的概率较大。

第三，股价经过一段时间的下跌后出现倒 T 字线，说明股价有加速下跌的迹象，当然，也存在股价最后一跌的可能。

第四，倒 T 字线形态出现后，若股价反向上攻，突破倒 T 字线最高点，则说明该形态存在失败的可能。

下面来看一下豪悦护理的案例，如图 4–22 所示。处于下跌趋势中的豪悦护理，自 2021 年 3 月中旬开始出现振荡反弹迹象。该股股价经过一段时间的反弹后，在 4 月底进入短期高位。

4 月 29 日，该股股价直接跳空下跌，并最终收出倒 T 字线，这是一个非常危险的信号。此后该股低开低走，开始了一波下跌走势。

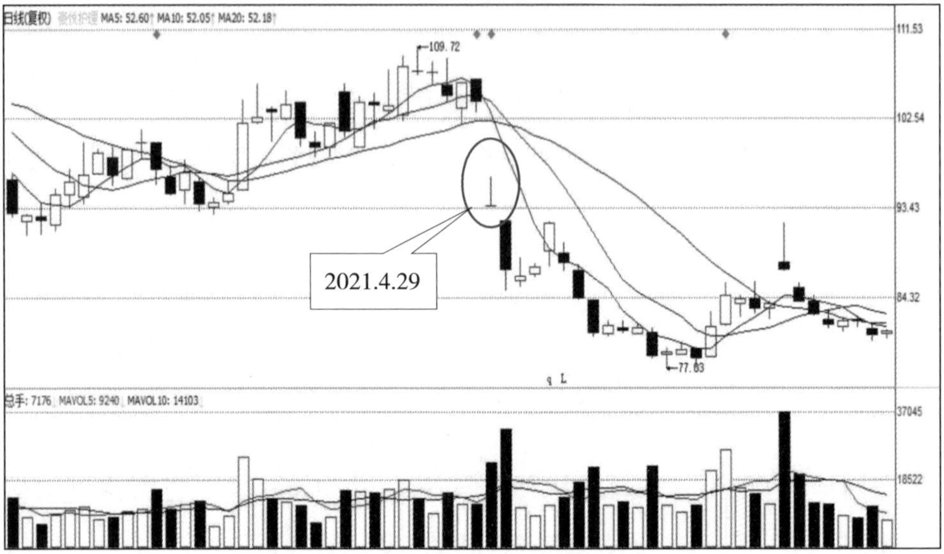

图 4-22　豪悦护理（605009）日 K 线走势图

三、下跌一字线

一字线前面已经有过介绍。股价下跌，并最终形成跌停一字线时，属于典型的看跌形态。如图 4-23 所示。

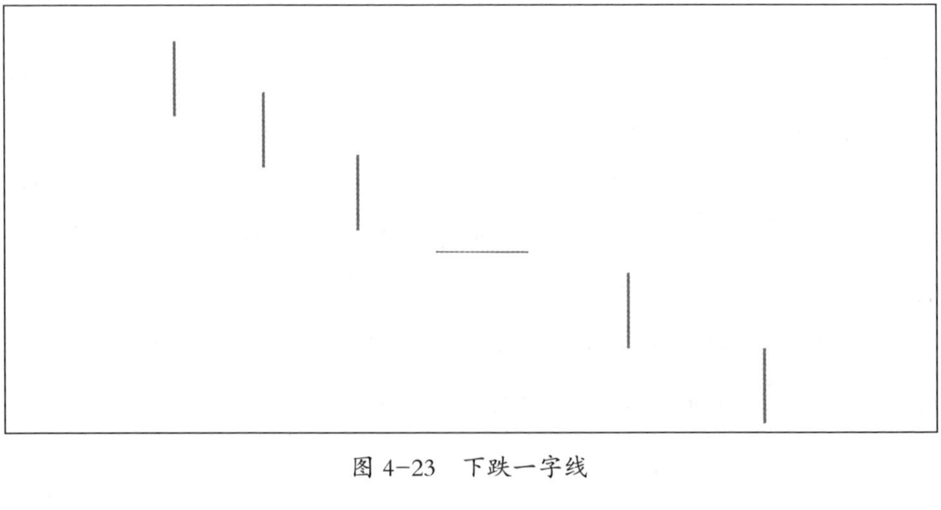

图 4-23　下跌一字线

出现下跌一字线，说明空方已经取得了绝对优势，多方根本没有任何反击的能力。

该形态的交易含义包括以下几点。

第一，在股价启动初期，若出现一字线形式的跌停板，则意味着股价将会启动一波大幅下跌。不过，普通投资者很难在一字线跌停板出现时卖出股票。若一字线跌停板的次日股价并未出现一字线跌停板，则可考虑卖出部分股票；若股价连续多日拉出一字线跌停板，则不宜割肉离场。

第二，股价经过一段时间的下跌进入低位区域后，若出现一字线跌停板，则可能属于空方的最后一波攻击，一旦攻击停止，股价有触底反弹的可能，投资者不宜再割肉离场。

下面来看一下迎丰股份的案例，如图 4-24 所示。

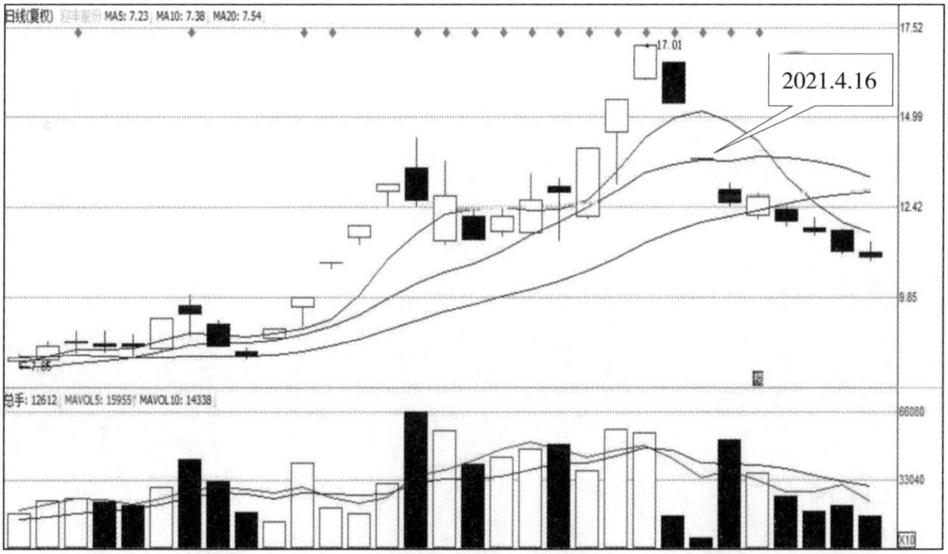

图 4-24　迎丰股份（605055）日 K 线走势图

如图 4-24 所示，迎丰股份的股价在 2021 年 3 月中旬启动了一波快速上升走势。该股股价在上升过程中曾多次拉出涨停板，并于 4 月中旬达到阶段高点。

2021 年 4 月 16 日，迎丰股份的股价在前日跌停的基础上，再度拉出一根跌停一字线。次日，迎丰股份的股价跳空低开低走，再度发动一波下跌走势。

第五章

多根 K 线的 27 个买入信号

由于单根 K 线发出的交易信号准确性有限。在实战中，很多投资研究者发现，有一些特殊的 K 线组合，发出的买入信号要远远优于其他 K 线形态，因此，这些经典的 K 线组合就成为后来投资者研究和学习的重点。

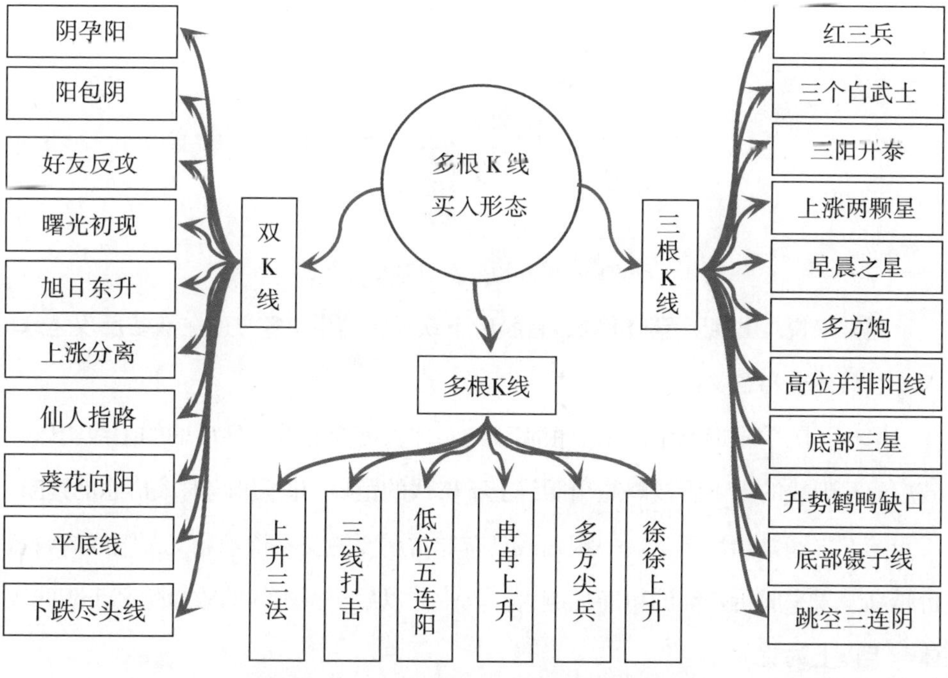

图 5-1　多根 K 线买入形态知识导图

第一节
双 K 线的 10 个买入形态

双 K 线买入形态多由一些经典的 K 线组合而成，在实战中具有很强的指导意义。

一、阴孕阳

阴孕阳属于孕线形态中的一种，由一阴一阳两根 K 线组成，前一根为阴线，后一根为阳线。

在下跌趋势中，阴孕阳形态的出现含有在空方主导的行情中，多方实力与情绪正在酝酿并伺机反扑的含义。如图 5-2 所示。

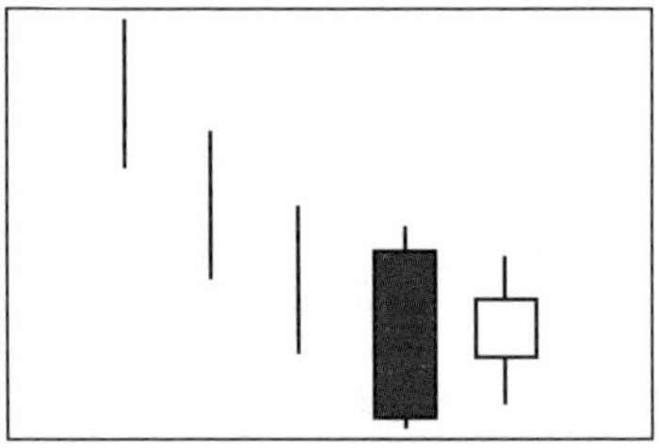

图 5-2　阴孕阳

通常来说，出现阴孕阳形态，有股价下跌即将结束，多方正在准备反攻之意。

其具体交易含义如下。

第一，阴孕阳形态中，第一根阴线的实体长度要能够包住后面的阳线实体。若后一根阳线的上下影线略超出阴线上下影线的范畴，并不影响对该形态的判断。

第二，通常情况下，后一根阳线具有非常重要的交易指示意义，阳线的收盘价越高，未来股价走高的可能性越大。其中，以后一根阳线的收盘价高于阴线实体一半以上为宜。

第三，在阴孕阳形态中，阳线出现时，若成交量能同步放大，则可增强反转信号的有效性。

第四，若后一根阳线为十字线，仍然可以按照阴孕阳形态进行研判。

第五，阴孕阳形态出现后，投资者不宜立即入场，而要观察下一个交易日股价的走势情况。若出现高开低走阴线，就可能构成空方炮形态，此时投资者需保持观望。

下面来看一下福立旺的案例，如图 5-3 所示。

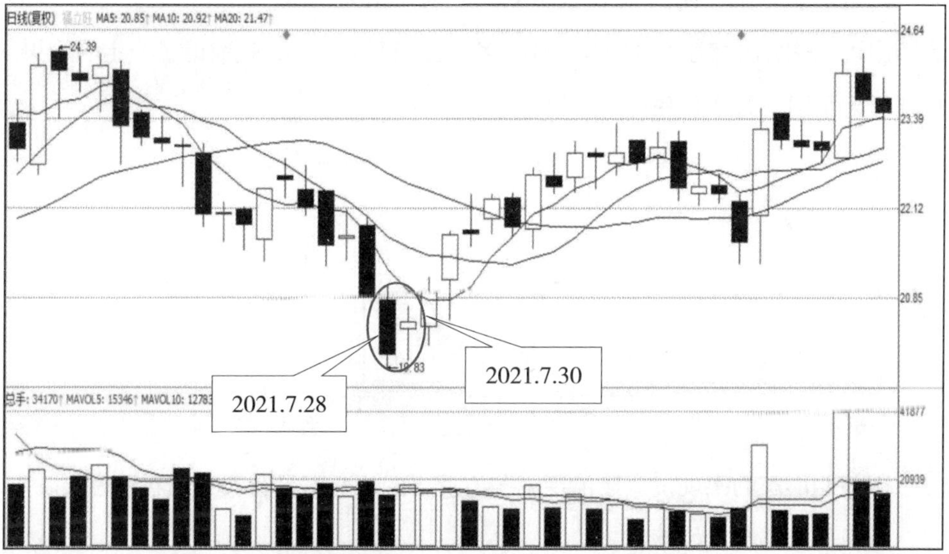

图 5-3 福立旺（688678）日 K 线走势图

如图 5-3 所示，福立旺的股价在经历了一波下跌行情之后，于 2021 年 7 月 28 日和 29 日两天出现阴孕阳形态。

2021 年 7 月 28 日，股价收出一根带影线的大阴线，从 K 线形态来说，这是一种下方遇到支撑的形态，未来存在走稳的可能。7 月 29 日，该股收出一根阳十字线，这根小阳线的开盘价高于前一日的收盘价，而收盘价低于前一日的开盘价。它和前一日的大阴线共同形成阴孕阳形态，预示行情可能即将发生反转。

7 月 30 日，该股收出一根中阳线，且这根中阳线突破了孕线中第一根阴线的最高价，说明多方已经具有一定的优势，投资者可考虑逐渐建仓该股。

二、阳包阴

阳包阴属于包线的一种，出现在下跌趋势中的阳包阴，具有一定的企稳反弹的指示含义。

阳包阴由一阳一阴两根 K 线组成，且前一根为阴线，后一根为阳线。该形态的出现，说明在空方主导的行情中，多方已经开启反击，且取得了一定的成果，相比于阴孕阳，看涨意味更浓。如图 5-4 所示。

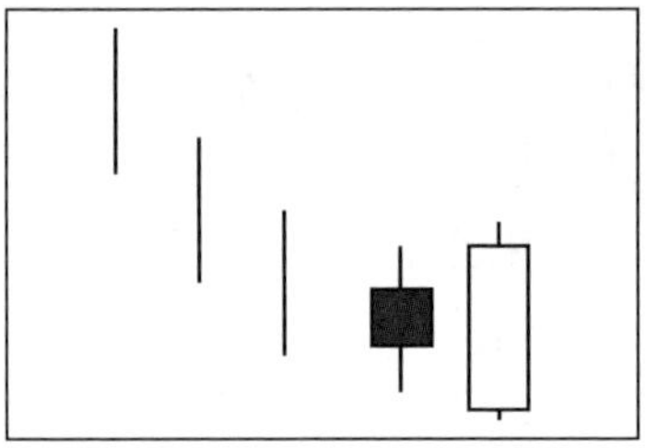

图 5-4　阳包阴

阳包阴形态的出现，直接体现了多方反击的决心，具有较强的看涨意义。

其具体交易含义如下。

第一，阳包阴形态中，第一根小阴线的出现，本身就是空方实力濒临耗尽的一个体现，此后出现的低开高走大阳线，更是将空方打得毫无还击能力。

第二，在阳包阴形态中，后一根阳线具有非常重要的交易指示意义，阳线的收盘价越高，未来股价走高的可能性越大。

第三，在阳包阴形态中，若阳线出现的同时，成交量同步放大，则可增强买入信号的有效性。

下面来看一下深南电路的案例，如图 5-5 所示。

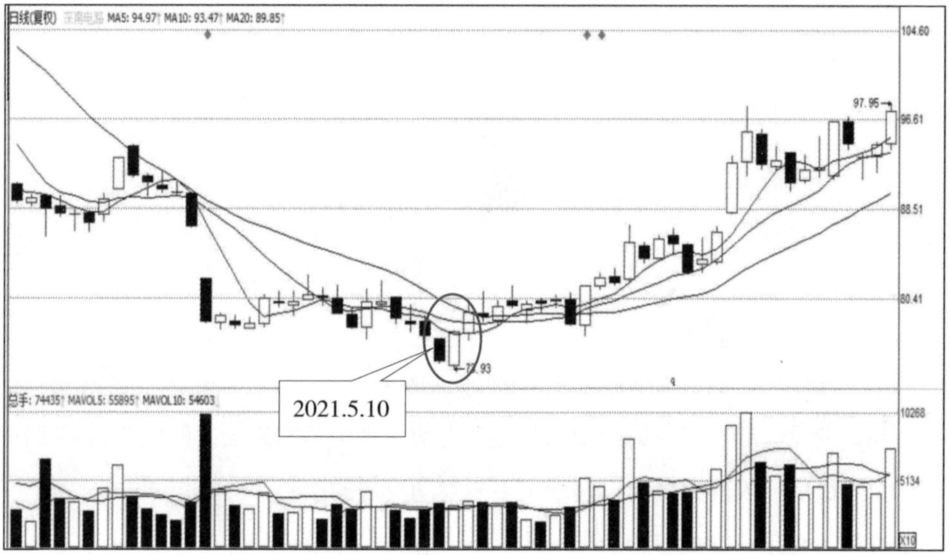

图 5-5 深南电路（002916）日 K 线走势图

如图 5-5 所示，深南电路在经历了一波下跌行情之后，于 2021 年 5 月 10 日和 11 日这两天出现了阳包阴形态。

2021 年 5 月 10 日，深南电路收出一根中阴线，给人一种股价还将下跌的感觉。不过，当时股价已经连续多日下跌了，下跌动能得到了充分释放。5 月 11 日，该股出现一根光脚大阳线，这根大阳线的开盘价要低于前一日的收盘价，而收盘价比前一日的开盘价要高很多。它与前一日的中阴线共同形成了阳包阴形态，表示行情可能会触底回升。激进的投资者可以选择次日逢低吸纳，稳健的投资者还可以再观察几天。

其后，该股出现了一波振荡上扬走势。

三、好友反攻

好友反攻属于典型的看涨反转形态，出现在下跌行情中，由一阴一阳两根收盘价相同或接近的 K 线组成。如图 5-6 所示。

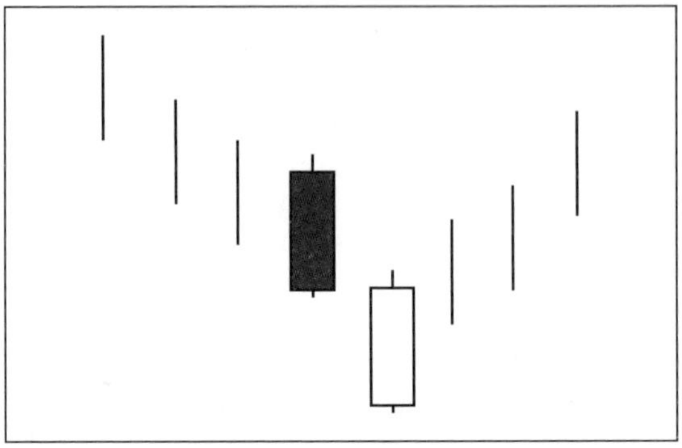

图 5-6 好友反攻

在好友反攻形态中，第一根阴线是对之前下跌走势的延续，而低开的阳线在耗尽空方最后一攻的力量后，显示了多方发动反击的决心。

其具体交易含义如下。

第一，好友反攻形态本质上反映了多空双方力量在阳线收盘位置达到了均衡。由于此时的均衡是在空方主导的行情中实现的，对于多方有更为积极的意义，即多方在某种程度上能够与空方相抗衡了。

第二，由于阳线与阴线在同一收盘价相遇，多方还不能确认其优势，因而，投资者需要在次日看到股价再度上攻突破相遇位置时，才可考虑入场。

第三，好友反攻形态中，后一根阳线出现的同时，若成交量同步放大，则可增强股价未来上升的可能性。

下面先来看一下海王生物的案例，如图 5-7 所示。海王生物在经历了一波下跌行情后，于 2021 年 7 月 26 日、27 日这两个连续交易日形成好友反攻形态。

2021 年 7 月 26 日，海王生物延续了之前的下跌走势，收出一根带有影线的大阴线。7 月 27 日，该股跳空低开，之后又成功弥补了开始的缺口，最终收出一根收盘价接近于前一日收盘价的小阳线。二者共同形成了好友反攻形态，预示行情有反转的迹象。

次日，该股股价低开高走，此时投资者可以适量买入，并把止损位设在 7 月 27 日阳线最低价的位置。

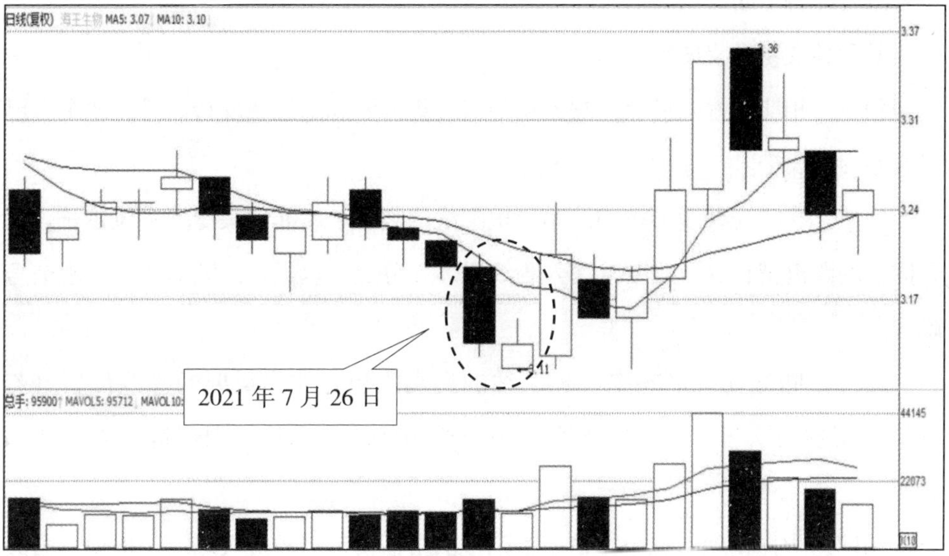

图 5-7　海王生物（000078）日 K 线走势图

四、曙光初现

从形态上来看，曙光初现与好友反攻相同，也是由一阴一阳两根 K 线组成，不过，后一根阳线会深入到阴线实体一半以上。如图 5-8 所示。

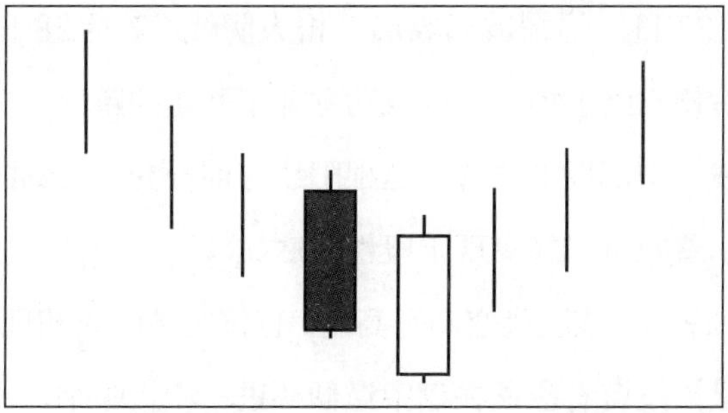

图 5-8　曙光初现

曙光初现形态的出现，说明在空方主导的行情中，多方不仅能够发动一定的反击，还能够将战线推进到空方防守的腹地，这本身就是多方取得的一次胜利，也是多方即将全面反攻的信号。

其具体交易含义如下。

第一，相比于好友反攻，曙光初现属于更为明确的趋势反转信号，即主力已经开始启动反击。

第二，在曙光初现形态中，第二根阳线的实体长度非常关键。实体越长，深入阴线的距离越长（一般要求深入阴线实体二分之一以上），该形态的看涨信号越强。

第三，曙光初现形态第一根阴线的最高价也是非常重要的参照位置。若该形态出现的次日，股价向上突破第一根阴线的最高价，则可考虑入场买入该股。

第四，曙光初现形态中，第二根阳线的最低价可以看成入场的止损位。若股价反向下行，跌破该位置，则宜执行止损操作。

第五，曙光初现形态中，后一根阳线出现的同时，若成交量同步放大，则可增强股价未来上升的可能性。

下面来看一下福耀玻璃的案例，如图 5-9 所示。2021 年 7 月 27 日、28 日，福耀玻璃的日 K 线图上出现了曙光初现形态。

2021 年 7 月 27 日，福耀玻璃收出一根大阴线。7 月 28 日，该股跳空低开不久便探底，随后便一路上扬，不仅成功弥补了开始的跳空，还将收盘价定格在了前一交易日阴线的中部以上位置。这根阳线与前一交易日的阴线共同组成了曙光初现形态，预示着股价已经实现阶段性沉底。

2021 年 7 月 29 日，该股跳空高开高走，直接突破曙光初现中阴线的最高价，多方优势更加明显，投资者应该在盘中逢低买进，积极吸纳。

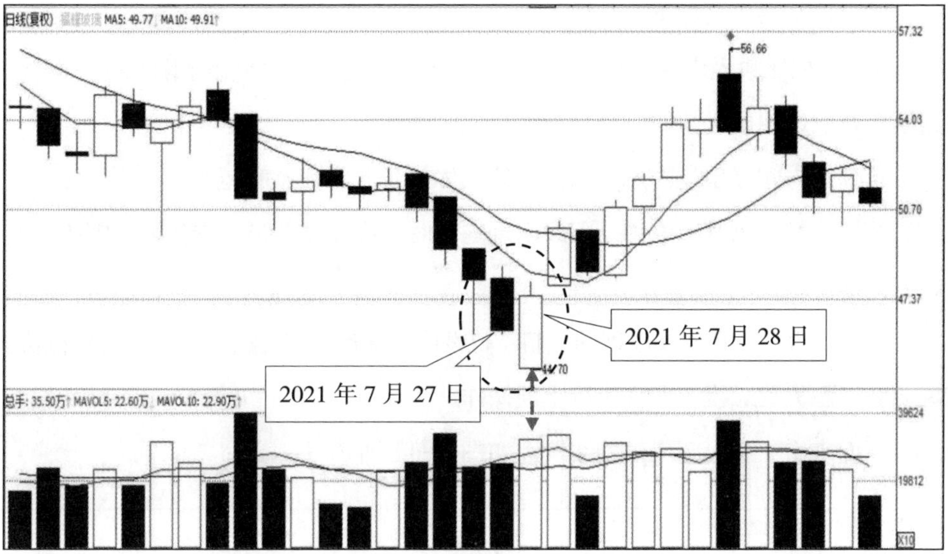

图 5-9　福耀玻璃（600660）日 K 线走势图

五、旭日东升

旭日东升与好友反攻、曙光初现相同，也是由一阴一阳两根 K 线组成，不过，后一根阳线的开盘价高于前一根阴线的收盘价，收盘价高于前一根阴线的开盘价，这是其最显著的特征。如图 5-10 所示。

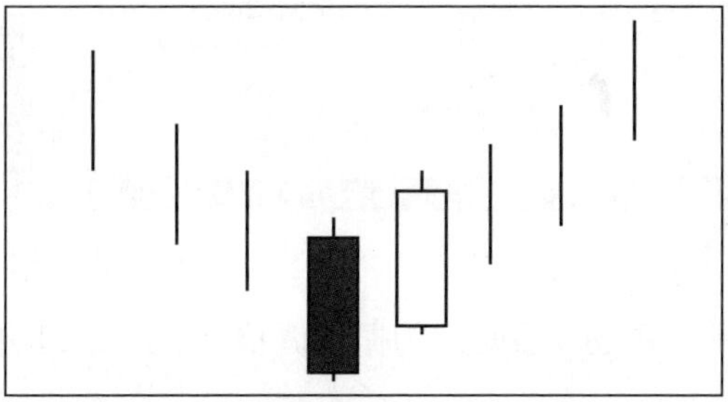

图 5-10　旭日东升

从多空力量对比来看，旭日东升形态的出现，意味着多空双方力量对比发生逆转，即完全由空方控制的行情转为由多方控制。

其具体交易含义如下。

第一，相比曙光出现，旭日东升的阳线收盘价已经完全覆盖了阴线的开盘价，这是多方取得明显优势的特征。

第二， 与曙光出现形态相似， 阳线实体越长， 看涨意味越浓。

第三， 旭日东升形态中， 阳线出现的同时， 成交量若能同步放大， 则股价反转的概率更高。

第四，旭日东升形态出现的次日，若股价不涨反跌，且跌破了阴线的最低价，说明此形态失败， 投资者宜执行止损操作。

下面来看一下三晖电气的案例， 如图 5-11 所示。

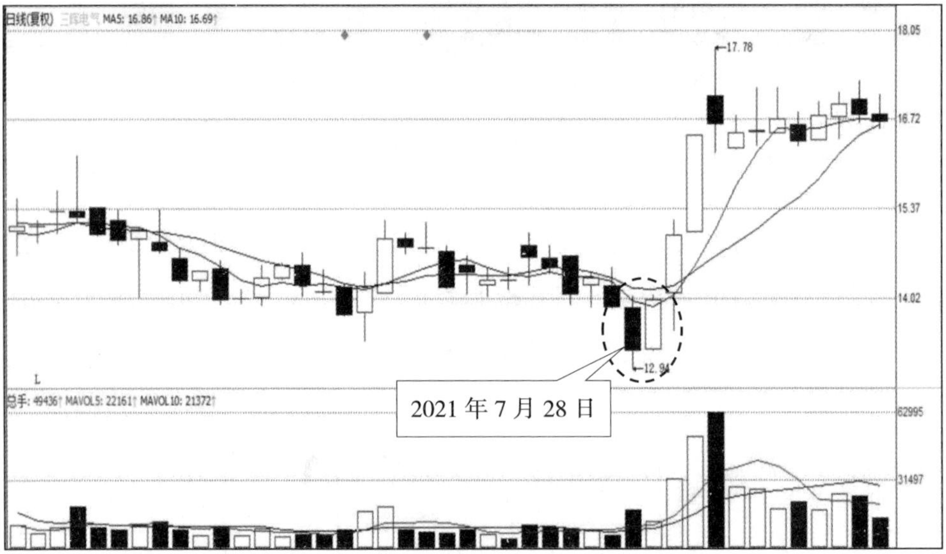

图 5-11 三晖电气（002857）日 K 线走势图

如图 5-11 所示， 经过一段时间的振荡调整之后， 2021 年 7 月 28 日和 7 月 29 日， 三晖电气的日 K 线图上出现了旭日东升形态。

2021 年 7 月 28 日， 三晖电气低开低走， 收出一根大阴线。 7 月 29 日， 该股高开高走，当天收出一根大阳线。这根阳线的收盘价高于前一根阴线的开盘价，二者共同组成了旭日东升形态，预示行情有回暖的迹象。

此时，投资者应将看空思维转换成看多思维。激进的投资者可在次日逢低吸纳，稳健的投资者则可以选择在 7 月 30 日股价突破旭日东升形态大阳线的最高价时再买入。

六、上涨分离

上涨分离是在上涨趋势中，由两根开盘价相同或接近的一阴一阳两根 K 线组成。如图 5-12 所示。

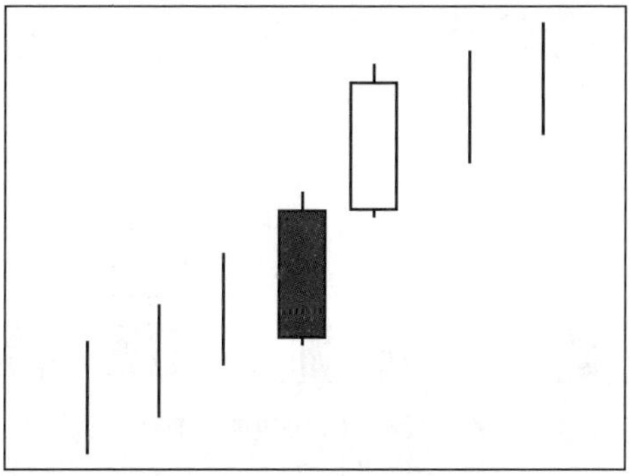

图 5-12　上涨分离

在上涨趋势中，第一根阴线带有很大的调整意味，而第二根高开的阳线则是对调整完成以及多方强势的宣示，未来股价看涨意味极浓。

其具体交易含义如下。

第一，在上涨初期形成的上涨分离形态，更多的属于主力洗盘行为，成交量萎缩是其主要特征。

第二，上涨分离形态中的高开阳线出现时，成交量若同步出现放大迹象，则可增强买入信号的有效性。

第三，在上涨分离线形态中，阴线与阳线拥有相同的开盘价，因而这一价位也就成了投资者入场的重要参考线。一旦股价跌破该位置，则需立即进行止损操作。

下面来看一下健友股份的案例，如图 5-13 所示。2021 年 9 月初，健友股份的股价经过调整后启动振荡上涨行情。2021 年 9 月 27 日、28 日，该股日 K 线图上出现了上涨分离形态。

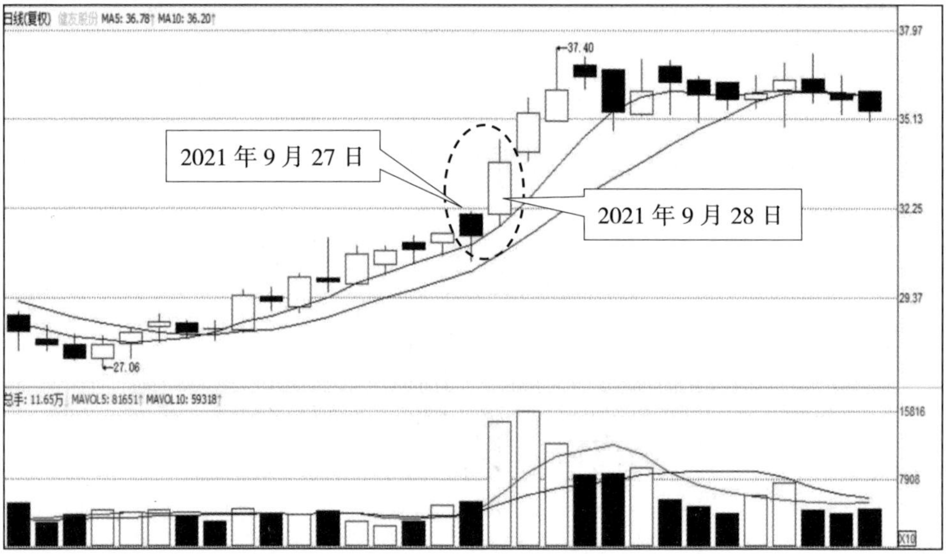

图 5-13　健友股份（603707）日 K 线走势图

2021 年 9 月 27 日，健友股份经过几个交易日振荡之后以阴线报收。9 月 28 日，该股跳空高开高走后，在 K 线图上留下了一根中阳线，二者共同形成了上涨分离形态。

由于该位置是健友股份股价的加速启动位，所以预示着股价可能还将上涨，投资者需要保持观察，一旦股价突破阳线的收盘价位，就可以买入股票。

2021 年 9 月 29 日，健友股份的股价跳空高开高走，这是较为明显的买入信号，投资者应该在盘中果断买入股票。

七、仙人指路

仙人指路由带有长上影线的小阳线或小阴线和一根中到大阳线组成，第一根

K 线长长的上影线就像仙人的手指。该形态预示后市股价将有一波上涨行情，如图 5-14 所示。

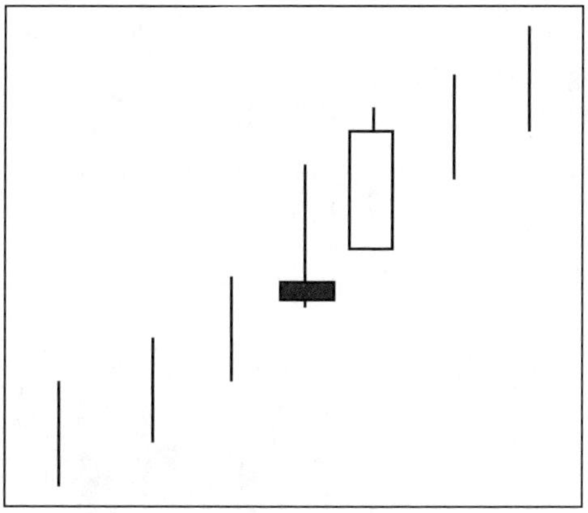

图 5-14　仙人指路

仙人指路形态中，第一根带长上影线的 K 线属于多方的试盘行为，次日的阳线成功越过前一交易日的上影线，是主力坚决做多的意志表现。

其具体操作要点如下。

第一，仙人指路形态只有在上升趋势中出现，才具有典型的看涨意味。

第二，仙人指路形态中，第二根阳线的实体要超过前日上影线的最高点。

第三，仙人指路形态中，阳线对应的成交量要呈放大态势。

第四，股价超过第一根 K 线长上影线最高点时，是该股的最佳买点。

下面来看一下天山股份的案例，如图 5-15 所示。2021 年 8 月，天山股份的股价出现振荡上升走势。8 月 16 日，天山股份的股价跳空高开高走，但最后又被空方发力打压，最终收出一根带长上影线的小阳线。

次日，即 8 月 17 日，该股股价平开高走并突破了前日长上影线位置，说明仙人指路形态完成。投资者可以在当日或次日股价走强时买入该股。

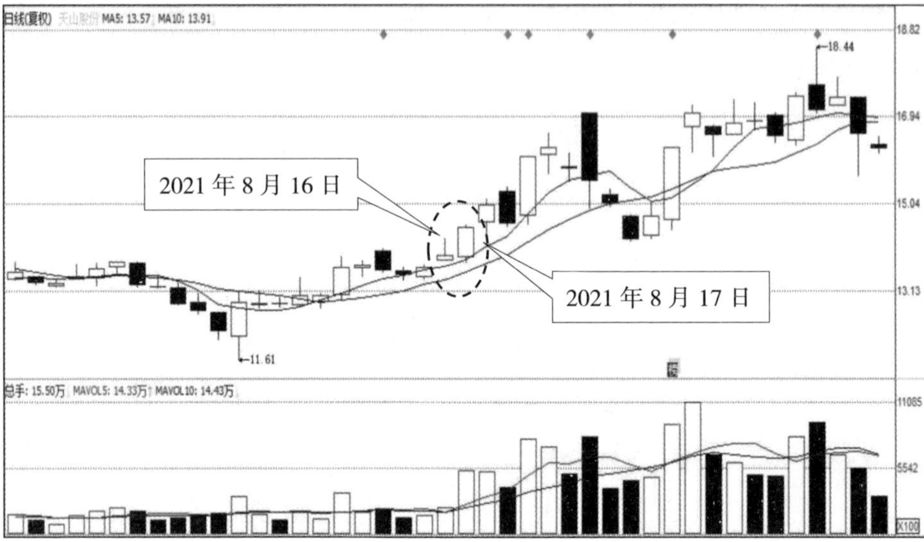

图 5-15　天山股份（000877）日 K 线走势图

八、葵花向阳

葵花向阳形态与上涨分离相似，也是由一阴一阳两根 K 组成。第一根阴线属于股价上升过程中的回调，第二根阳线则将阴线的跌幅全部收复。该形态预示后市股价将有一波上涨行情，如图 5-16 所示。

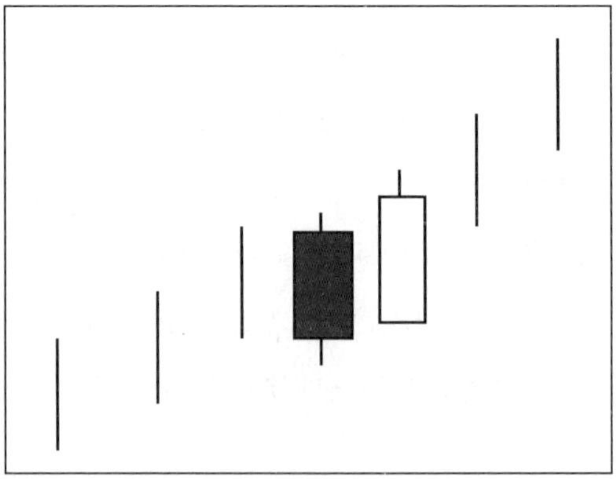

图 5-16　葵花向阳

葵花向阳形态中，第一根中阴线多数情况属于主力在拉升过程中的洗盘动作，次日的阳线成功越过前一交易日的最高价，就是主力坚决做多的意志表现。

其具体操作要点如下。

第一，葵花向阳形态只有在上升趋势中出现，才具有典型的看涨意味。

第二，葵花向阳形态中，第一根阴线出现时，成交量若出现明显的萎缩，则更可印证此时的下跌属于主力的洗盘行为。

第三，葵花向阳形态中，阳线所对应的成交量要呈放大态势。

第四，当葵花向阳形态出现前一个交易日为中到大阳线时，该形态也可能会与之共同构成多方炮形态，这更是属于典型的看多形态。

第五，股价超过第一根 K 线长上影线最高点时，是该股的最佳买点。

下面来看一下日月股份的案例，如图 5-17 所示。

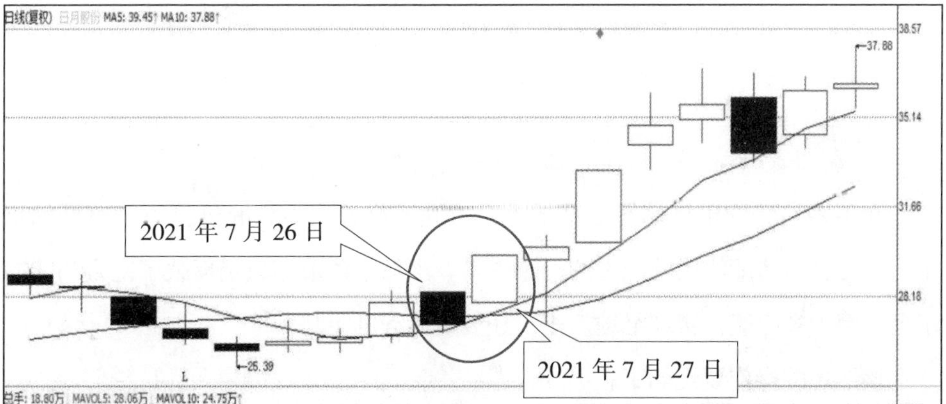

图 5-17　日月股份（603218）日 K 线走势图

如图 5-17 所示，2021 年 7 月中旬，日月股份的股价结束了下跌走势，启动了振荡上涨行情。

7 月 26 日，日月股份的股价高开低走出现了回调走势，全天振荡走低，并最终收出了一根中阴线，表明行情有向坏的可能。次日，该股高开高走收出一根涨停大阳线，且这根阳线的收盘价位于前一根阴线的开盘价之上，这表明葵花向阳形态正式形成，未来股价还将进一步上涨。

九、平底线

平底线，又称钳子底，由处于下跌趋势中的两根或两根以上的 K 线组成。最低价处于同一水平线，是该形态的典型特征。如图 5-18 所示。

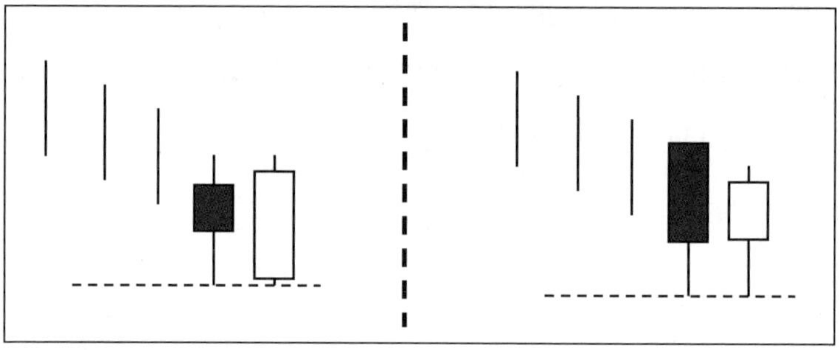

图 5-18　平底线

在下跌趋势中出现的平底线形态，反映了空方无力将股价打压至更低的水平，这也是趋势即将反转向上的一个信号。当然，该形态只是反映了空方动能的不足，至于多方能否实现绝地反击，还要看后续的走势。

该形态的操作要点如下。

第一，平底线形态中 K 线实体的颜色并不重要，主要确保最低价在同一水平线上即可。

第二，股价在下跌初期形成平底线，还不能看成是股价反转的信号，只能看成是股价下跌的短暂支撑，未来还要看这种支撑是否有效。

第三，股价经过长时间下跌后形成的平底线才是最佳的行情反转信号，也是投资者需要重点关注的标的。

第四，平底线形态出现后，若股价出现反弹，则可将平底线位置看成止损位，而将股价突破平底线 K 线最高点作为入场点。

第五，平底线形态形成过程中，若成交量同步萎缩，则可增强股价未来反向上攻的可能。

下面来看一下文灿股份的案例，如图 5-19 所示。

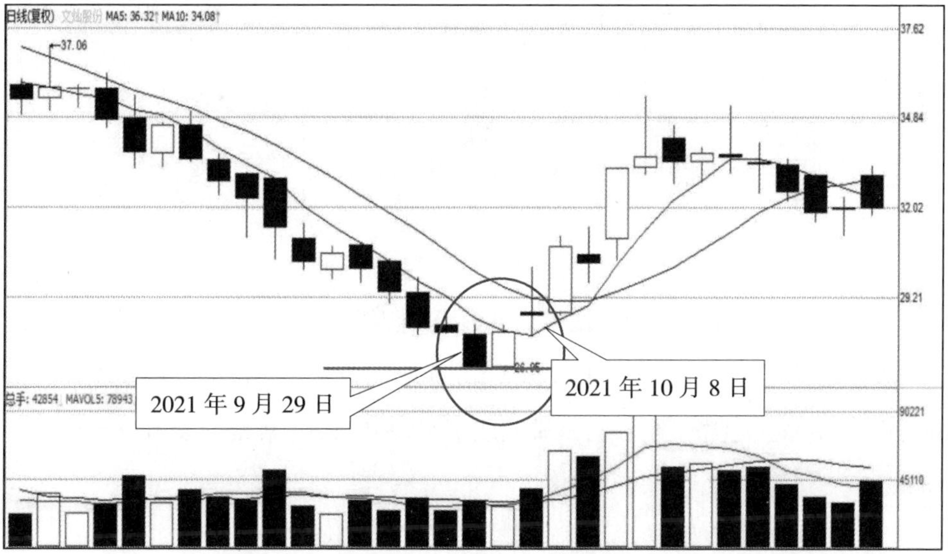

图 5-19　文灿股份（603348）日 K 线走势图

如图 5-19 所示，文灿股份的股价在 2021 年 9 月 29 日和 30 日这两个连续的交易日里形成了平底形态。

2021 年 9 月 29 日，文灿股份低开低走，形成了以最低价收盘的大阴线。

2021 年 9 月 30 日，该股以前日收盘价开盘，并直接上攻，并最终以大阳线报收。

这两个交易日形成的 K 线组合便是平底形态。从历史走势来看，这两根 K 线所处的位置正是该股上涨过程中的回调区域，这是较为可靠的看涨信号，投资者可以考虑在次日（10 月 8 日）开盘后择机买进该股。

十、下跌尽头线

下跌尽头线由一根带下影线的阴线和一根小实体 K 线（可以是小阳线、小阴线或十字线）组成，且这根小实体 K 线完全被第一根阴线的下影线所覆盖。如图 5-20 所示。

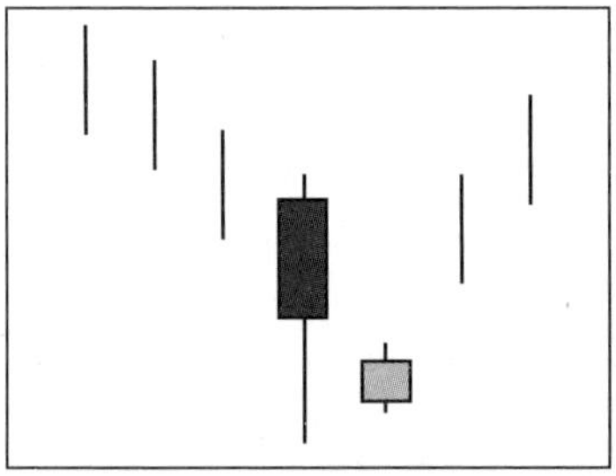

图 5-20　下跌尽头线

下跌尽头线形态中，第一根带长下影线的阴线出现，是空方实力发挥到最大极限后，被多方反攻后形成的一种状态，也是空方实力不济的一种表现。次日的小实体 K 线，其最低价没有跌破阴线下影线最低点，就是对多方反击能力的确认。

其具体操作要点如下。

第一，下跌尽头线的出现，属于空方实力不济的一种表现，未来股价存在止跌反弹的可能。

第二，下跌尽头线形态中，阴线下影线的最低点是一个重要的参照点位。若股价不涨反跌，且跌破该点位，则意味着形态失败，投资者可考虑止损卖出。

第三，下跌尽头线形态中，阴线的最高点也是一个重要的参照点位。若该形态形成后，股价能够突破该位置，则可考虑入场买入股票。

下面来看一下隆平高科的案例，如图 5-21 所示。2021 年 6 月 18 日和 21 日，隆平高科的 K 线图上出现了下跌尽头线形态。

2021 年 6 月 18 日，处于下跌行情中的隆平高科收出一根带有长下影线的中阴线。之后的一个交易日，也就是 6 月 21 日，该股低开低走收出一根小阴线，这根小阴线完全被前面那根中阴线的下影线覆盖，两根 K 线共同组成了下跌尽头线。表示下跌态势可能已经走到尽头，行情有向好的可能。

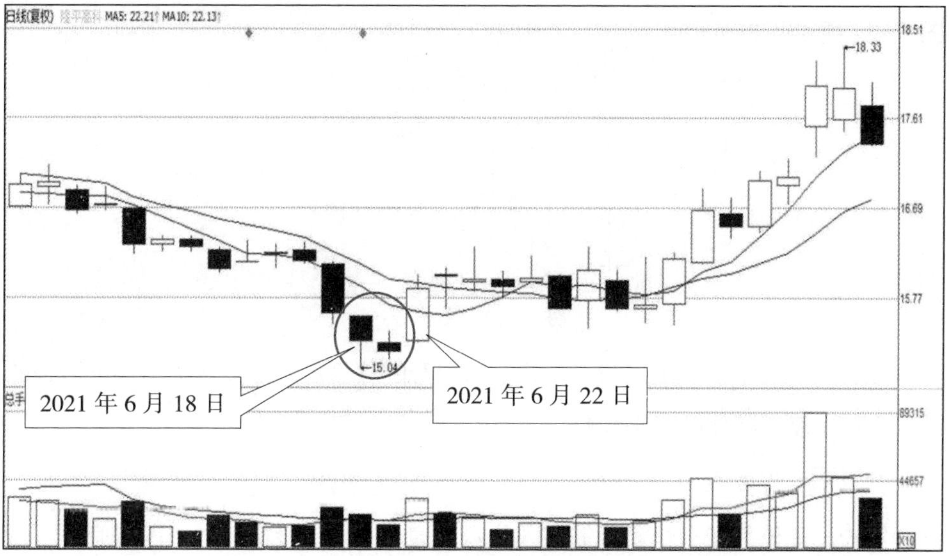

图 5-21　隆平高科（000998）日 K 线走势图

2021 年 6 月 22 日，该股高开高走以大阳线报收，由此可知，该股的反弹行情已经启动。

第二节
三根 K 线的 11 个买入形态

一般来说，三根 K 线发出的买入信号要比两根 K 线或单根 K 线更为有效。本节选取其中比较经典的几种形态，以供读者参考。

一、红三兵

红三兵是 K 线形态中非常经典的买入形态，也是有效性极高的一种看涨信号。由三根股价连续创新高的小阳线组成，这三根小阳线有无上下影线均可，如图 5-22 所示。

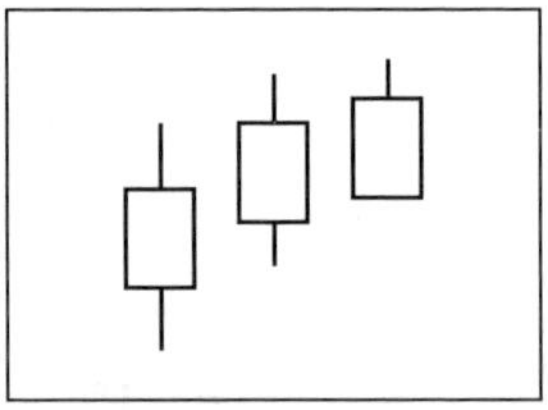

图 5-22　红三兵

红三兵形态中，三根连续小阳线节节上升的收盘价，是多方实力逐渐增强的一种表现，属于经典的看涨信号。

其具体操作要点如下。

第一，低位红三兵是最佳的买入信号。通常来说，股价经过一段时间进入低位区域后，做空势能得到了充分释放，此时红三兵的出现，就宣告多方已经能够重新获得主导权了。

第二，红三兵出现在上升途中，只能作为一般性的上升形态，不能作为看涨信号处理。

第三，红三兵三根 K 线的最低点和最高点位置都可以作为投资者入场和离场的参照位，即股价向上突破红三兵最高点则入场，当股价向下跌破红三兵最低点则离场。

下面来看一下鹏辉能源的案例，如图 5-23 所示。在经过一波调整之后，鹏辉能源的股价于 2021 年 5 月 14 日、17 日和 18 日（15 日、16 日周末休市）这三个连续的交易日里形成了红三兵形态。

2021 年 5 月 14 日，鹏辉能源收出一根小阳线。

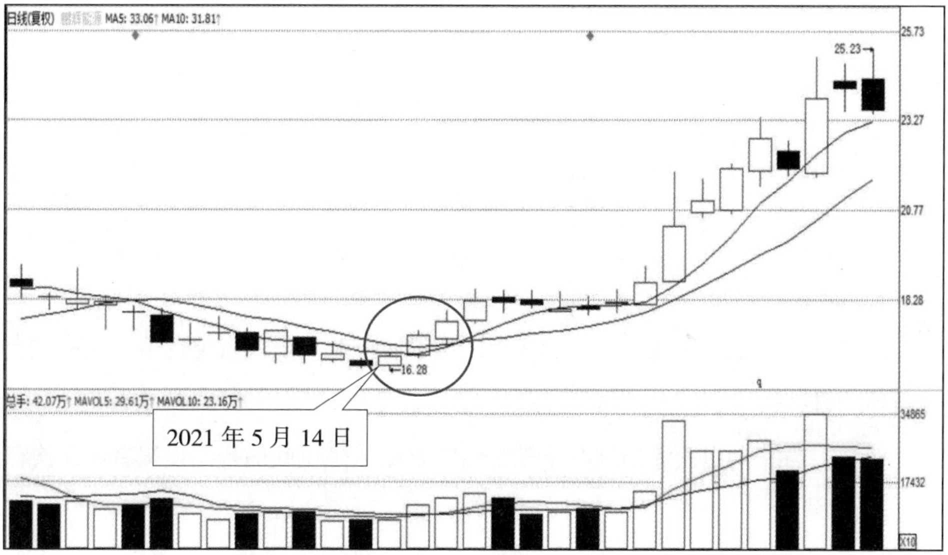

图 5-23　鹏辉能源（300438）日 K 线走势图

2021 年 5 月 17 日，该股平开高走，又形成一根小阳线。

2021 年 5 月 18 日，该股平开高走，收出一根中阳线。

这三根阳线的实体一根比一根长，共同组成了红三兵形态。由于该形态出现在低价位区域，属于股价继续前行的信号，投资者可在股价回调至红三兵最高价且不破该价位时买入该股。

二、三个白武士

三个白武士又称三个白兵，一般出现在盘整行情或上涨初期，其特征是连续出现三根阳线，其中第二、第三根阳线收盘价要高于前一天的收盘价，且每根阳线的收盘价都接近或等于该日的最高价。如图 5-24 所示。

三个白武士是红三兵的一种特殊形态，它的三根阳线没有上影线或只有很短的上影线，所以它对股价的助涨作用要强于普通的红三兵。

其操作要点如下。

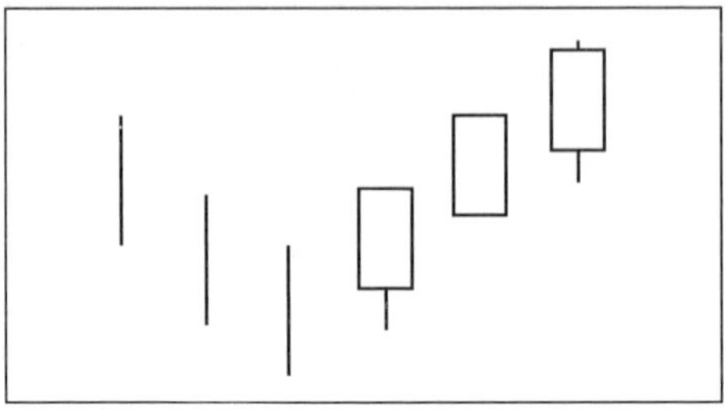

图 5-24　三个白武士

三个白武士是市场健康上涨的标志，预示着一轮下跌或盘整行情的结束或上涨行情的继续。

第一，当三个白武士出现在下跌行情的末端，是见底信号，投资者可在次日果断买入。

第二，当三个白武士出现在上涨途中的盘整期，表示多方已经重新聚集力量，是看涨信号，投资者可追涨买入。

第三，以三个白武士形态为买入标准，应该将止损位设在三根阳线的最低价上，一旦股价跌破该位置，投资者应果断止损。

第四，如果三根阳线的实体依次变大，且成交量也逐渐放大，表示多方力量逐渐加强，后市加速上升的可能性变大。

第五，如果三根阳线中至少有一根有较长的上影线，那么它也只是普通的红三兵，而不能称为三个白武士。

下面来看一下三星医疗的案例，如图 5-25 所示。2021 年 4 月 29 日—5 月 6 日，三星医疗在经历了一波底部整理行情之后，其 K 线图上出现了三个白武士形态。

2021 年 4 月 29 日、30 日，三星医疗连续收出中阳线。5 月 6 日，该股又收出一根大阳线，其中后面 K 线的开盘价总是位于前一根 K 线的实体之内，而收盘价都高于前一日的收盘价，从而形成三个白武士形态。这预示着行情已触底反弹，投资者可以在 5 月 7 日进行买入操作。

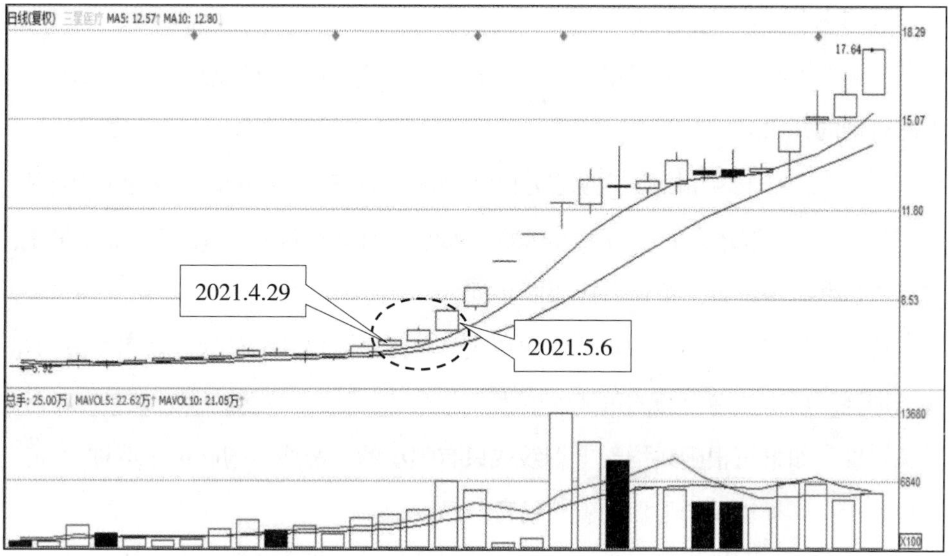

图 5-25　三星医疗（601567）日 K 线走势图

此后，该股连续拉出多个涨停板，强势尽显。

三、三阳开泰

三阳开泰一般出现在盘整行情或上涨初期，其特征是连续出现三根中到大阳线，其中第二、第三根阳线开盘价均要高于前一交易日的开盘价，收盘价均要高于前一交易日的收盘价。如图 5-26 所示。

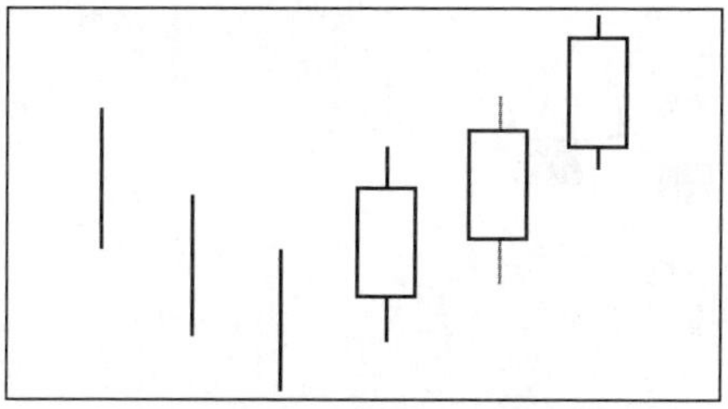

图 5-26　三阳开泰

三阳开泰与红三兵、三个白武士有某些相似之处，但三阳开泰对阳线实体的要求要高于前两种形态，其看涨信号的强度也是最佳的。

该形态的操作要点如下。

三阳开泰是上涨行情已经启动的标志，预示着一轮下跌或盘整行情的结束，上涨行情的开始。

第一，三阳开泰的出现，说明多方已经占据绝对优势地位，启动了快速上涨行情。

第二，以三阳开泰形态为买入标准，应该将止损位设在三根阳线的最低价上，一旦股价跌破该位置，投资者应果断止损。

第三，如果三根阳线的实体依次变大，且成交量也逐渐放大，表示多方力量逐渐加强，后市加速上升的可能性变大。

第四，如果三根阳线均无上影线或只有很小的上影线，则此形态可称之为三个白武士，同样也属于强烈的看涨信号。

第五，如果三根阳线的实体过短，则只能将该形态看成红三兵形态，其所发出的看涨信号要弱于三阳开泰。

下面来看一下国光电器的案例，如图 5-27 所示。

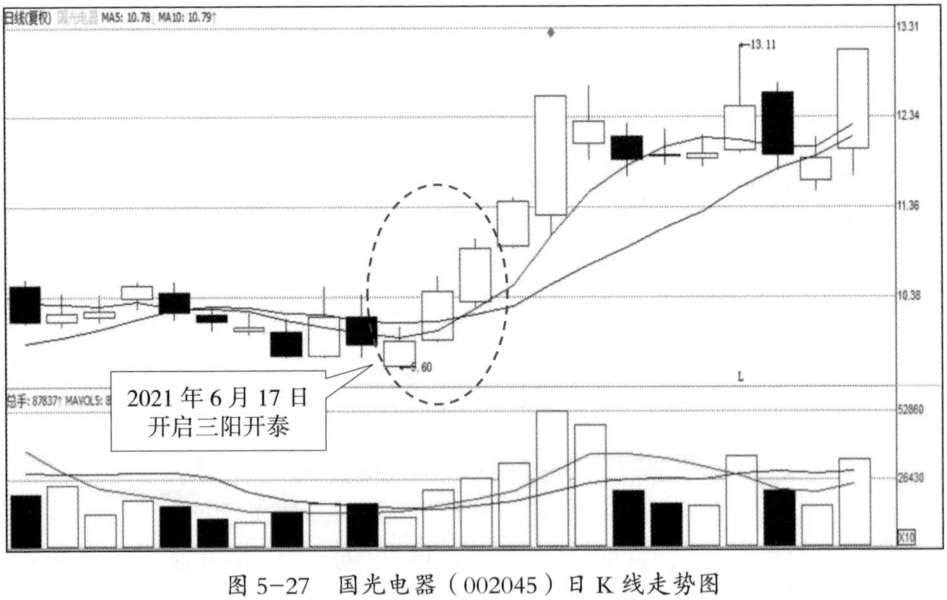

图 5-27 国光电器（002045）日 K 线走势图

如图 5-27 所示，2021 年 6 月 17 日—21 日，国光电器在经历了一波调整行情之后，其 K 线图上出现了三阳开泰形态。

2021 年 6 月 17 日，国光电器收出一根小阳线，其后更是连续拉出两根中阳线，其中后面 K 线的开盘价总是位于前一根 K 线的实体之内，而收盘价都高于前一日的收盘价，从而形成三阳开泰形态。这预示着上涨行情已启动，投资者可择机买入该股。

此后，该股股价开启了一波快速上升行情。

四、上涨两颗星

上涨两颗星出现在上涨趋势的初期或中期，虽然名为两颗星，实际上却是由三根 K 线组成的。先是收出一根大阳线或中阳线，紧接着在这根阳线的上端出现两根实体非常小的 K 线，这两根小 K 线可以是小阳线或小阴线，也可以是十字线。如图 5-28 所示。

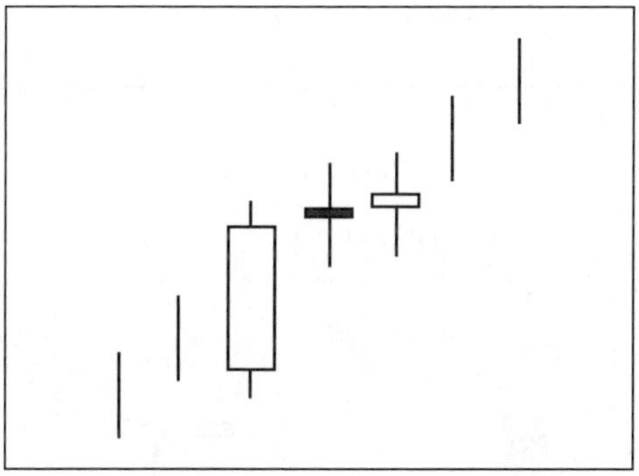

图 5-28　上涨两颗星

上涨两颗星是一种比较经典的 K 线组合，也是一种攻击形态，预示股价短期内还要继续上涨。

其操作要点如下。

上涨两颗星往往在强势上涨的初始阶段或中途出现，是一种中继形态，不影响股价的上升趋势。投资者可以利用这种形态发现短线战机，捕捉短线黑马。

第一，当 K 线图上出现上涨两颗星形态时，表明涨势仍将继续，投资者可在次日适量买入，持股待涨。

第二，上涨两颗星的第一根阳线应该伴随着明显的放量，而之后的两颗星则应该保持缩量，这样才有空中加油的含义，一旦出现这样的价量配合，后市上涨的可能性就更大。

第三，有时候阳线上方会出现 3 根小 K 线，称为上涨三颗星，它同上涨两颗星具有相同的中继意义，上涨力度会更强。

第四，参照上涨两颗星买入股票的投资者，应将止损位定在第一根阳线的最低价上。

第五，在高价位区域出现与之类似的形态，极有可能是黄昏之星的前半阶段，不能把它看成是上涨两颗星来操作。同样，在弱势反弹中出现该形态，也不宜买入。

下面来看一下天原股份的案例，如图 5-29 所示。

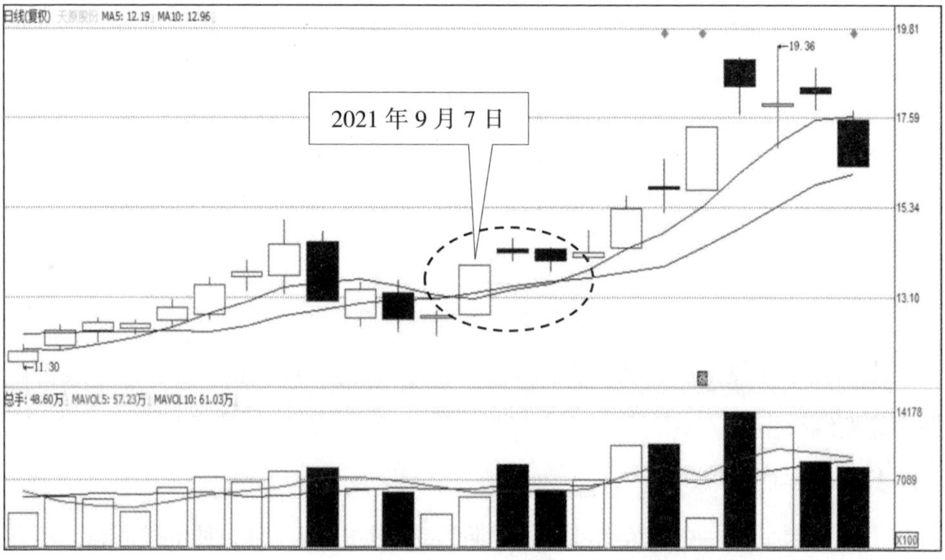

图 5-29　天原股份（002386）日 K 线走势图

如图 5-29 所示，天原股份经过了一波调整后，在上涨行情初期的 2021 年 9 月 7 日、8 日和 9 日三个连续的交易日里形成了上涨两颗星形态。

2021 年 9 月 7 日，天原股份收出一根大阳线。

2021 年 9 月 8 日，在大阳线的上端位置，又收出一根实体很小的小阴星。

2021 年 9 月 9 日，该股再次收出一根实体很小的小阴星。

这三根 K 线共同组成了上涨两颗星形态。其实，在下一个交易日（9 月 10 日），该股又收出了一根小阳星，也就是说，此形态应该属于上涨三颗星形态。

此后，该股股价掀起了一波快速上升行情。

五、早晨之星

早晨之星是一种被实战反复检验过的非常有效的看涨反转形态。

早晨之星又称晨星、启明星、希望之星，通常由大阴线、星线和大阳线等三根 K 线组成，其形态如图 5-30 所示。

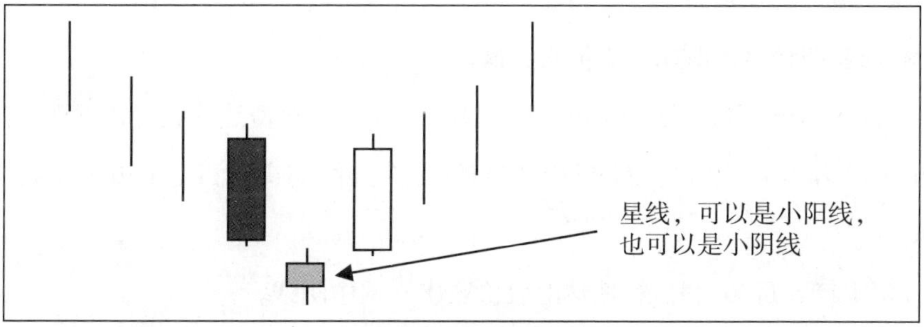

图 5-30　早晨之星

早晨之星形态中，第一根大阴线承接了之前的下跌走势，同时下跌动能也得到了充分的释放；而跳空低开的星线在延续下跌趋势时，多方已经能够开始反击，将股价锁定在一个相对较小的波动幅度，即空方没有力量再加大向下打压的力度；第三根阳线的出现，则是多方在与空方的争夺中取得优势的体现。

该形态的交易含义如下。

第一，从形态构成上来看，早晨之星形态本身就是多空转换的典型形态，特别是低位跳空大阳线的出现，更是多方发力上攻的信号。

第二，早晨之星形态中，中间的十字星（星线也可以是锤头线、倒锤头线、十字线、T 字线、倒 T 字线等）实体越小，与阴线之间的跳空距离越大，则未来股价反弹向上的概率越大。

第三，从 K 线形态上来看，早晨之星带有明显的转折意味，若成交量也相应地出现由缩量到放量的转变，则更可增强买入信号的有效性，即星线出现时，成交量萎缩；大阳线出现时，成交量出现明显的放大。

第四，大阳线最后的点位也有重要的参照意义。若大阳线直接突破了早晨之星形态大阴线的最高价，则可以在大阳线出现的次日买入股票；若没有完成突破，投资者可等待股价完成对大阴线最高价突破后再入场。

第五，早晨之星形态属于经典的转折形态，其星线的最低价也是一个非常重要的参照位置。投资者按照早晨之星形态买入股票后，若股价不涨反跌，则可在股价跌破星线最低点时执行止损卖出操作。

下面来看一下科博达的案例，如图 5-31 所示。科博达的股价在下跌行情末期的 2021 年 8 月 26 日、27 日和 30 日这三个连续的交易日里形成了早晨之星形态。

2021 年 8 月 26 日，科博达的股价收出一根中阴线。

2021 年 8 月 27 日，该股跳空低开，并收出一根十字星，表明多空双方你争我夺，行情具有不确定性。

2021 年 8 月 30 日（28 日、29 日周末休市），该股高开高走，收出一根大阳线，说明市场已经进入了多头状态。与此同时，当日的大阳线还突破了 26 日大阴线的最高价，因此，投资者可以在次日股价出现回调时买入股票。

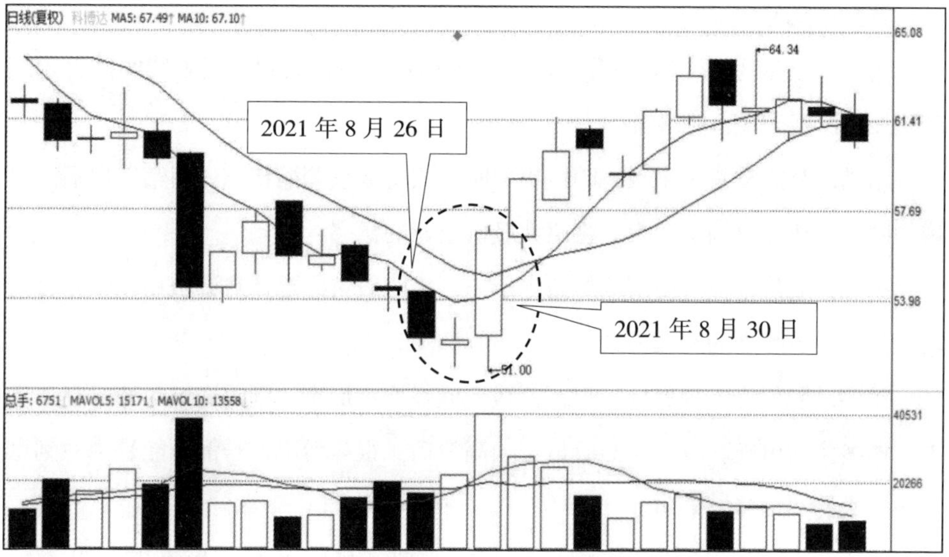

图 5-31 科博达（603786）日 K 线走势图

六、多方炮

多方炮又称两阳夹一阴、两红夹一黑，由两根阳线和一根夹在二者之间的阴线组成，其形态如图 5-32 所示。

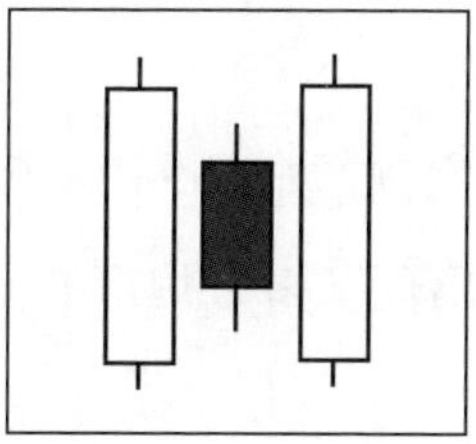

图 5-32 多方炮

多方炮形态的三根 K 线中，第三根阳线是非常重要的，没有这根 K 线，前两根 K 线构成的就是阳孕阴形态，属于典型的看跌形态，而第三根低开高走的大阳线直接将整个形态的信号意义给转变了。这是多方强势的一种表现，也说明之前的阴线仅为股价上升启动时的一个调整与洗盘。

其具体交易含义如下。

第一，从 K 线形态上来看，阴线实体必须隐藏在前后两根阳线实体之内，若阴线的影线较短，则更佳。

第二，从成交量上来看，阴线出现时，成交量呈萎缩状态，而第三根阳线出现的同时，成交量同步放大，将增大股价上行的概率。

第三，股价在盘整后形成多方炮形态，表明股价经过休息调整后，多方将启动拉升，属于强烈的看涨信号。

第四，股价进入顶部区域后，K 线形成多方炮形态，则需谨慎对待，存在主力“诱多”的可能。其实，当股价进入高位后，很多看涨信号都可能是主力刻意制造出来的“诱多”陷阱。

第五，投资者按照多方炮形态买入股票，可将多方炮形态的最低价设置为止损位，一旦股价跌破此位置，说明多方炮形态失败，宜反向止损卖出股票。

第六，在实战中，多方炮形态可能会出现变形，比如在多方炮形态走完后，再度出现一根低开小阴线和低开大阳线，构成叠叠多方炮形态，也可能在多方炮内部出现两到三根小阴线，但只要阴线实体全部位于两根阳线实体内部，则不影响该形态的成立。

下面来看一下佳电股份的案例，如图 5-33 所示。2021 年 8 月 18 日—8 月 20 日，佳电股份的 K 线图上出现了多方炮形态，预示股价未来将有一波上涨行情。

2021 年 8 月 18 日，佳电股份的股价在前一交易日回调的基础上再次收出涨停阳线，次日（即 8 月 19 日），该股低开低走，收出一根隐藏在大阳线内部的小阴线。该阴线与之前的中阳线构成了阳孕阴形态，给股价未来的走势带来了很大的不确定性。8 月 20 日，股价低开高走，收出一根大阳线，至此，多方炮形态正式确立。

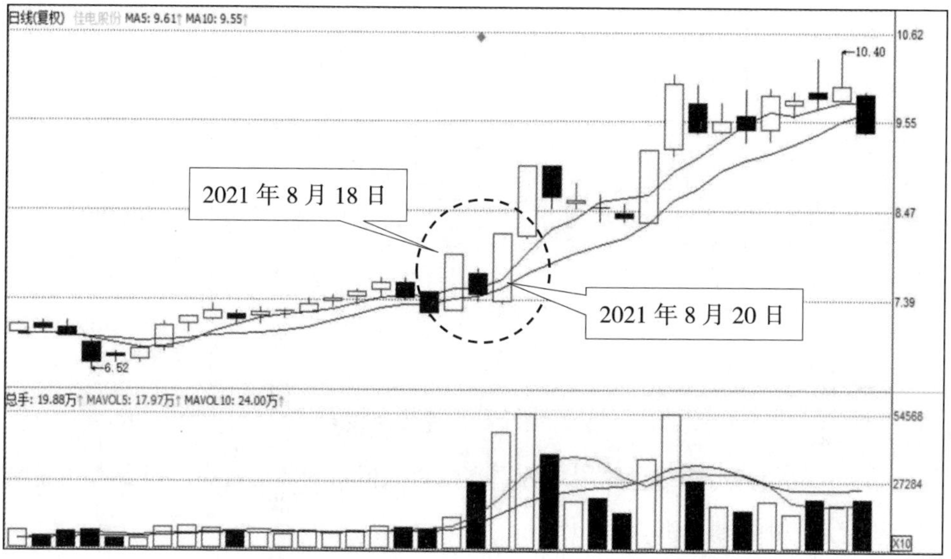

图5-33 佳电股份（000922）日K线走势图

庄家在这一区域设计了该形态可谓寓意明显，就是为了洗盘然后拉升。但是持股的投资者只要多加警惕，还是可以避免落入庄家圈套的。此外，激进的投资者还可以选择在次日买入股票做多。

七、高位并排阳线

高位并排阳线由上涨趋势中两根并排的阳线组成，先是收出一根跳空向上的阳线，并与前一日的K线形成一个缺口，然后紧挨着又收出一根阳线，两根阳线的开盘价相同或接近，如图5-34所示。

高位并排阳线从图形上看像一对肩并肩前行的恋人，因此又有一个富有诗意的名称——“升势恋人肩并肩缺口”。

高位并排阳线出现在上涨途中，可以视为一个暂停，表示尽管股价已经上涨了一段时间，但其势头不减，仍有一定的上升空间。

其操作要点如下。

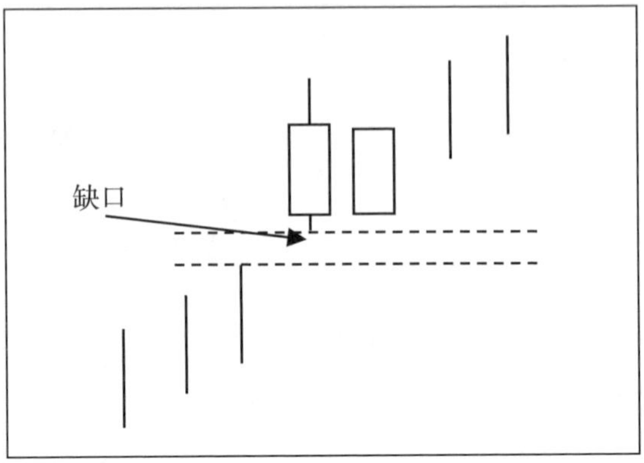

图 5-34　高位并排阳线

第一，高位并排阳线通常表现为看涨信号，但看到此信号后，投资者还需要结合前后走势进行综合研判。

第二，高位并排阳线之前的缺口对日后的股价有非常大的支撑作用，股价下跌至该区域往往能够止跌反弹，不过一旦跌破该区域，投资者就应选择卖出。

第三，参照高位并排阳线形态购买股票的投资者，应该将止损位设在该形态缺口的下端。

下面来看一下 ST 柏龙的案例，如图 5-35 所示。ST 柏龙在上升过程中，于 2021 年 10 月 20 日、21 日这两天形成了高位并排阳线形态。

2021 年 10 月 19 日，ST 柏龙的股价强势上攻，并以涨停报收。其后的 10 月 20 日，该股跳空高开，收出一根小阳线，且这根阳线的最低价高于前一根阳线的最高价，因此形成了一个缺口。10 月 21 日，该股在前一日开盘价附近低开，但这天依然收出一根小阳线，且这根阳线并没有将之前的缺口补回。这两根跳空的阳线形成了高位并排阳线形态，这时投资者应保持观望的姿态。

其后，该股股价经过两个交易日的调整后，开启了一波振荡上升走势。

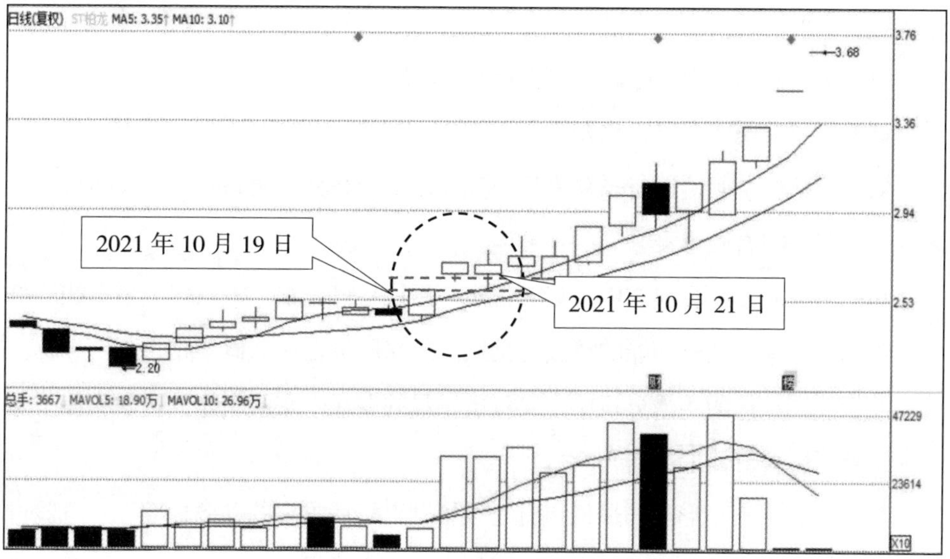

图 5-35 ST 柏龙（002776）日 K 线走势图

八、底部三星形态

底部三星形态与早晨之星形态在构成上十分相似，也是由具有反转意味的三根 K 组成，只是三根 K 线的实体都很小，近似十字线形态，如图 5-36 所示。

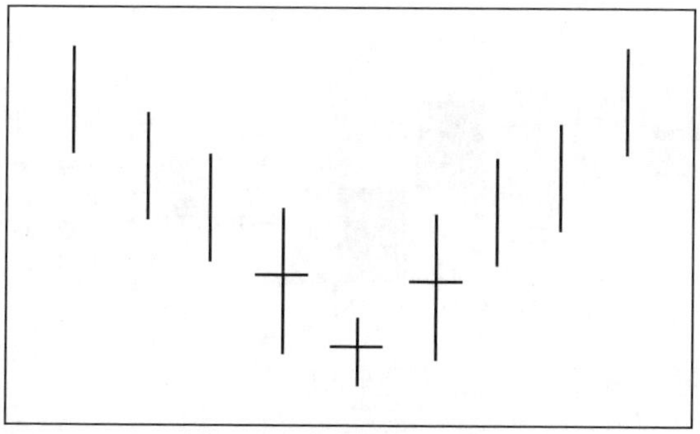

图 5-36 底部三星形态

在 K 线分析领域，十字线的形成往往意味着多空双方的力量在某种程度上达到了均衡状态。在底部三星形态中，前两根十字线的出现，尽管表明了多方的进攻意愿，但也表明空方仍具备一定的反击能力，而第三根十字线的跳空出现，则是多方实力开始显现的标志，未来看涨意味较浓。

底部三星形态的交易含义如下。

第一，从整个股价运行态势来看，底部三星形态具有明确的行情转向意味，未来具有较强的看涨意义。

第二，在底部三星形态中，第二根十字星线与第一根、第三根十字星线的跳空距离越大，说明空方动能的释放越彻底，未来股价上攻的概率越大。

第三，在具体的实战分析中，允许十字星线存在一定的实体，只要实体不是太大，就不影响对该形态的判断。

第四，底部三星形态的最低点就是投资者入场后重要的参照标准，一旦股价不涨反跌，当其跌破底部最低点时，可执行卖出止损操作。

下面来看一下万业企业的案例，如图 5-37 所示。万业企业在回调行情末期的2021年8月18日、19日和20日这三个连续的交易日里，形成了底部三星形态。

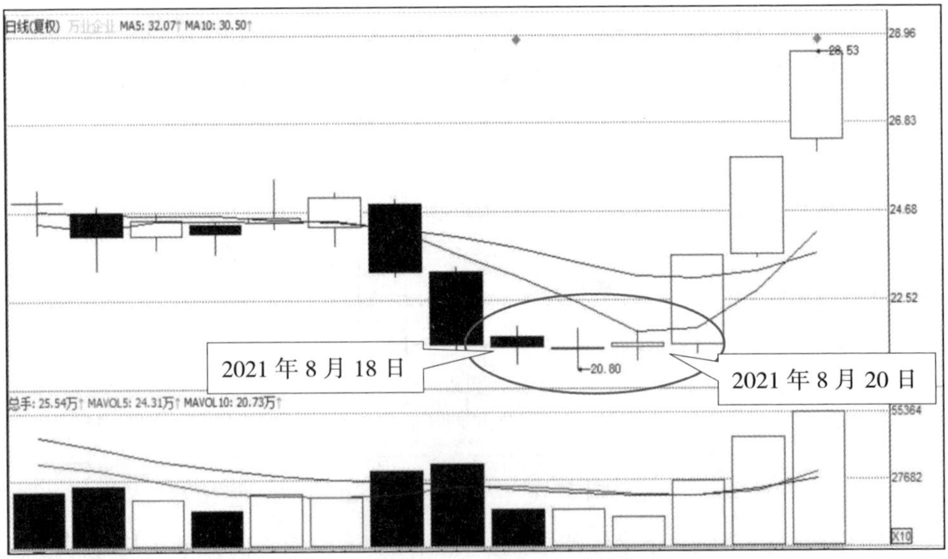

图 5-37　万业企业（600641）日 K 线走势图

2021 年 8 月 18 日，万业企业收出一根低位十字星线，说明空方实力非常强，但多方也开始进行了一定的反击，投资者应该密切关注股价运行趋势可能的转变。

2021 年 8 月 19 日，该股向下小幅跳空低开，并收出一根十字星，表明多空双方你争我夺，行情具有不确定性。

2021 年 8 月 20 日，该股再度收出一根小阳实体的十字线，说明多方已经在这场争斗中取得了主动权。

这三根 K 线共同组成了底部三星形态。投资者应在 8 月 23 日（8 月 21 日、22 日周末休市）这一天适量买入，并把第二根十字星的最低价设为止损位。

九、升势鹤鸦缺口

升势鹤鸦缺口又称跳空上扬形，一般出现在上涨行情中，由一阳一阴两根 K 线组成；先是收出一根跳空高开高走的阳线，与前面的 K 线形成了一个缺口，接着又收出一根高开低走的阴线，但这根阴线并没有弥补这个缺口。如图 5–38 所示。

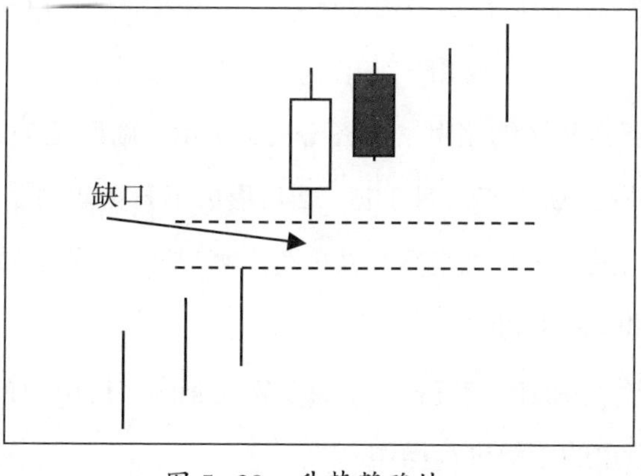

图 5–38　升势鹤鸦缺口

升势鹤鸦缺口是由于人们通常把阳线比喻成白鹤，把阴线比喻成乌鸦，故而得名。该形态的出现，表示股价在攀升时受到了空方的阻挠，但多方克服了阻力，继续将股价拉升。

其操作要点如下。

升势鹤鸦缺口与乌云盖顶形态看似有些相像，但它对 K 线实体的大小没有要求，而且其第一根阳线必须是跳空高开的，否则形态不能成立。升势鹤鸦缺口出现在上涨初期和中期，是看涨信号。

第一，当升势鹤鸦缺口出现后，股价可能迅速被拉升，也可能先是在缺口上方徘徊几日后再上升。不过无论何种情况，都不会改变它的上涨趋势。看到该形态后，持股的投资者不要盲目割肉，持币的投资者应注意观察，一旦股价突破该形态的最高价，则应该迅速跟进。

第二，升势鹤鸦缺口出现后，可能在缺口上方出现一段盘整行情，盘整的时间越久，基础越牢固，后期上涨的力度也就越大。

第三，跳空的缺口对股价具有一定的支撑作用。所以，参照升势鹤鸦缺口购买股票的投资者，应该将止损位设在该形态前一根 K 线的最高价上。一旦股价跌破该价位并将缺口完全弥补，投资者应迅速将手中的股票卖出。

第四，由于与乌云盖顶形态的相似度极高，庄家往往也会用该形态清洗浮筹，强化对股票的控制权，所以投资者需要结合股价所处的位置以及缺口的大小进行综合研判。

下面来看一下新时达的案例，如图 5−39 所示。新时达的股价于 2021 年 2 月初开始反攻，并在 2021 年 7 月 1 日、2 日形成了升势鹤鸦缺口形态。

2021 年 7 月 1 日，该股跳空高开并一路走高，收出一根光脚阳线。7 月 2 日，该股高开低走收出一根中阴线。

看到这种情形，持股的投资者不要急于斩仓割肉，持币的投资者也不要急于买入，而要根据后市的走势进行操作。

此后，该股经过几个交易日盘整后，重新启动了上升走势。

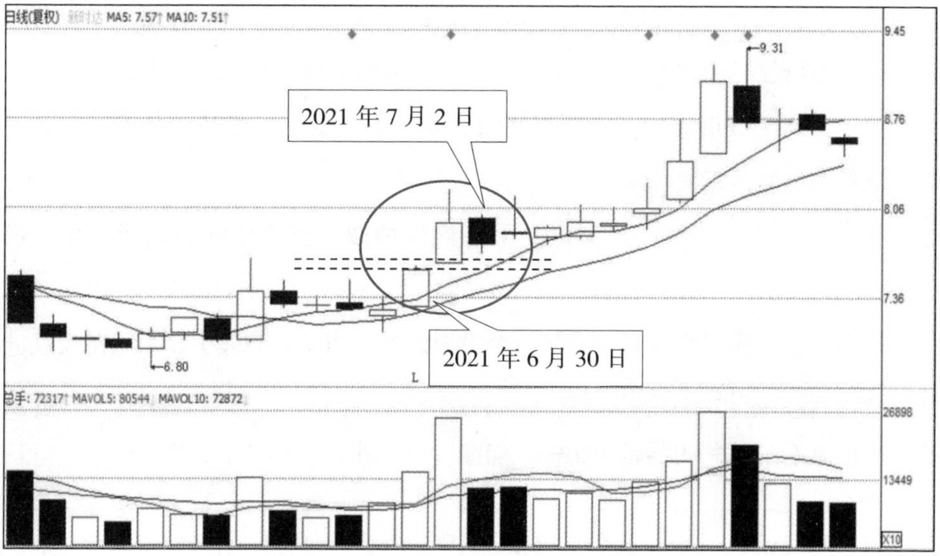

图 5-39　新时达（002527）日 K 线走势图

十、低位镊子线

镊子线由两大一小三根 K 线组成，因其形态像夹着一块小东西的镊子而得名，如图 5-40 所示。

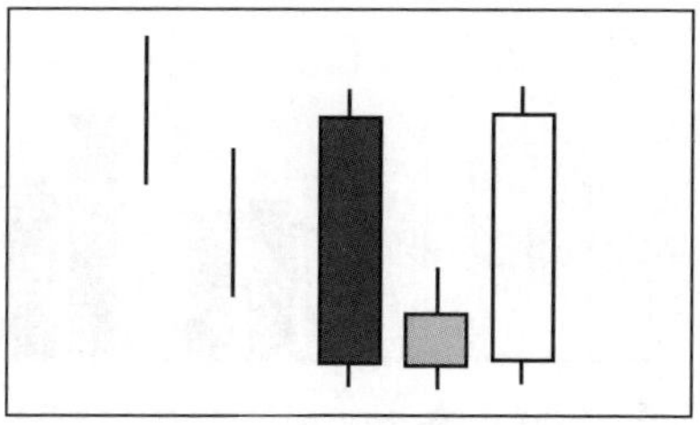

图 5-40　低位镊子线

在下跌行情中，该形态表现为，先是收出一根大阴线或中阴线，然后紧随其后收出一根小阳线或小阴线，最后又收出一根大阳线或中阳线，这三根 K 线没有下影线或只有很短的下影线，而且它们的最低价非常接近。

其具体操作要点如下。

第一，股价经过一段时间的下跌后出现镊子线形态，表明空方遭遇了强有力的打压，市场已经由空方主导转为多方主导，股价有触底反弹的可能。

第二，镊子线形态中，中间星线的实体越小，最后一根 K 线的实体越长，未来反转的可能性越大。

第三，低位镊子线与早晨之星形态比较相似，但其看涨意义要弱于早晨之星。

第四，低位镊子线的最低点是一个重要的参照点位。若股价其后不涨反跌，跌破该位置，则可考虑卖出止损。

下面来看一下华明装备的案例，如图 5-41 所示。

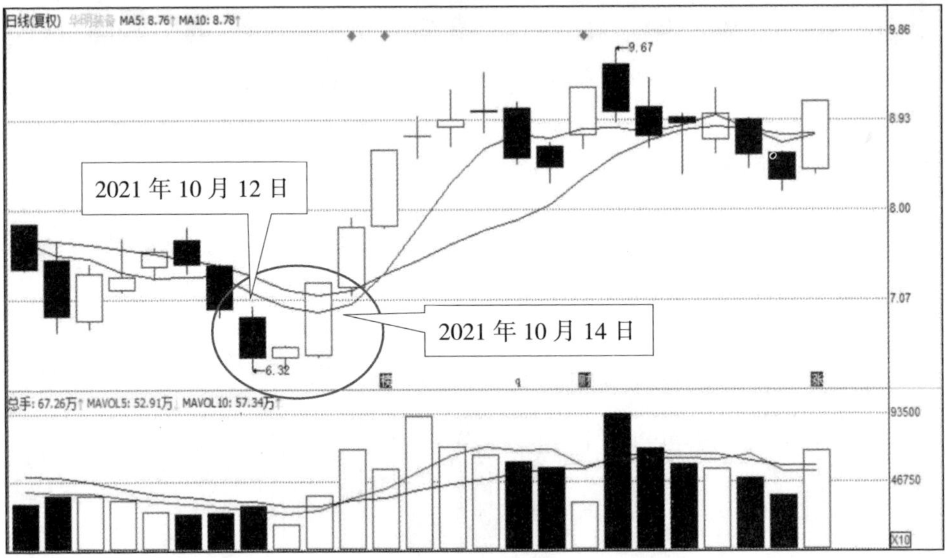

图 5-41 华明装备（002270）日 K 线走势图

如图 5-41 所示，华明装备在振荡上升过程中出现了一波下跌。2021 年 10 月 12 日—14 日，该股出现了镊子线形态。

2021 年 10 月 12 日，华明装备的股价低开低走，收出一根大阴线。

2021 年 10 月 13 日，该股在前一日收盘价附近开盘，收出一根实体非常小的阳线。在前一交易日大幅下跌的基础上出现的单根小阳线，并不足以构成入场买入信号，投资者需要继续保持关注。

2021 年 10 月 14 日，该股平开，收出一根大阳线。

这三天的 K 线组合便是镊子线形态，激进的投资者可以在次日适量购入该股，稳健的投资者还可以静待观察几日，待股价向上突破镊子线最高价后再执行买入操作。

十一、低位跳空三连阴

低位跳空三连阴又称三空阴线、连续跳空三阴线，出现在下跌行情的尾端，由三根连续跳空下跌的阴线组成。这三根阴线可能有上下影线，也可能没有，但前后两根 K 线的实体之间必须有明显的跳空。如图 5-42 所示。

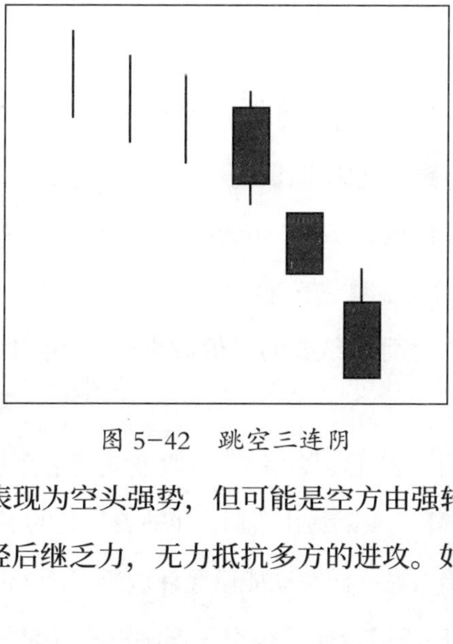

图 5-42　跳空三连阴

跳空三连阴虽然表现为空头强势，但可能是空方由强转弱的分界点。这时空方由于发力过猛，已经后继乏力，无力抵抗多方的进攻。如果多方趁势而起，将会使股价反弹。

跳空三连阴表面上虽然是空方力量凸显的强势形态，却是看多信号，预示着空方可能失去主导地位。

其操作要点如下。

第一，投资者应该保持对市场的敏感度，当发现在下跌途中出现跳空三连阴时，应该重点关注。如果你是个激进派，那么出现该形态的次日不失为一个短线抢攻的好买点。

第二，出现跳空三连阴后，如果股价经过调整后不再下跌，而是企稳回升，则可认定为反弹。投资者可试探性买入，同时控制好仓位。

第三，如果股价很快就弥补了最后两根阴线之间的跳空区域，说明多方力量较强，后市上涨的力度可能会很大。

第四，在跳空三连阴形态出现之前，股价需要有一段明显的下跌行情，之前的股价跌幅越深，则见底信号的意义越显著。

第五，如果三根阳线的实体依次减小，表示下跌受阻，那么发生转向的可能性更大。如果第三根阳线带有很长的下影线，则说明下档接盘有力，看涨意义更为明显。

第六，如果在股价上涨初期出现与之类似的形态，则不能看作是跳空三连阴，只能看作是黑三兵或下跌三连阴来操作。

下面来看一下青山纸业的案例，如图5-43所示。2021年7月26日—28日，青山纸业的K线图上出现了跳空三连阴形态。

2021年7月23日，青山纸业的股价收出一根小阴线，此时还难以判断股价未来的方向。

2021年7月26日、27日、28日，该股连续三个交易日跳空低开，形成了低位跳空三连阴形态。第三根阴线出现时，伴随着长长的下影线和成交量的放大，说明主力资金已经开始入场，做空动能已经释放殆尽。

这三日所形成的K线组合便是跳空三连阴形态，是一种短期看涨信号。激进的投资者可以选择在次日（7月29日）适量买入，而稳健的投资者可以等到股价冲破第一个跳空缺口时（8月11日）再介入。

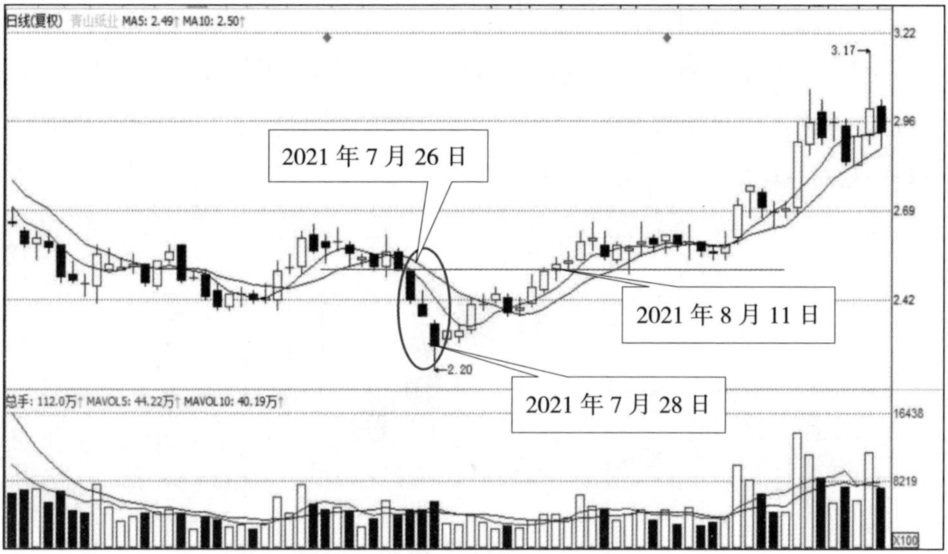

图5-43　青山纸业（600103）日K线走势图

第三节
多根K线的6个买入形态

相对而言，多根K线所构成的价格形态更加稳定，也能更清晰地发出买入信号。

一、上升三法

上升三法又称升势三鸦、上升三步曲，通常出现在上涨行情中，由两阳三阴5根K线组成。先是收出一根大阳线或中阳线，然后连续出现三根小阴线（其中可能有十字线），但这三根小阴线都没有跌破前面那根阳线的最低价，最后又拉出一根大阳线或中阳线。如图 5-44 所示。

上升三法的走势就像大写的英文字母“N”，该形态中三根小阴线的收盘价都在第一根阳线的收盘价之上，且最后一根阳线的收盘价应高于第一根阳线的收盘价，从而一举弥补了三根阴线的跌幅。

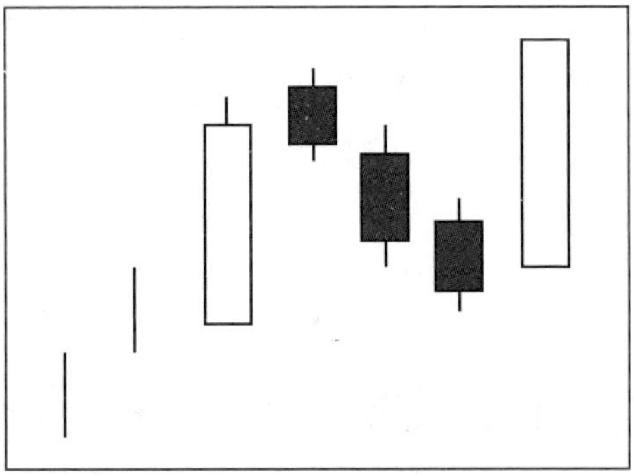

图 5-44　上升三法

上升三法是股价上升过程中的短暂休息，暗示行情在稍作调整后会继续上行，因而是一种持续形态。

其具体操作要点如下。

第一，上升三法表示多方没有失去主导地位，依然保持着强势，因而是看涨信号。投资者看到这种形态后，可以继续持股观望，如仍持有现金，可进行追涨操作。

第二，在上升过程中出现三根连续的小阴线（黑三兵），投资者切勿将其当作转势信号而卖出股票，这样可能会错过之后的上涨行情。

第三，最后一根阳线的实体越大，表明后市上涨的力度越大。

第四，如果出现阳线时的成交量明显放大，而出现阴线时的成交量出现萎缩，则看涨信号的可靠性更高。

第五，如果三根小阴线击穿了第一根阳线的最低价，或者最后一根阳线不能突破第一根阳线的收盘价，则上升三法形态不能成立。

第六，参照上升三法形态买入股票的投资者，应将止损位设在该形态第一根阳线的开盘价上。

下面来看一下奇正藏药的案例，如图 5-45 所示。

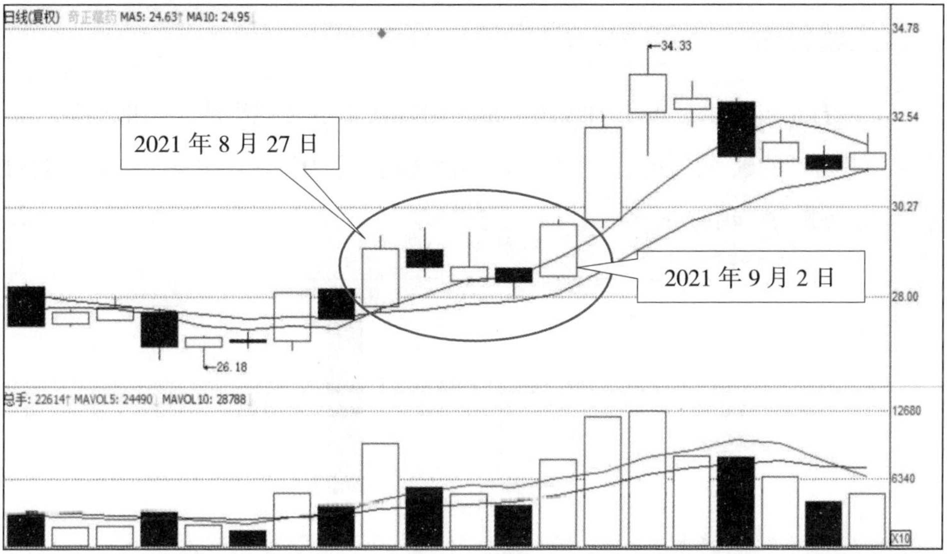

图 5-45　奇正藏药（002287）日 K 线走势图

如图 5-45 所示，奇正藏药在 2021 年 8 月经过一波调整后，开始了稳步上升行情。2021 年 8 月 27 日—9 月 2 日，处于上涨途中的该股形成了上升三法形态。

2021 年 8 月 27 日，奇正藏药收出一根大阳线。

2021 年 8 月 28 日—9 月 1 日，该股连续三个交易日收出阴线（其中 8 月 31 日为假阳线，本质为阴线），而且这些小阴线的收盘价都要高于第一根阳线的开盘价。看到这种形态后，投资者不应盲目减仓。

2021 年 9 月 2 日，该股又以放量上攻的方式收出一根大阳线，完全弥补了前三日的跌幅。这充分证明中间的三根小阴线是庄家的洗盘手法，庄家达到清洗浮筹的目的后迅速将股价拉升，不想再给短线投资者逢低补仓坐轿的机会。

这五个交易日形成的 K 线组合便是上升三法，表明股价将在短期内继续上涨。投资者看到此形态完成后，不但应继续持股，还可在次日逢低买入。

二、三线打击

三线打击形态由三根小阳线和一根大阴线共 4 根 K 线组成。三根小阳线是整个上升行情的延续，而大阴线的出现则往往属于主力洗盘，未来具有较强的看涨意味。如图 5-46 所示。

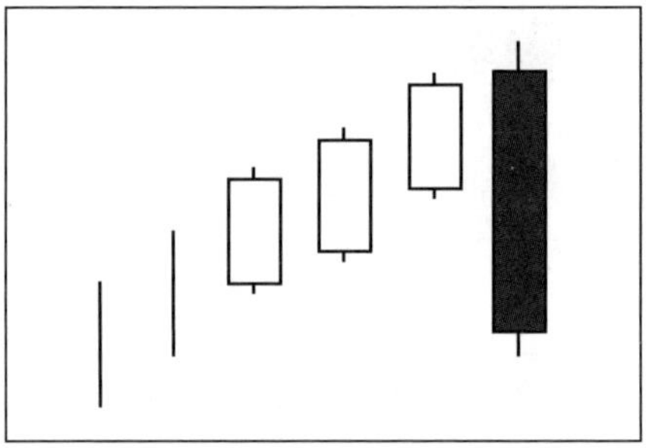

图 5-46　三线打击

三线打击形态具有明显的主力“诱空”洗盘的意味。其实，在上涨行情初期，缓涨急跌是常常出现的一种现象；反之，当股价急涨缓跌时，往往是股价即将触顶的标志。

该形态的操作要点如下。

第一，位置决定价值。在上涨初期，股价走势呈现三线打击形态，属于积极的看涨信号。反之，股价进入顶部区域后，三线打击形态容易弄假成真，演变成真正的下跌。

第二，三线打击形态中，大阴线的最低价会跌破前三根阳线的最低点，若此时成交量出现萎缩情况，则属于“长阴短柱”形态，未来看涨意味更浓。

第三，三线打击形态出现后，有些股票会稍作调整后启动上升，有些股票则会立即启动上升，投资者还需保持对盘面的关注。

第四，三线打击形态属于典型的看涨信号，但投资者不宜看到三线打击形态就入场或离场，而要耐心等待其后更为明确的买入信号（股价重新向上突破大阴线的最高点）出现再入场。

下面来看一下金钼股份的案例，如图 5-47 所示。

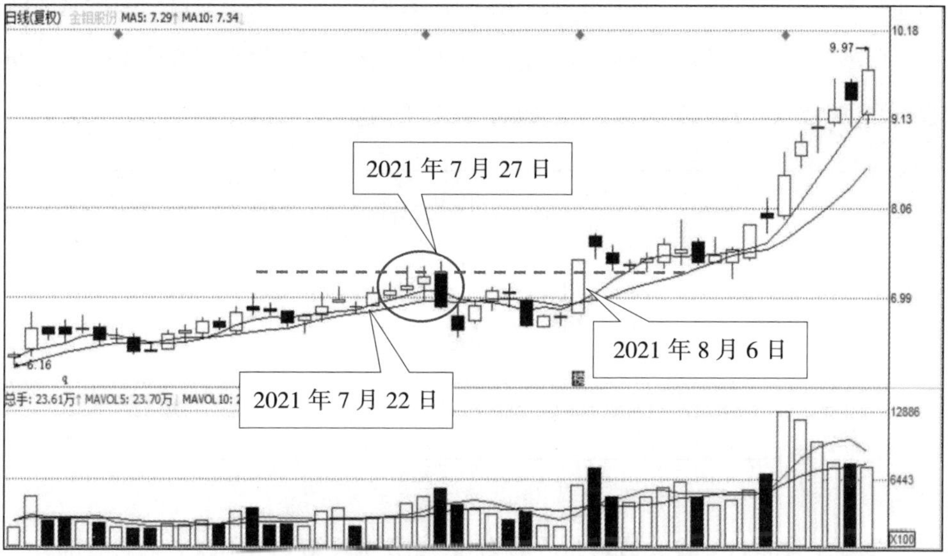

图 5-47 金钼股份（601958）日 K 线走势图

如图 5-47 所示，金钼股份从 2021 年 6 月初开始了一波上涨行情，2021 年 7 月 22 日—27 日，该股的 K 线图上出现了三线打击形态。

2021 年 7 月 22 日—26 日，金钼股份接连收出创新高的小阳线，形成红三兵形态。

2021 年 7 月 27 日，该股高开之后，稍有拉升后便转而向下，最终收出一根大阴线，收盘价低于 7 月 22 日的开盘价。

这四个交易日形成的 K 线组合便是三线打击形态，最后一根阴线的实体足以吞噬之前三个交易日的涨幅，回调的力度很大，表明后面上涨的可能性也非常大。

此后，该股股价经过几个交易日的调整后，在 8 月 6 日向上突破了 7 月 27 日的大阴线最高点，投资者应该在此时买入股票。

三、多方尖兵

多方尖兵出现在上涨行情中，其形态表现为：股价在上升时遭遇空方的打压，因而收出一根带有较长上影线的大阳线或中阳线；之后几个交易日，股价有所回落，但不久之后，多方重新聚集力量发动反攻，又拉出一根大阳线或中阳线，使股价涨到了上影线的最高点之上。如图 5–48 所示。

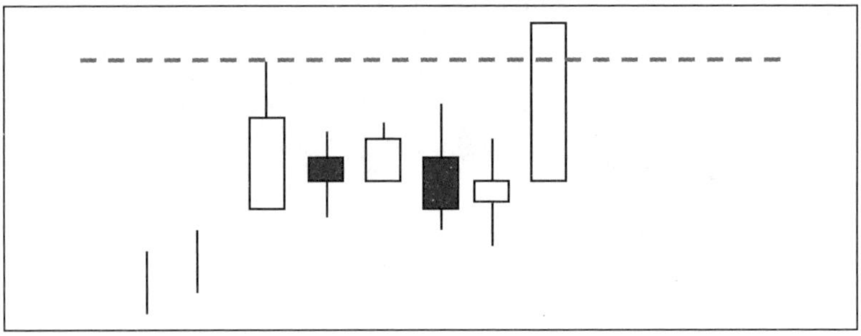

图 5–48　多方尖兵

多方尖兵形态中的 K 线数量一般为 4 ～ 15 根。第一根阳线的上影线部分，是多方在试探上档的抛盘压力，因而被人们视为“深入空方腹地的尖兵”，多方尖兵的雅称便由此而来。随后的股价回落正是对上档抛压的一种消化措施，当上方压力减轻，多方便发动了更为凌厉的进攻，从而形成最后那一根阳线。

多方尖兵形态常常是多方发动全面进攻前的试盘活动，表示多方在摸清了空方的底细之后，对于进一步拉升股价信心满满。

该形态的操作要点如下。

第一，多方尖兵是一种行情将继续向好的中继形态。对于投资者而言，看到此形态后果断买入，往往能够把握后期股价上涨带来的投资收益。

第二，只有最后一根阳线的实体穿越了第一根阳线上影线的最高点，才能被视为多方尖兵形态。

第三，收出最后一根阳线的同时，如果伴随着成交量的放大，那么看涨信号更为强烈。

第四，参照多方尖兵形态买入股票的投资者，最好将止损点设定为第一根阳线的收盘价。

下面来看一下新洁能的案例，如图 5–49 所示。

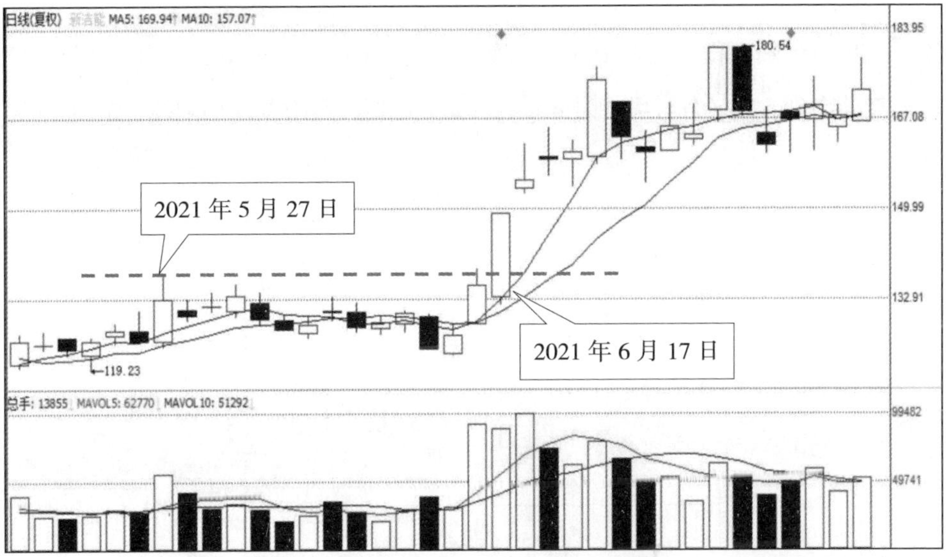

图 5–49　新洁能（605111）日 K 线走势图

如图 5–49 所示，新洁能的股价经过一波底部盘整之后，在 2021 年 5 月初进入了上升通道。2021 年 5 月 27 日—6 月 17 日，该股的走势出现了多方尖兵形态。

2021 年 5 月 27 日，该股股价收出一根带有较长上影线的大阳线。此后的十余个交易日，该股连续收出多根近似于十字线的小阴线和小阳线，表明多空双方的争夺非常激烈。

2021 年 6 月 17 日，该股低开高走收出一根大阳线，此根阳线一举突破之前阳线的长上影线位，预示股价的上涨行情正式启动，投资者宜于股价站稳阳线上影线位置时买入该股。

这几个交易日形成的 K 线组合就是多方尖兵形态。保守的投资者可在该形态出现后的次日逢低买入股票，并将止损点定为第一根阳线的收盘价。该股之后进入了横盘整理，由于股价没有下跌，投资者可放心持股。

四、低位五连阳

低位五连阳又称低档五阳线，出现在下跌行情中，其形态表现为：在低价位区域连续出现 5 根（有时可能是 6 根或 7 根）阳线，其中多为小阳线。如图 5-50 所示。

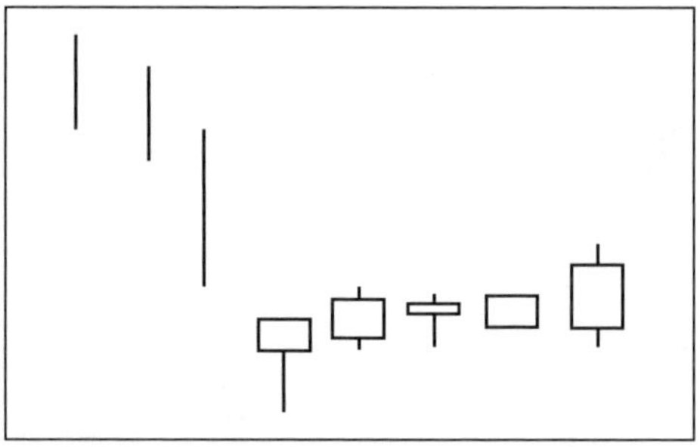

图 5-50　低位五连阳

低位五连阳形态尽管收出多根阳线，但股价整体涨幅并不大，属于横向整理。在深度下跌之后出现该形态，有可能是主力正在建仓吸筹。

低位五连阳形态表示经过一段时间的下跌之后，空方力量已得到释放，而多方在此位置具有较强的承接能力，所以股价慢慢止跌企稳。

其操作要点如下。

第一，低位五连阳可能是股价拉升的前奏曲，说明股价已经到了底部或阶段性底部。该形态出现后，投资者可以适量买进，往往能够在中短线获得不错的收益。

第二，按照低位五连阳买入股票的投资者，应该将止损位设在这些阳线的最低价上，一旦股价跌破该价位就应该果断止损。

第三，在出现低位五连阳的同时，成交量温和放大，则看涨信号更为可靠。如果之后出现一根放量的大阳线，则上涨的可能性更大。

第四，在阳线中间可能夹杂着一两根十字线或小阴星，但这并不影响其作为低位五连阳来进行判断。

第五，低位连续出现阳线的数量越多，表明多方的力量蓄积得越充分，股价向上突破后上涨的空间就会越大。

第六，投资者需要查看该股的历史走势，一定要保证该形态处于低位或相对低位，否则不能按照低位五连阳进行操作。

下面来看一下京泉华的案例，如图 5-51 所示。

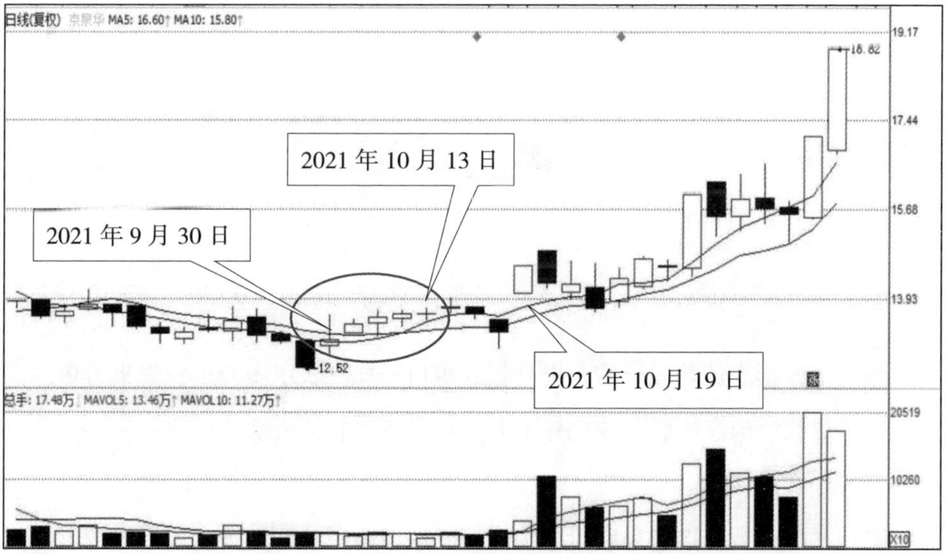

图 5-51　京泉华（002885）日 K 线走势图

如图 5-51 所示，京泉华从 2021 年 9 月初开始了一波下跌行情。

2021 年 9 月 29 日出现最近时段的最低价 12.52 元，此后的 9 月 30 日，该股跳空反弹收出第一根小阳线。

接着该股连续 5 个交易日收出小阳线，且总体涨幅并不是很大，这就形成了低位五连阳形态，表明多方在蓄积力量，股价将企稳回升。

投资者看到此形态后，应该在次日采取逢低吸纳的策略，不仅需要承担的风险较小，还能抓住短线获利的机会。

此后，该股出现小幅调整后，于 10 月 19 日开始启动大幅上攻。

五、冉冉上升

冉冉上升形态通常出现在一段横盘整理的后期，由若干根小 K 线组成（一般不少于 8 根），其中以小阳线居多，也可夹着个别小阴线和十字线，整个 K 线组合的排列呈微微向上状。如图 5-52 所示。

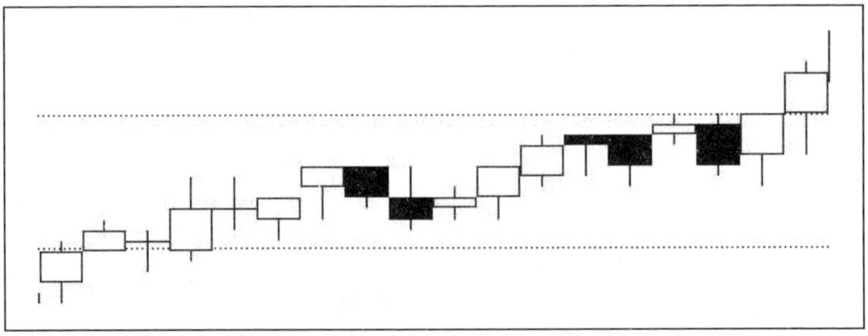

图 5-52　冉冉上升

冉冉上升形态比喻股价像冉冉升起的旭日一样，表示多方正在聚集力量，蓄势待发。尽管该形态中股价涨幅并不大，却可能是股价大涨的前兆。

其操作要点如下。

第一，冉冉上升形态是股价上涨信号，在牛市启动初期多表现为这种形式，因此，投资者一看到此 K 线组合就要及时买入，往往能够获得较为丰厚的回报。

第二，出现该形态后，投资者可以先买入部分股票，尝试半仓操作，待到上涨行情基本确立后，再追涨加码。

第三，如果出现冉冉上升形态的同时，成交量也在逐渐放大，则看涨的信号意义更为明显。

第四，在冉冉上升的过程中，如果出现上影线较长的 K 线或实体较大的阴线，表示上档抛压较为沉重，投资者最好继续保持观望，不要贸然行动。

第五，若在冉冉上升形态之后，股价出现下跌迹象，并连续拉出三根向下的阴线，则表示该形态构筑失败，这时已买入股票的投资者应适时进行止损操作。

下面来看一下世龙实业的案例，如图 5-53 所示。

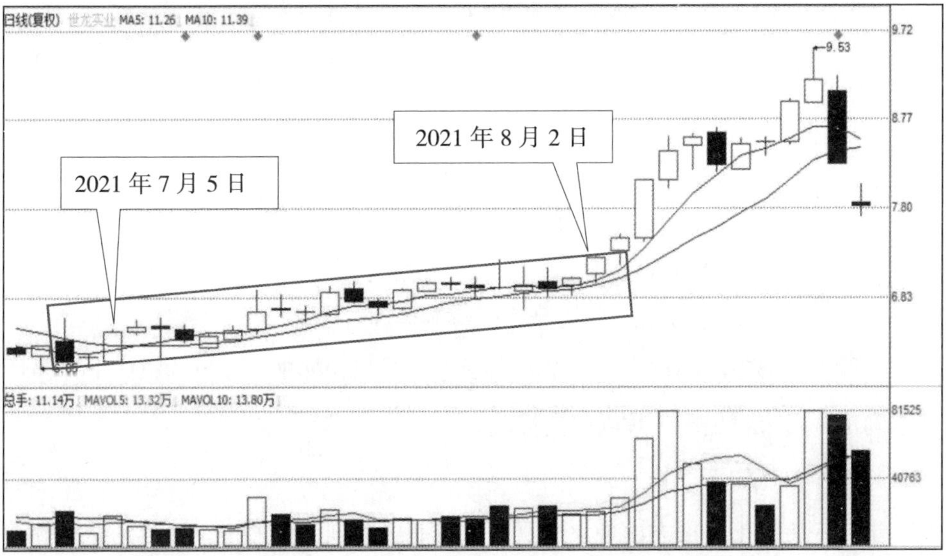

图 5-53 世龙实业（002748）日 K 线走势图

如图 5-53 所示，世龙实业从 2021 年 7 月初进入横盘整理阶段。2021 年 7 月 5 日—2021 年 8 月 2 日，该股的日 K 线图上呈现出冉冉上升形态。

在这连续 20 多个交易日内，该股如旭日一样冉冉升起，波澜不惊，没有夸张的涨跌幅。

这种冉冉上升形态是股价将大幅上涨的信号。激进的投资者可以在该形态形成的过程中适量买入部分股票，持股待涨。稳健的投资者则可以选择在 2021 年 8 月 2 日该股收出小阳线后，择机介入。

六、徐徐上升

徐徐上升形态由处于上涨行情初始阶段的多根 K 线组成。其形态表现为：先是连续出现几根小阳线，最后出现一两根实体较大的中阳线或大阳线。如图 5-54 所示。

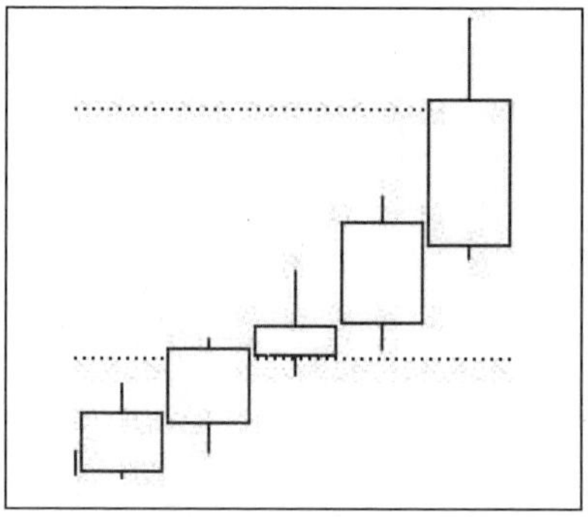

图 5-54 徐徐上升

徐徐上升形态的出现，说明多方力量正逐渐强大起来，股价的整体上升趋势基本确定，后市将呈现一片向好的局面。

其操作要点如下。

第一，徐徐上升形态出现之后，后市可能会遇到一些波折，但并不会影响众人对股价将持续上升的基本看法。投资者看到此形态后，应该跟进做多。

第二，参照徐徐上升形态买入股票的投资者，应该将止损位设在最后两根阳线的最低价上，如果股价跌破这一位置，就意味着形态失败，投资者应适时斩仓止损。

第三，在众多的阳线中可能夹杂着一两根小阴线或十字线，这并不影响其作为徐徐上升形态来进行研判。

第四，如果出现徐徐上升形态的同时，成交量也在逐渐放大，则看涨信号更为明显。

第五，徐徐上升形态中的最后两根阳线的实体越大，向上突破的力度越大，那么后市的上涨空间就可能越大。

下面来看一下华旺科技的案例，如图 5-55 所示。

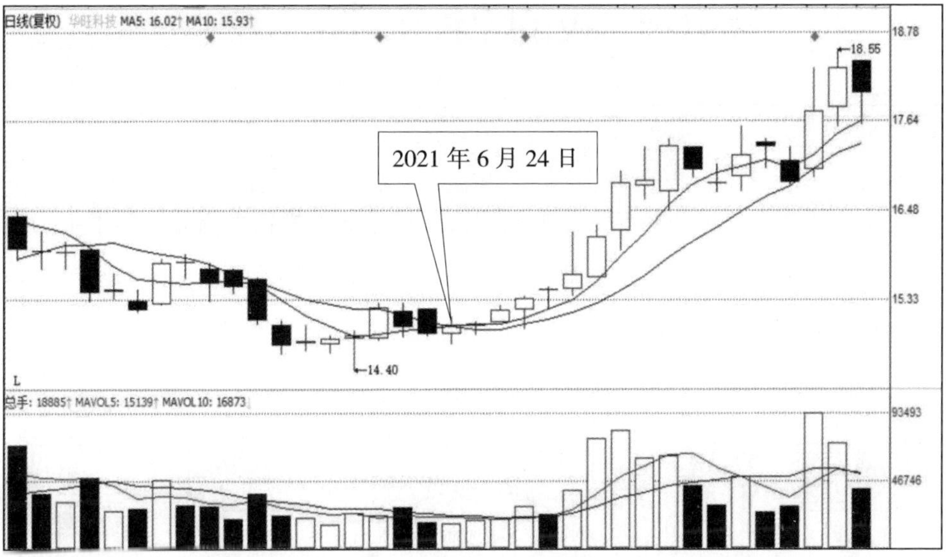

图 5-55　华旺科技（605377）日 K 线走势图

如图 5-55 所示，华旺科技的股价经过大幅下跌之后，于 2021 年 6 月初进入到横盘整理阶段。

此后，该股股价逐渐开始上行。自 6 月 24 日开始，华旺科技的股价连续多日收出阳线，且阳线实体的长度逐渐增加，形成了徐徐上升形态。投资者应该在此期间果断买入，等待股价被继续拉升。果然，之后该股走出一波较为强劲的上涨行情。

第六章

多根 K 线的 28 个卖出信号

在 K 线图上，一些经典形态的出现，往往意味着投资者需要卖出手中的股票了，这些 K 线形态有些是由两根 K 线组成的，有些则是由三根 K 线甚至更多 K 线所组成。

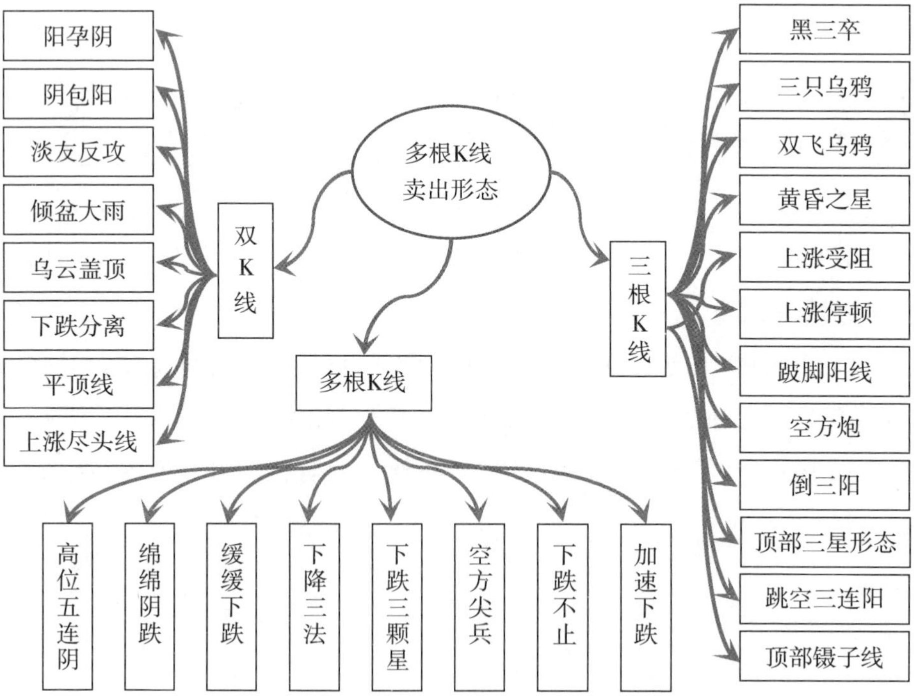

图 6-1　多根 K 线卖出形态知识导图

第一节 双 K 线的 8 个卖出形态

一些由两根 K 线组成的经典 K 线形态的出现，往往意味着股价将会开启或延续下跌走势。

一、阳孕阴

阳孕阴是孕线形态中与阴孕阳正好相反的一种形态。该形态由一阳一阴两根 K 线组成，且后一根阴线的实体完全隐藏在前一根阳线实体内部，如图 6-2 所示。

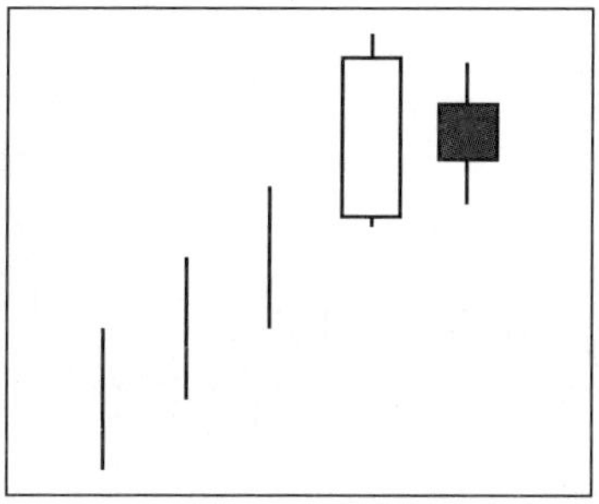

图 6-2　阳孕阴

在阳孕阴形态中，第一根阳线的出现是上涨行情的延续，并不具备其他含义，而第二根低开低走的阴线则为该形态的关键。在上涨行情中，出现大幅低开的 K 线，反映了多方实力的不足，而且其后多方又不能将低开的股价有效向上拉升，则更可印证股价上涨趋势存在终结的可能。

其具体操作要点如下。

第一，阳孕阴形态的出现，属于股价上涨趋势中一个可能出现转势的信号，即空方已经开始发力向下打压股价，多方实力可能不足，投资者宜做好出货准备。

第二，阳孕阴形态中，一般第二根阴线的开盘价和收盘价越低，未来股价下跌的概率越大。

第三，阳孕阴形态出现后，投资者可先观察下一个交易日的股价走势，若股价低开高走，并向上突破第一根阳线的收盘价，则意味着之前的阴线仅为股价上涨趋势中的调整，且此时已经形成了多方炮形态，这属于典型的看涨信号，投资者可继续持股。

第四，阳孕阴形态形成后，次日若股价向下跌破第一根阳线的开盘价或最低价，则意味着股价下跌趋势已经来临，投资者应坚决执行做空。

下面来看一下克来机电的案例，如图 6-3 所示。

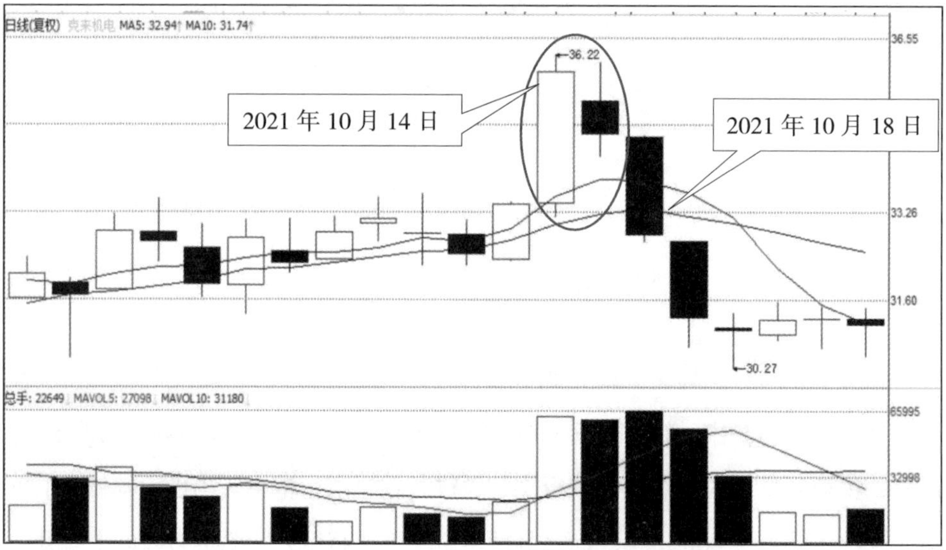

图 6-3　克来机电（603960）日 K 线走势图

如图 6-3 所示，克来机电的股价在经历了一波上涨行情之后，于 2021 年 10 月 14 日至 15 日这两天出现孕线形态。

2021 年 10 月 14 日，克来机电收出一根大阳线。10 月 15 日，该股收出一根小阴线，这根小阴线的开盘价低于前一日的收盘价，而收盘价高于前一日的开盘价，它和前一日的大阳线共同形成了阳孕阴形态。这表明行情有出现反转的可能，投资者应卖出部分股票，轻仓观望。

下一交易日，即 10 月 18 日，该股股价再度大幅下跌，且跌破了 10 月 14 日 K 线的开盘价，这说明股价有进入下跌趋势的可能，投资者宜执行减仓或清仓操作。

二、阴包阳

当包线出现在一段持续的上涨走势之后，且前一根 K 线是阳线，后一根 K 线是阴线，后一根阴线完全吞没了前一根阳线，则称之为阴包阳或空头吞噬。该形态表示之前强势的多方力量衰竭，空方开始占据主动并已压倒多方，是常见的见顶信号，如图 6–4 所示。

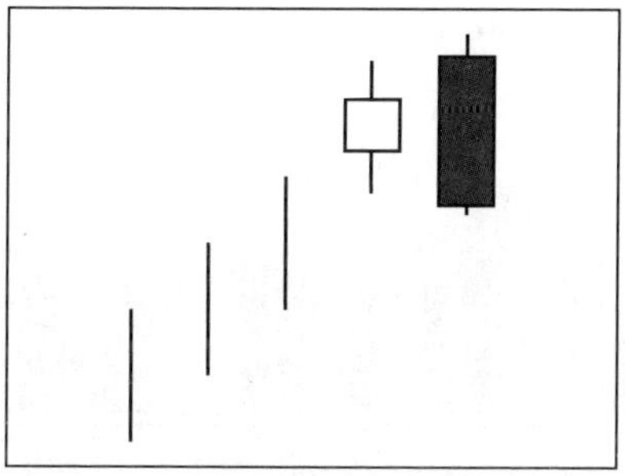

图 6–4　阴包阳

在阴包阳形态中，第二根大阴线是整个形态形成的关键。高开的阴线，本身就是空方实力强劲的延续信号，而最终以低于前日开盘价的价格收盘，更是说明了空方打压意志的坚决以及空方实力强大。

阴包阳形态的操作要点如下。

第一，阴包阳形态中，后一根阴线的实体越大，说明空方的打压越坚决。空方实力越强，未来下跌的概率越高。

第二，阴包阳形态中，若第一根阳线的实体很小，甚至仅为十字线，更可增强股价下跌的概率。

第三，一般来看，阴包阳形态出现后，投资者可重点关注后一交易日的股价走势情况，若股价以阳线报收，则需继续观察股价的走势；若此后股价重新进入上升通道，则此大阴线可能仅属于三线打击的一部分。

第四，阴包阳形态出现后，若股价继续走低，且跌破了阴线的最低价，可考虑执行卖出操作。

下面来看一下中文传媒的案例，如图 6-5 所示。

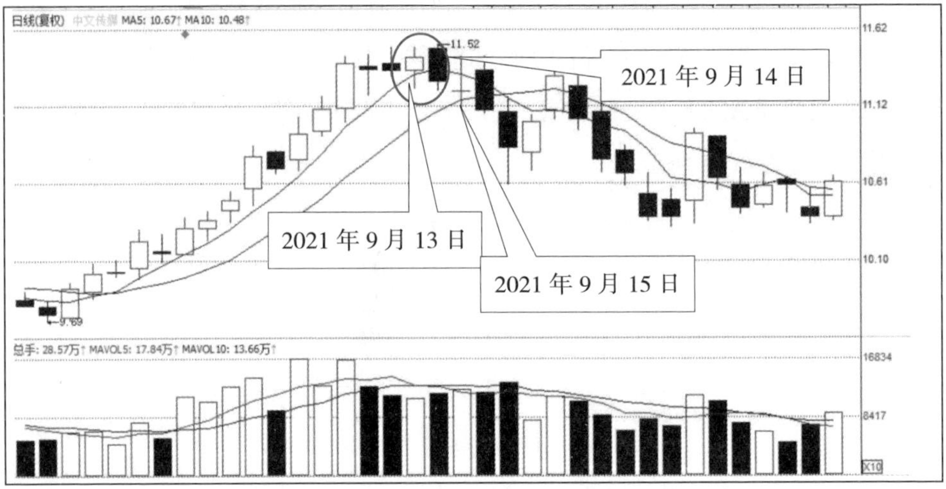

图 6-5　中文传媒（600373）日 K 线走势图

如图 6-5 所示，中文传媒的股价在经历了一波上涨行情之后，于 2021 年 9 月 13 日、9 月 14 日出现阴包阳形态。

9 月 13 日，中文传媒的股价走出一根带影线的小阳线。9 月 14 日，该股收出一根阴线，这根阴线的开盘价高前一日的收盘价，而收盘价低于前一日的开盘价，它和前一日的小阳线共同形成了阴包阳形态。

这种形态的出现，表明原有的上涨趋势减弱，行情可能发生反转，投资者需要观察次日股价的走势情况。9 月 15 日，该股股价大幅低开平走，收出一根低位十字线，说明股价已经进入下跌趋势。

三、淡友反攻

淡友反攻一般出现在上涨行情中，由一阳一阴两根 K 线组成；先是收出一根大阳线或中阳线，接着又收出一根跳空高开的大阴线或中阴线，且这两根 K 线的收盘价相同或接近。如图 6-6 所示。

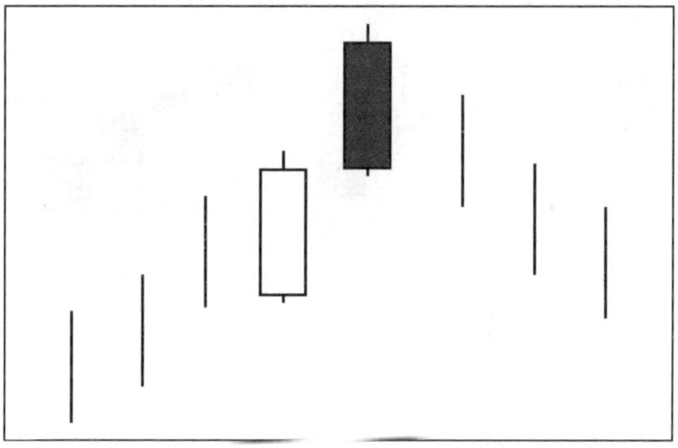

图 6-6 淡友反攻

淡友反攻形态，第二根大阴线是整个形态成立的关键。高开的股价是多方优势的体现，但由于股价连续上升，又出现大幅跳空高开，容易将实力耗尽。其后，空方发力打压，股价回归至开盘价附近，这是空方实力增强的一种体现。但最终收盘价与前日收盘价会合，而没有打压至更低的位置，说明空方实力并未对多方产生压倒性优势。

该形态的操作要点如下。

第一，淡友反攻形态具有一定的看跌意义，提示投资者不要盲目追涨。遇到这种形态，持股的投资者最好卖出股票，轻仓观望。

第二，淡友反攻形态中前后两根 K 线"遭遇"的位置，即二者的收盘价附近，是股价下跌的一个小的支撑位，一旦股价跌落到该位置以下，投资者应果断清仓出局。

第三，淡友反攻形态中两根 K 线的实体部分越大，后市下跌的可能性就越大。如果在收出阴线这一天同时伴随着成交量的放大，则看跌的信号意义更强。

第四，淡友反攻与之后要讲的乌云盖顶形态有些类似，但是它的后一根阴线的实体并没有深入到前一根阳线的实体当中，只是形成了“遭遇”，因而信号会弱一些。

下面来看一下广和通的案例，如图 6-7 所示。

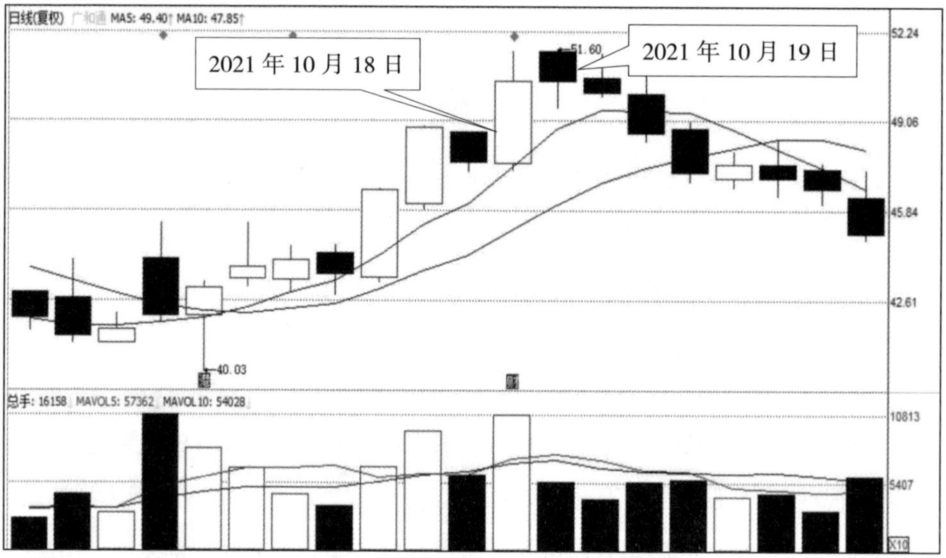

图 6-7　广和通（300638）日 K 线走势图

如图 6-7 所示，广和通的股价在经历了一波上涨行情之后，于 2021 年 10 月 18 日、19 日这两个连续的交易日形成淡友反攻形态。

2021 年 10 月 18 日，广和通的股价低开高走，收出一根中阳线，收盘价为 50.44 元。10 月 19 日，该股跳空高开，之后又补回了开始的缺口，最终在收盘时将价格打压至 10 月 18 日收盘价附近。后面这根阴线与前一日的阳线共同形成了淡友反攻形态，预示着行情有反转的迹象。

次日，该股平开之后再度下跌，表明行情已经到达阶段性顶部，后市看跌。

此时，投资者应该卖出部分股票，轻仓观望。

四、乌云盖顶

乌云盖顶一般出现在上涨行情中，由一阳一阴两根 K 线组成；先是收出一根大阳线或中阳线，接着又收出一根跳空高开的大阴线或中阴线，且这根阴线收盘价所处的位置在前一日阳线实体的中部以下。如图 6-8 所示。

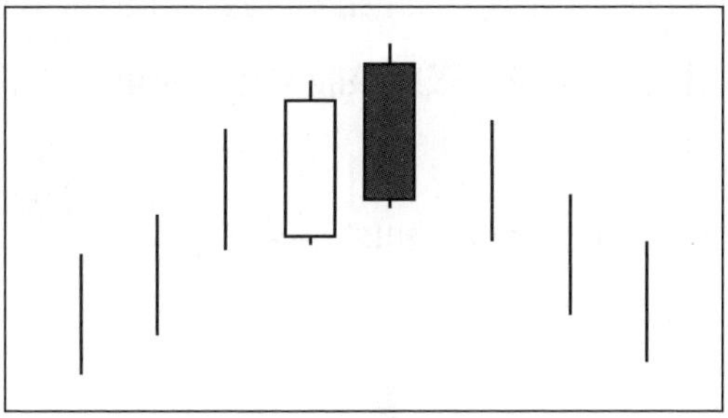

图 6-8 乌云盖顶

乌云盖顶的第一根阳线，表示原来的上涨趋势延续。第二根阴线，表示开盘初始时多方仍占据优势，因而开盘价与前一根阳线的收盘价之间有一定的跳空，但之后空方开始发力，不仅填补了这一跳空缺口，还在收盘时将股价拉升至前一日阴线实体 1/2 以下位置，好像要将前一日的阳线覆盖，因而乌云盖顶又被称为覆盖线。

乌云盖顶的基本原理与曙光初现相同，但以相反方向分析和操作。乌云盖顶预示着股价已经触到天花板，行情或将见顶回落。

该形态的操作要点如下。

第一，乌云盖顶比喻晴朗的天空突然乌云密布，是看跌信号，它表明股价至少是阶段性的筑顶成功，投资者遇到这种形态应在次日择高卖出，以规避风险。

第二，乌云盖顶形态出现后，如果股价马上进入下降通道，往往相应的下跌力度并不大；相反，如果有一个短暂的调整期，则会在蓄势之后爆发出强劲的下跌力量。

第三，乌云盖顶形态中第二根阴线的实体部分越大，收盘价越低，则后市下跌的力度就越大。在收出阴线这一天，如果同时伴随着成交量的放大，则进一步证明后市将下跌。

第四，需要注意的是，第二根阴线的实体部分应扎入前一日阳线的实体部分一半以上，乌云盖顶形态才会有意义。

第五，无论乌云盖顶出现在高位还是低位，都是非常危险的信号，投资者应保持警觉，以抛售出局为宜。不过在低位出现乌云盖顶，极有可能是庄家设的局，所以股票卖出后，投资者还应及时跟踪该股走势，如果发现下跌停滞，有反弹迹象，则可考虑补回。

下面来看一下易尚展示的案例，如图 6-9 所示。

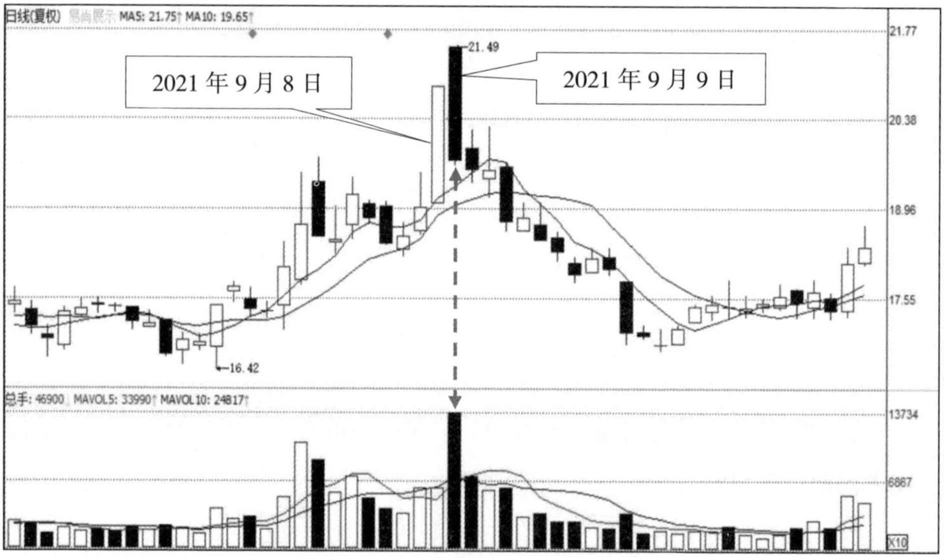

图 6-9 易尚展示（002751）日 K 线走势图

如图 6-9 所示，2021 年 9 月 8 日、9 日，易尚展示的日 K 线图上出现了乌云盖顶形态。

2021 年 9 月 8 日，易尚展示的股价经过一段时间的大幅上升后收出一根光头大阳线。9 月 9 日，该股跳空高开高走，但在上档遇到空方强有力的抛盘，股价开始回落，不仅成功弥补了开始的跳空缺口，还在收盘时将股价打压到了前一日的开盘价附近，形成了一根大阴线。这根阴线深入到前一根阳线实体的中部以下位置，两根 K 线共同组成了乌云盖顶形态。

这种形态的出现，预示着股价已经到达阶段性顶部，投资者看到后应该保持警觉。观察 9 月 9 日的成交量可知，当日该股的成交量已经达到了阶段新高，这更可增强股价运行趋势反转的可能性。

此后，该股跳空低开，空方优势更加明显，投资者应在盘中择高卖出所有股票，出局观望。

五、倾盆大雨

倾盆大雨通常出现在一轮显著的上涨行情之后，由一阳一阴两根 K 线组成；先是收出一根大阳线或中阳线，接着又收出一根低开低走的大阴线或中阴线，且这根阴线的收盘价低于前一根阳线的开盘价，如图 6-10 所示。

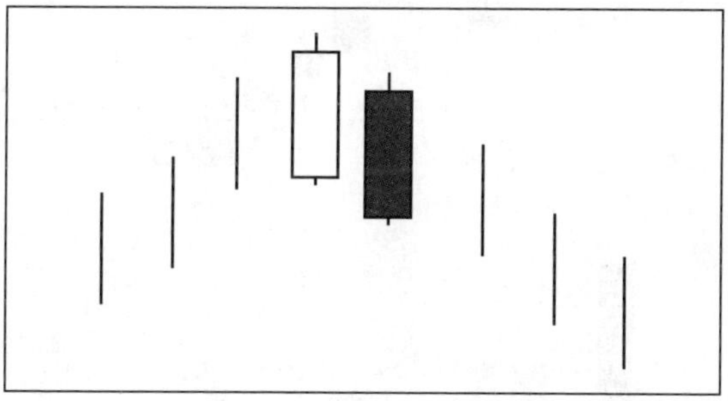

图 6-10　倾盆大雨

倾盆大雨的第一根阳线表示原来上涨趋势的延续，不过这一天多方几乎将能量消耗殆尽。第二根低开低走的阴线表示一开盘空方就占据主动，而多方因无力抵抗节节败退，最终空方以绝对的优势取得胜利。

倾盆大雨形态表示市场受到了暴风雨的袭击，行情急转直下，是较为强烈的看跌信号。

该形态的操作要点如下。

第一，当在连续上涨之后出现倾盆大雨形态时，投资者不宜继续看多，而应提高警惕，适时逢高卖出。

第二，当该形态出现在上涨过程中，但并没有到达高位，投资者可以通过减仓来规避风险；如果此后股价的重心仍在下移，则应该毫不犹豫地抛空股票。

第三，倾盆大雨形态中第二根阴线的实体部分越大，收盘价越低，则后市下跌的力度就越大。如果在收出阴线这一天，同时伴随着成交量的放大，则看跌信号更强烈。

下面来看一下奇信股份的案例，如图 6-11 所示。

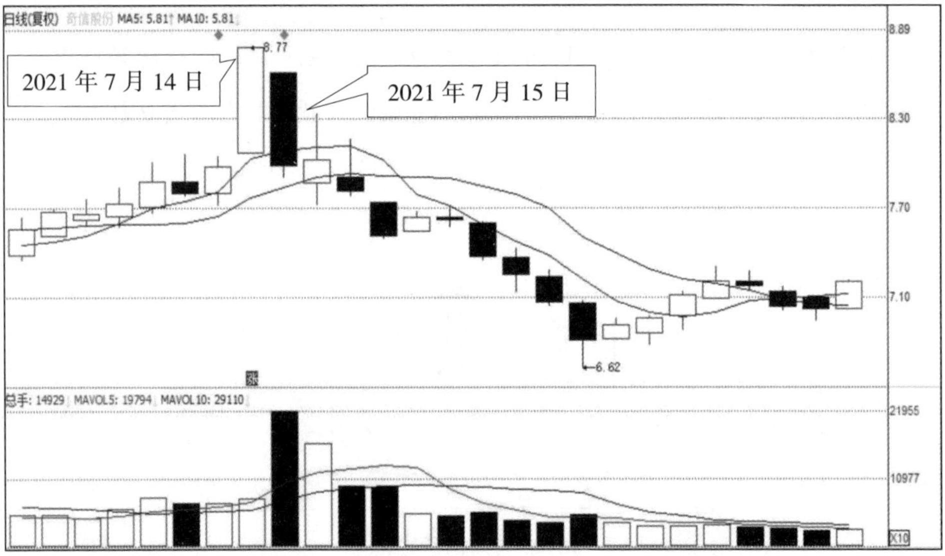

图 6-11　奇信股份（002781）日 K 线走势图

如图 6-11 所示，经过一段时间的上涨之后，奇信股份的日 K 线于 2021 年 7 月 14 日、15 日这两天出现了倾盆大雨形态。

2021 年 7 月 14 日，奇信股份的股价低开高走，收出一根光头大阳线，且这一天出现了近段时间内的最高价。7 月 15 日，该股低开低走，当天收出一根光头大阴线。这根阴线的收盘价远远低于前日的开盘价，形成倾盆大雨形态，预示着行情将反转向下。

警觉的投资者 15 日当天就会做出减仓或清仓的决策，部分没有来得及卖出的投资者，则应在次日跳空低开后逢高抛空，出局观望。

六、下跌分离

下跌分离又称下跌分手，一般出现在下跌行情中，由一阳一阴两根 K 线组成；先是收出一根阳线，接着又收出一根阴线，两根 K 线的开盘价相同或者接近，如图 6-12 所示。

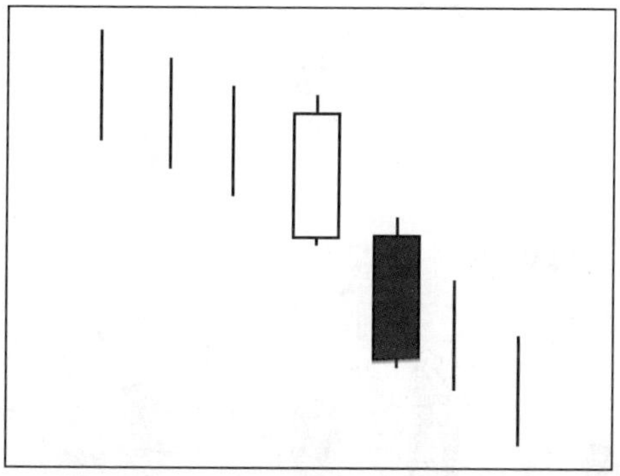

图 6-12　下跌分离

下跌分离的第一根阳线表现了与之前相反的趋势，多方发力将股价拉升；但第二天开盘时，股价又回到了前一日开盘价附近的位置，投资者信心受挫，依然看淡后市，股价重新呈现下跌趋势。

下跌分离通常是一种中继信号，不过当它在低价位区域出现时，投资者应保持关注。

其操作要点如下。

第一，当下跌分离形态出现在高价位区域或下跌初期，表示空方重新夺回了主动权，股价将继续下行。这时空仓的投资者以持币观望为宜，持股的投资者应果断卖出。

第二，当下跌分离形态出现在低价位区域时，可能预示着底部即将出现，这时投资者可对该股多加关注，一旦后面的走势企稳回升，投资者可适时介入。

第三，下跌分离和好友反攻形态非常接近，只是前后 K 线的颜色不同，投资者要注意区分。

下面来看一下首旅酒店的案例，如图 6-13 所示。

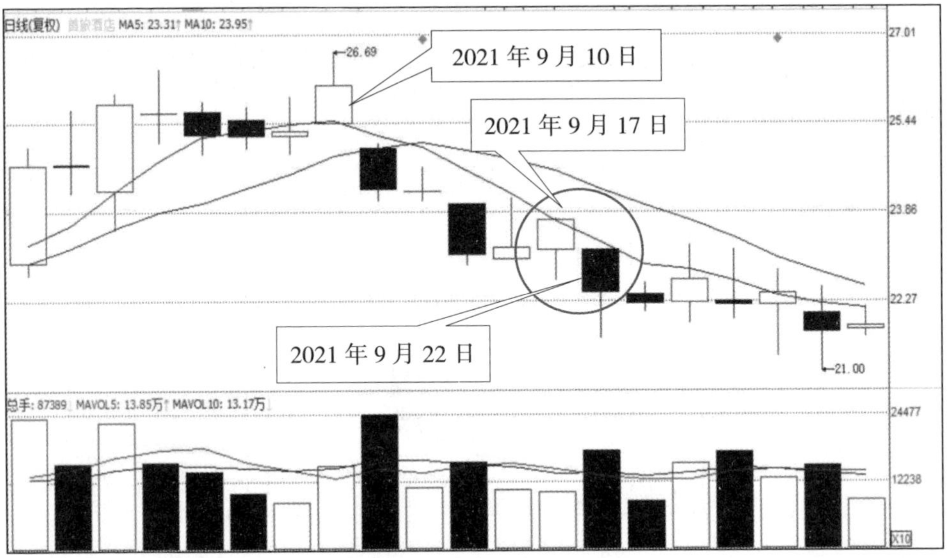

图 6-13　首旅酒店（600258）日 K 线走势图

如图 6-13 所示，首旅酒店的股价从 2021 年 9 月 10 日开始了一轮下跌行情，在下跌途中的 2021 年 9 月 17 日、22 日这两天，其日 K 线图上出现了下跌分离形态。

2021 年 9 月 17 日，首旅酒店的股价收出一根光头小阳线。9 月 22 日（9 月 18 日到 21 日为中秋节假期休市），该股又以与前一日相同的价格开盘，结果收出一根小阴线，二者共同形成了下跌分离形态。这表明市场依然保持着弱势，下跌趋势将继续。这时，持币的投资者最好保持空仓观望，持股的投资者应该果断卖出。

七、平顶线

平顶线又称平头顶、钳子顶、镊顶，由 2 根或者 2 根以上的 K 线组成，最高点相同是该形态最显著的特征，如图 6-14 所示。

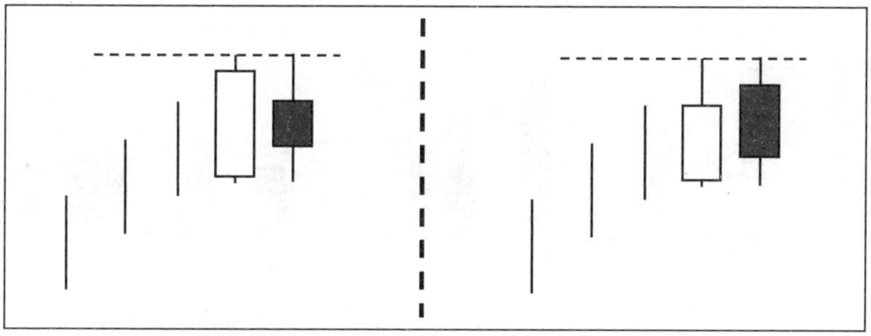

图 6-14 平顶线

多方在短期内两次将股价拉升至同一高点位置，却无力创出新高，这说明多方实力有所不济，空方存在反击的可能。

一般来说，这类 K 线形态出现在顶部区域时，具有明显的看跌意味，其操作要点如下。

第一，最高点相同是该形态最显著的特征，而只有股价进入高位时，该形态才是典型的看跌信号。

第二，平顶线出现次日的股价走势也是关注的重点，当股价出现下跌走势时，可执行卖出操作；若股价不跌反涨，待其向上突破平顶线最高点，则意味着形态失败，投资者可考虑补仓操作。

第三，构成平顶线形态的 K 线，有时是 2 根，有时更多。一般来说，K 线越多，未来股价下跌的概率和幅度都会越大。

下面来看一下包钢股份的案例，如图 6-15 所示。

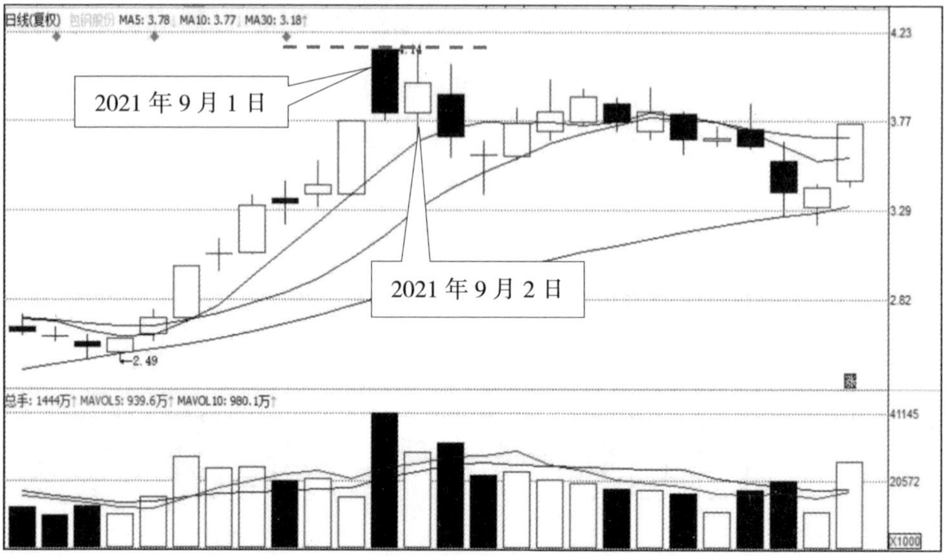

图 6-15　包钢股份（600010）日 K 线走势图

如图 6-15 所示，经过一段时间的上涨之后，包钢股份的股价到达了相对高位，2021 年 8 月 31 日，该股以涨停价收盘。2021 年 9 月 1 日和 2 日，该股的日 K 线图上出现了平顶线形态。

2021 年 9 月 1 日，包钢股份的股价在前日涨停的基础上大幅高开，但股价触及高点 4.14 元之后直接出现低走态势，全天振荡走低，并收出一根大阴线。

2021 年 9 月 2 日，该股在前一交易日的收盘价附近开盘，最高也曾涨到了 4.14 元，但最终被空方打压下来，收出一根上影线很长的小阳线。

这两根最高价相同的 K 线所组成的 K 线组合就是平顶线，该形态出现在高价位区域具有看空的意义。

此后，该股股价经过了一段时间的振荡盘整后，走出了一波下跌行情。

八、上涨尽头线

上涨尽头线，即上涨行情即将自此终结的一种 K 线形态，由一根带长上影线的阳线和一根隐藏在上影线内的小星线所组成，如图 6-16 所示。

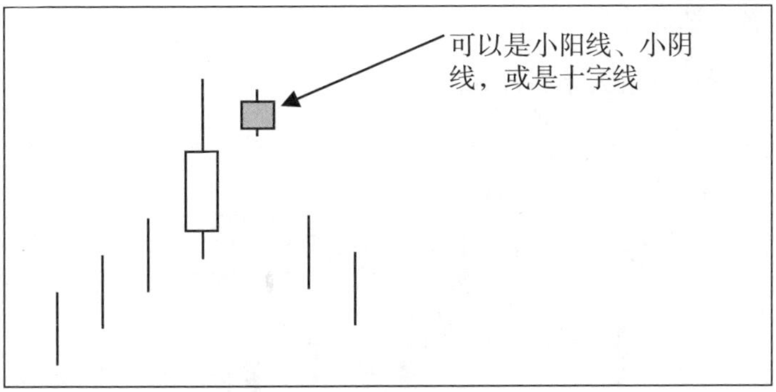

图 6-16　上涨尽头线

在上涨尽头线中，第一根长上影线的出现，说明在多方主导的行情中，空方已经开始发力向下打压股价，并且在第二个交易日，多方没有能力将股价重新向上拉升，这是股价触顶的迹象。

其具体操作要点如下。

第一，当上涨尽头线出现在持续上升趋势中，是见顶信号，表示空方开始阻击股价上涨，投资者可考虑卖出。

第二，标准的尽头线在盘中出现的概率并不高，如果第二根 K 线的上下影线较长，但只要它的实体较短，且完全被第一根K线的影线包容，也可以看作是“尽头线”。

第三，尽头线由于称谓原因，会让投资者感觉股价或有穷途末路之危险，又或有柳暗花明之欣然，但作为转势信号的判断依据，成功率并不能达到百分之百。很多时候投资者还需要根据它所处的具体位置或综合其他技术指标来进行研判。

下面来看一下天能股份的案例，如图 6-17 所示。2021 年 8 月 11 日、12 日，天能股份的股价走势形成了一个标准的上涨尽头线形态。

2021 年 8 月 12 日，天能股份的小阳星线实体全部被前一根阳线的上影线覆盖，二者共同组成了上涨尽头线。这是后市看跌的信号，投资者应保持警惕，稳健的投资者应选择轻仓观望。

此后，该股正式进入下跌通道。

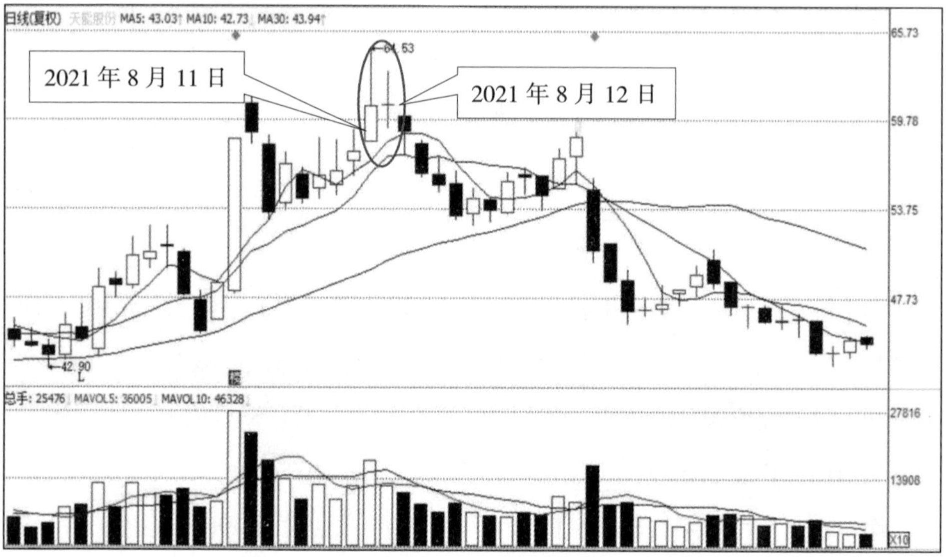

图 6-17　天能股份（688819）日 K 线走势图

第二节 三根 K 线的 12 个卖出形态

由三根 K 线构成的 K 线组合中，涵盖了很多种经典的卖出形态。本节选取其中比较经典的几种，以供读者参考。

一、黑三卒

黑三卒既可以出现下跌行情中，也可以出现在上涨行情中。由三根股价连续创新低的小阴线组成，这三根小阴线有无上下影线均可，如图 6-18 所示。

在黑三卒形态中，后一根 K 线的收盘价均低于前一日的收盘价，形成稳步下降态势。黑三卒形态表现的是一种下跌态势，但其在不同位置出现，代表的含义也有所不同，投资者应根据其所处的具体位置，采取不同的操作策略。

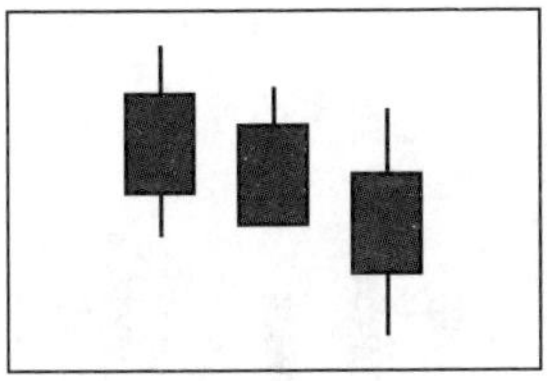

图 6-18　黑三卒

其操作要点如下。

第一，当黑三卒出现在高价位区域或一段大幅上升趋势后，暗示行情将有反转的可能，投资者应将手中的股票变现，出局观望。

第二，当黑三卒出现在低价位区域或大幅下跌或连续急跌之后，则表示行情将有可能探底，不多日或有止跌反弹的可能，投资者应多加关注，并在涨势确立后考虑做多。

第三，当黑三卒出现在下跌初期或途中，则是中继状态，后市依然看跌。这时仍然持股的投资者应果断卖出。

下面来看一下锦江酒店的案例，如图 6-19 所示。锦江酒店的股价从 2021 年 3 月初开始振荡上升。进入 6 月份后，该股股价出现触顶迹象。

2021 年 6 月 4 日—8 日，该股在顶部区域连续收出创新低的小阴线，形成黑三卒形态，表示上涨终止，股价将走向下跌。投资者看到此形态，就应该在次日也就是 6 月 9 日，将手中股票卖出。

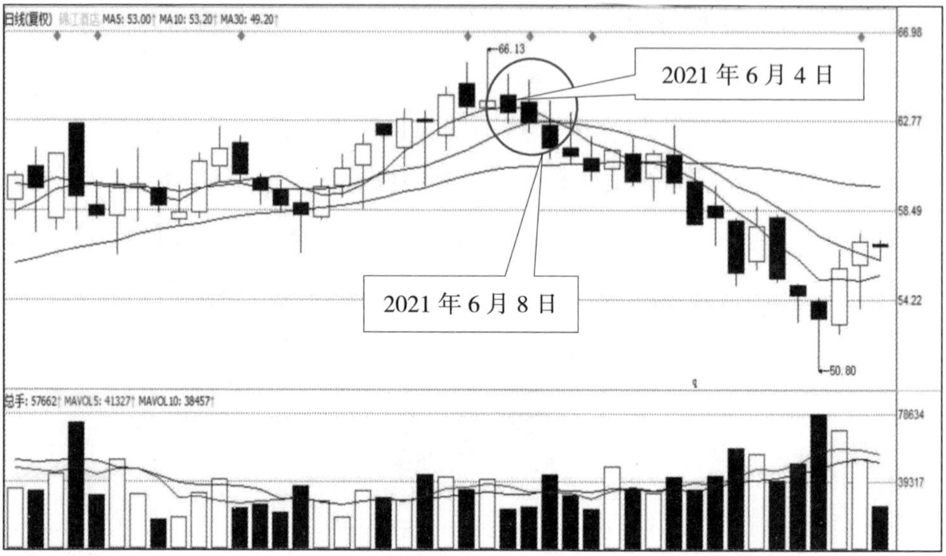

图 6-19　锦江酒店（600754）日 K 线走势图

二、三只乌鸦

三只乌鸦又称暴跌三杰，一般出现在盘整行情或上涨末期，其特征是连续出现三根大阴线或中阴线，其中第二、第三根阴线的收盘价要低于前一天的收盘价。如图 6-20 所示。

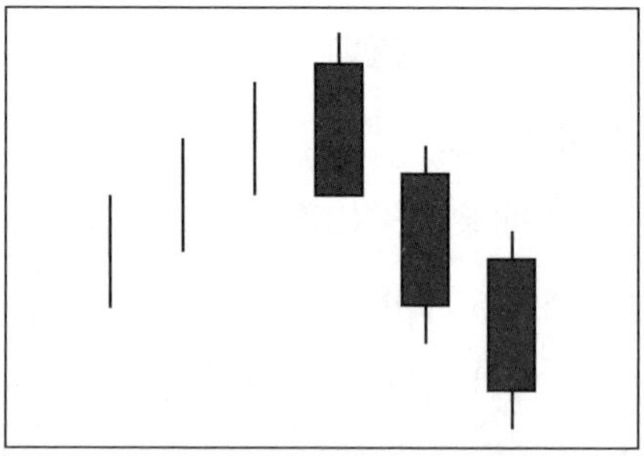

图 6-20　三只乌鸦

三只乌鸦是黑三兵的一种特殊形态，表明多方每次跳空开盘，均被空方打压了下来，最终以下跌收盘，而且三根阴线的实体长度更长。它的信号意义要强于普通的黑三卒。

三只乌鸦表示一种稳健下跌的态势，预示着一轮上涨或盘整行情的结束或下跌行情的继续。

其操作要点如下。

第一，当三只乌鸦出现在上涨行情末期，我们可以把前面上涨趋势中的一系列 K 线组合看作是枝头，而把它称为“三只乌鸦站枝头”，该形态说明上档抛盘严重，是暴跌的前兆，投资者应该果断卖出。

第二，当三只乌鸦出现在下跌途中的盘整期，表示空方已经重新聚集力量，是看跌信号，持股的投资者应选择杀跌止损。

第三，如果三根阴线的实体依次变大，且成交量也逐渐放大，表示空方力量逐渐加强，后市加速下跌的可能性变大。

第四，三只乌鸦形态中三根阴线的下影线越短，即收盘价越接近于最低价，看跌意味越明显，后市下跌的力度也将越大。

下面来看一下普利特的案例，如图 6-21 所示。

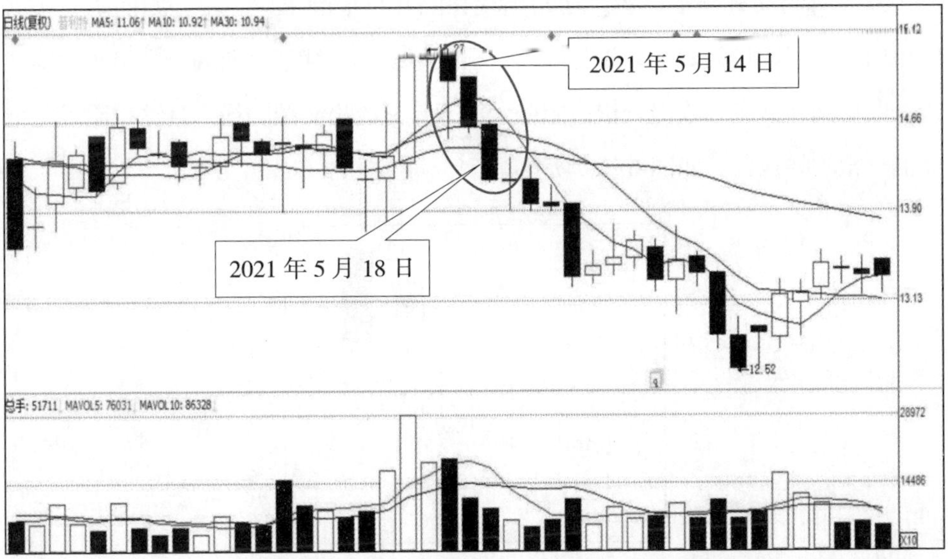

图 6-21　普利特（002324）日 K 线走势图

如图 6-21 所示，普利特的股价从 2021 年 4 月初开始一直处于振荡整理行情中。

2021 年 5 月 14 日—18 日，该股的 K 线图上出现三根实体较大的阴线，这三根阴线组成了三只乌鸦形态。

2021 年 5 月 14 日，普利特的股价高开低走，收出一根中阴线。

2021 年 5 月 17 日，该股高开低走，最后收出一根光头大阴线。

2021 年 5 月 18 日，该股又以高于前一日收盘价的价格开盘，并一路向下，最后收出一根大阴线。

从三根阴线的形态可以看出，阴线的实体越来越长，说明空方逐渐增加了打压的力度，至此，三只乌鸦形态正式形成。看到这种情形后，投资者应该在 5 月 18 日阴线还未形成之前逢高卖出；如果当日没有选择卖出，则应该在下一个交易日果断杀跌。

三、双飞乌鸦

双飞乌鸦又称树上二鸦，通常出现在上升行情的末尾，由一阳两阴三根 K 线组成。其形成过程如下：先是收出一根大阳线，延续了之前的上升势头；第二天，股价高开低走，收出一根假阴线；第三天又收出一根阴线，且这根阴线完全将前一根阴线包住。如图 6-22 所示。

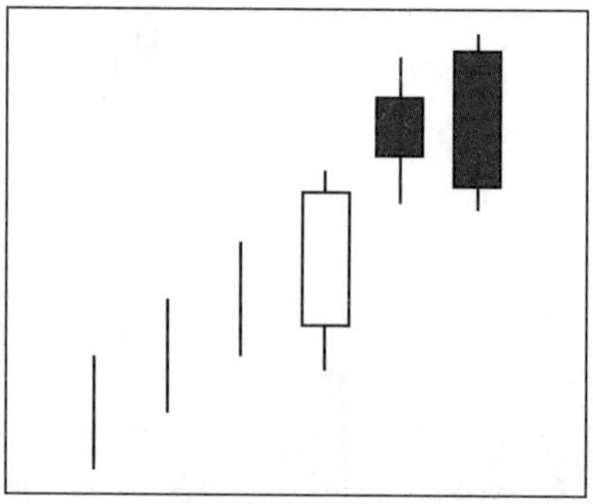

图 6-22　双飞乌鸦

双飞乌鸦形态中高开的第二根阴线的收盘价要高于第一根阳线的收盘价，但不一定高于最高价；最后一根阴线的开盘价却高于前一日开盘价，但收盘价却比前一日收盘价要低。

双飞乌鸦表示多方力量衰竭，空方力量正在壮大。与三只乌鸦类似，挂在树梢上的双飞乌鸦也可能为市场带来厄运。

其操作要点如下。

第一，双飞乌鸦出现的频率较低，却具有强烈的反转意义，表示股价将见顶回落，后市看淡。投资者看到该形态后，应迅速将手中的股票抛空。

第二，双飞乌鸦的可靠性较高，投资者将卖出时机最好选在第三根阴线形成的当日；如没有来得及卖出，最迟应在次日择机卖出。

第三，双飞乌鸦出现之前，股价如经过大幅度的攀升，则该形态的反转信号更为强烈。

第四，第一根阳线如果带有上影线，那么上影线越长，说明上档抛盘压力越大，行情反转向下的可能性就越大。

第五，第一根阳线和第三根阴线的实体越长，则下跌信号的可靠性就越高。

第六，双飞乌鸦常常以非标准形态出现在 K 线图上，不过这些“不标准”的形态具有同样的判断效果，投资者不需要刻意追求形态“完美无缺”，只需要感觉形态相似就可以了。

下面来看一下电连技术的案例，如图 6-23 所示。2021 年 8 月初，电连技术经过一轮振荡上涨之后，股价处于相对高位，随后出现双飞乌鸦形态。

2021 年 8 月 4 日，电连技术收出一根光头大阳线，说明股价正处于加速上升趋势。

2021 年 8 月 5 日，该股跳空高开，并收出一根十字小阴线，这一天的收盘价高于前一日的收盘价。

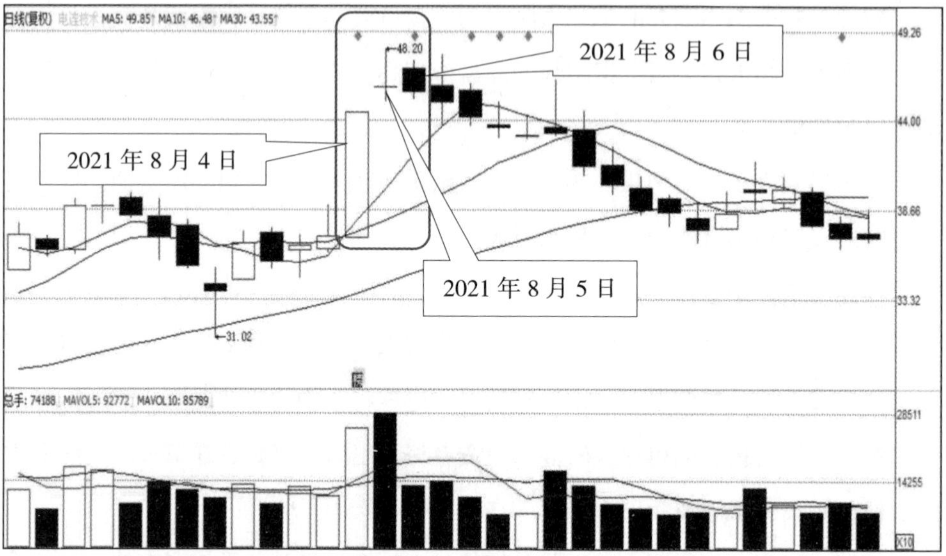

图 6-23　电连技术（300679）日 K 线走势图

2021 年 8 月 6 日，该股再一次高开低走收出阴线，且这根阴线的实体将前一根阴线的实体紧紧地包住。

这三日的 K 线组合就是双飞乌鸦形态，看到该形态后，持股的投资者应该在 8 月 6 日当天果断卖出该股。

四、黄昏之星

黄昏之星通常出现在上涨趋势中，为典型的见顶信号，由三根 K 线组成，包括一根阳线、一根阴线和一根十字星线，如图 6-24 所示。

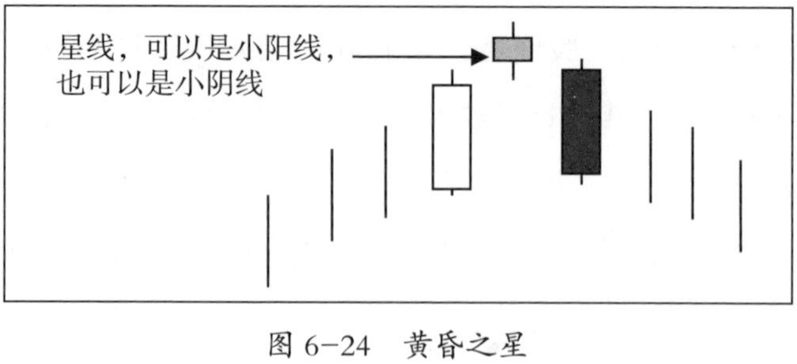

图 6-24　黄昏之星

黄昏之星形态中，中间的星线是股价上涨的延续，而大阴线的出现，则是股价短线上升趋势的终结或暂停。从形态构成来说，中间的星线为十字线要比小阳线更能反映股价触顶的含义，毕竟十字线本身就是多空力量激烈争斗并最终取得均衡的产物。

该形态的交易含义如下。

第一，从形态构成上来看，黄昏之星形态本身就是多空转换的典型形态，特别是高位跳空大阴线的出现，更是空方发力打压的信号。

第二，黄昏之星形态中中间的十字星（星线也可以是锤头线、倒锤头线、十字线、T 字线、倒 T 字线等）实体越小，与阳线之间的跳空距离越大，则未来股价反转向下的概率越大。

第三，大阴线最后的点位也有重要的参考意义。若大阴线直接跌破了黄昏之星形态大阳线的最低价，则可以在大阴线出现的次日卖出股票；若没有实现跌破，投资者可等待股价完成对大阳线最低价的跌破后再离场。

第五，黄昏之星形态属于经典的转折形态，其星线的最高价也是一个非常重要的参照位置。投资者按照黄昏之星形态卖出股票后，若股价不跌反涨，则可在股价向上突破星线最高点时执行补仓操作。

下面来看一下阳光诺和的案例，如图 6-25 所示。阳光诺和在上涨行情末期的 2021 年 9 月 30 日、10 月 8 日和 11 日这三个连续的交易日里形成了黄昏之星形态。

2021 年 9 月 30 日，阳光诺和收出一根光头大阳线，表明多方实力极为强劲。

2021 年 10 月 8 日，该股跳空高开，并收出一根十字小阴星，表明多空双方处于胶着状态，后市情况不明。

2021 年 10 月 11 日，该股以比前一日开盘价低的价格开盘，并收出一根大阴线，说明市场已经进入空头状态。

这三根 K 线共同组成了黄昏之星形态，属于典型的看跌信号。

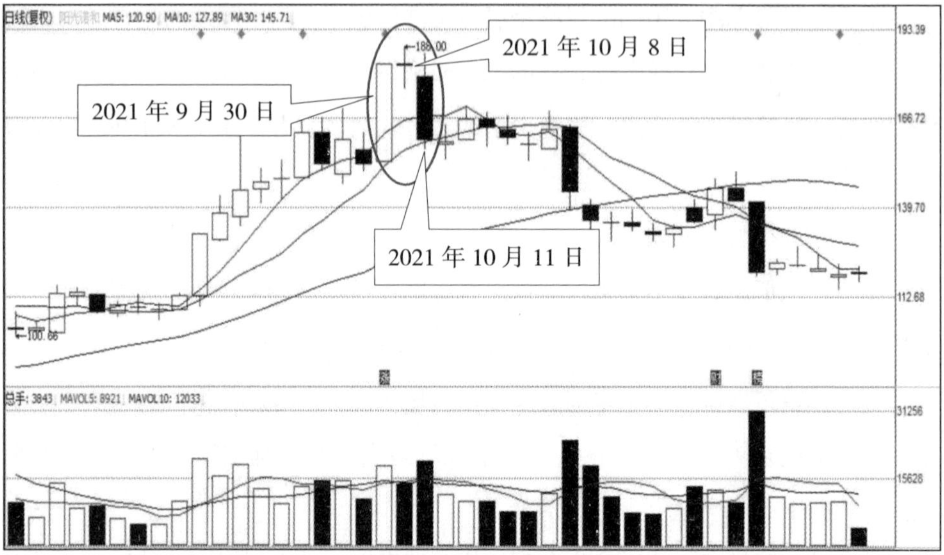

图 6-25 阳光诺和（688621）日 K 线走势图

五、上涨受阻

上涨受阻又称上升受阻、升势受阻，常出现在上涨走势途中，由三根阳线组成，其形态表现为三根阳线的实体越来越小，而且最后一根阳线带有很长的上影线。如图 6-26 所示。如果前两根 K 线为大阳线或中阳线，那么该上涨受阻形态也是上涨停顿形态。

上涨受阻形态中，越来越小的实体和最后一根 K 线的上影线，都表明上档卖压沉重，多方推动股价继续上涨的力量减弱，因而后市具有一定的不确定性。

该形态的操作要点如下。

第一，上涨受阻是一种很明显的滞涨信号，该形态出现后，股价可能仍会小幅上升，也可能进入盘整状态或反转向下，投资者可以结合其出现的位置和其他技术指标进行研判。

第二，上涨受阻形态出现后，投资者应该保持警惕，切不可盲目追涨。

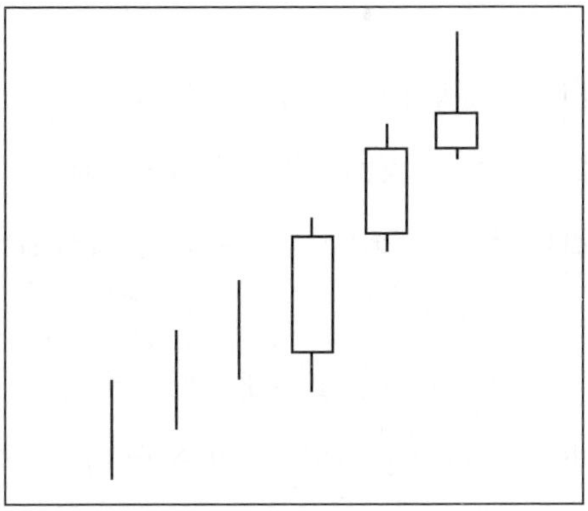

图 6-26　上涨受阻

第三，当上涨受阻形态出现在高价位区域或股价已经有了一段涨幅之后，则预示着股价可能将见顶回落，行情看淡，这时持股的投资者应该将手中的筹码变现，以使前期获利落袋为安。

下面来看一下大湖股份的案例，如图 6-27 所示。2021 年 8 月下旬，大湖股份出现了振荡反弹走势。2021 年 9 月 23 日—27 日，该股股价 K 线图上出现

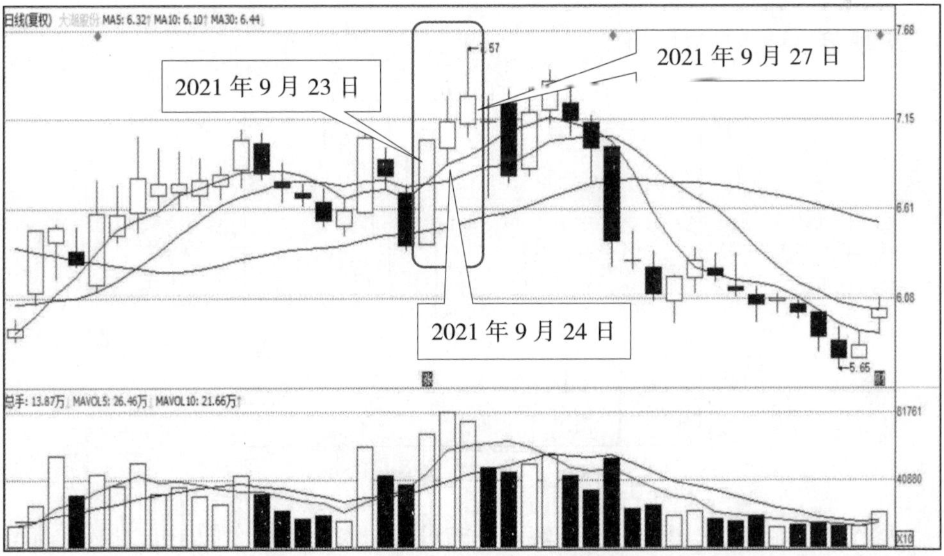

图 6-27　大湖股份（600257）日 K 线走势图

了上涨受阻形态。

2021 年 9 月 23 日，该股收出一根光头大阳线。

2021 年 9 月 24 日，该股又收出一根带影线的中阳线。

2021 年 9 月 27 日（25 日、26 日周末休市），该股出现一根上影线非常长的小阳线。

在这三个交易日中出现的阳线呈现逐渐变小的趋势，共同构成了上涨受阻形态。由于当时股价已处于反弹相对高位，所以持币的投资者不应盲目介入，持股的投资者可以在第二天卖出部分股票，轻仓观望。

此后，该股股价经过几个交易日的横向盘整后，重新进入下跌通道。

六、上涨停顿

上涨停顿又称上升停顿、升势停顿，根据名称就可以知道，它应该出现在上涨行情中。这一形态由三根阳线组成，先是拉出两根大阳线或中阳线，然后又收出一根小阳线，而且这根小阳线的实体明显要比前两根阳线的实体小得多。如图 6–28 所示。

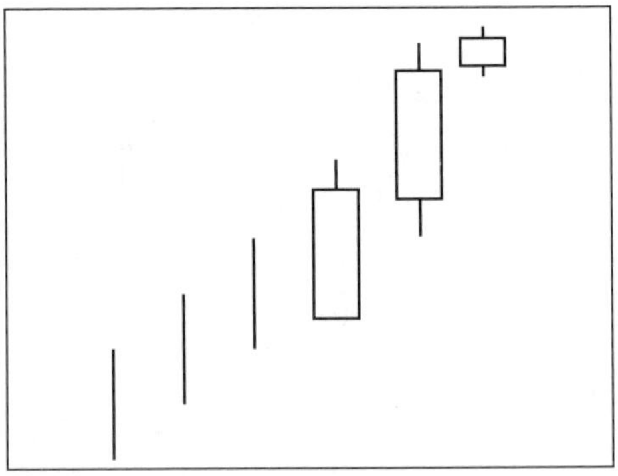

图 6–28　上涨停顿

上涨停顿是股价走势由上升转走平的过程，表明市场上做多的力量逐渐减弱，也侧面反映了空方正在蓄积力量。

其操作要点如下。

第一，上涨停顿是一种很明显的滞涨信号，该形态出现后，股价可能仍然上涨，也可能不久便进入盘整期或下跌轨道。由于行情存在不确定性，投资者最好结合其出现的位置和其他技术指标进行研判。

第二，上涨停顿虽然没有表现出强烈的反转意味，却也给投资者提示了危险警示。看到此形态后，持币的投资者应该谨慎介入，持股的投资者则必须保持警惕。

第三，持股的投资者还应随时观察后市变化，一旦行情发出反转信号，就应迅速离场。

下面来看一下东睦股份的案例，如图 6-29 所示。

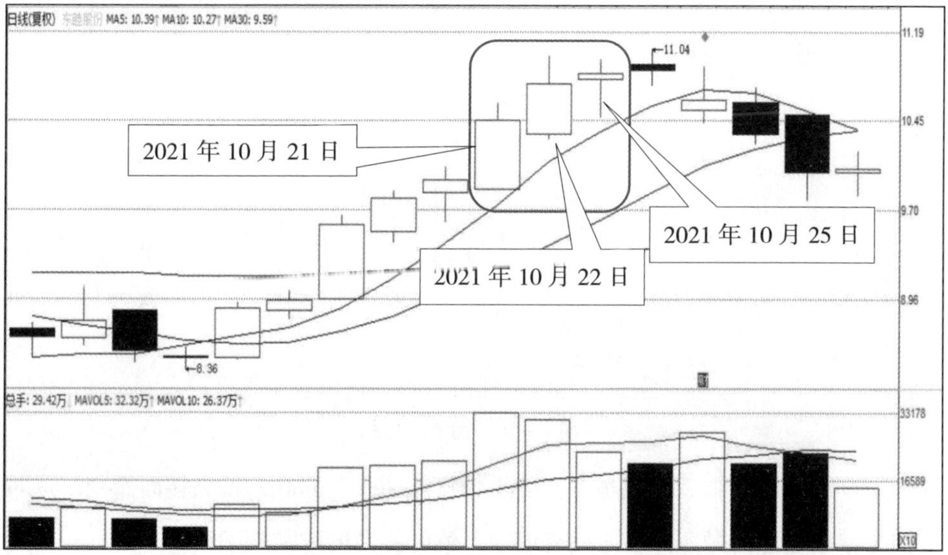

图 6-29　东睦股份（600114）日 K 线走势图

如图 6-29 所示，东睦股份在 2021 年 9 月底结束调整开始上升。该股股价经过一段时间的上涨后，在 10 月 21 日—25 日形成了上涨停顿形态。

2021 年 10 月 21 日，东睦股份收出了一根大阳线。

2021 年 10 月 22 日，该股以低于前一日收盘价的价格开盘，又收出一根中阳线。

2021 年 10 月 25 日，该股收出一根实体很小的小阳线。该阳线实体很小，隐藏在前一根阳线的上影线内部。

这三日的 K 线形态组成了上涨停顿形态，表示多方力量在逐渐减弱。看到这种情况，投资者不宜追涨买入，而持股的投资者则应继续观望。

此后，该股开始回调整理走势。

七、跛脚阳线

跛脚阳线又称阳线跛脚形，一般出现在上涨行情中，由三根或三根以上的阳线组成，其中最后两根阳线都是低开，且最后一根阳线的收盘价要低于前一日的收盘价。如图 6-30 所示。

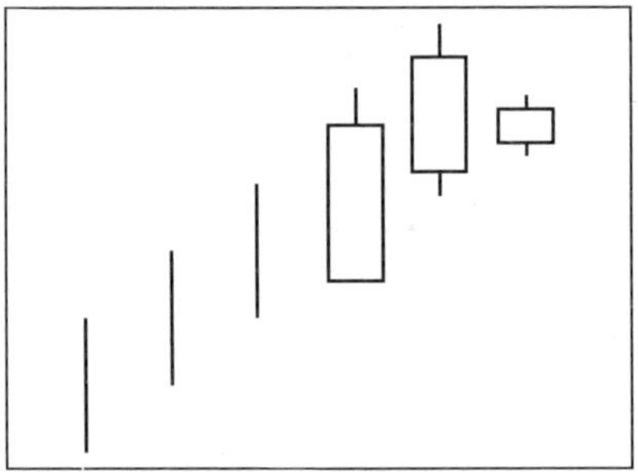

图 6-30　跛脚阳线

当连续收出阳线后，很多多头由于想将前期获利回吐，就会转而做空，这时上档会存在明显的抛压，多方只有退守，就可能会形成跛脚阳线。

其操作要点如下。

第一，跛脚阳线是一种滞涨信号，表示多方上攻乏力，空方却在聚集力量准备反攻。因而，出现此形态后，持币的投资者最好不要盲目介入，持股的投资者则应减仓或清仓。

第二，如果踱脚阳线出现在一段较大的涨幅之后，则看空信号更为可靠。这时投资者应该卖出手中的股票，将前期获利落袋。

第三，踱脚阳线形态中的最后一根阳线具有非常重要的研判意义，其上影线越长，说明做空的力量越强；其实体越小，收盘价越低，则后市下跌的可能性就越大。

下面来看一下永泰能源的案例，如图 6-31 所示。

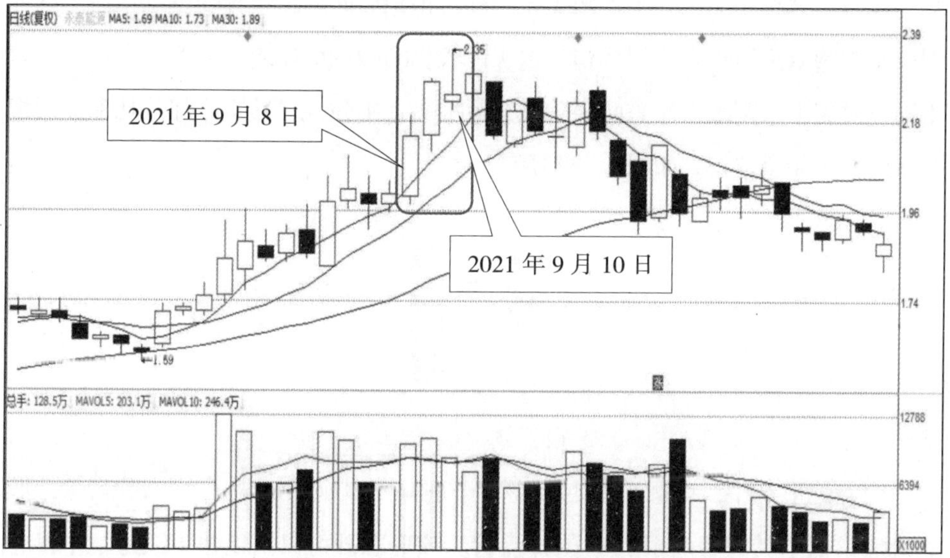

图 6-31　永泰能源（600157）日 K 线走势图

如图 6-31 所示，永泰能源自 2021 年 7 月初开始了新一轮的上涨。2021 年 9 月 8 日—10 日，仍处在上升行情中的永泰能源的日 K 线图上出现了踱脚阳线形态。

2021 年 9 月 8 日，永泰能源收出一根大阳线。

2021 年 9 月 9 日，该股以前日收盘价开盘，然后转而向上，最后收出一根大阳线，但与前一日阳线相比略短。

2021 年 9 月 10 日，该股低开，收出一根上影线很长的小阳线，收盘价低于前一日的收盘价。

这三日的 K 线形态组成了跛脚阳线形态。该形态是滞涨信号，表示多方力量已经衰弱，空方却在聚集力量准备反攻。因此，投资者应当在该形态完成后的次日（9 月 13 日）逢高卖出股票，以规避风险。

八、空方炮

空方炮又称两阴夹一阳、两黑夹一红，根据后面的两种称呼可以知道，这种形态是由两根实体较大的阴线和一根实体较小的阳线组成的，三者的中轴基本处于同一位置上，阳线被左右两根阴线紧紧地夹在中间，且其实体部分几乎被两根阴线的实体完全覆盖。如图 6−32 所示。

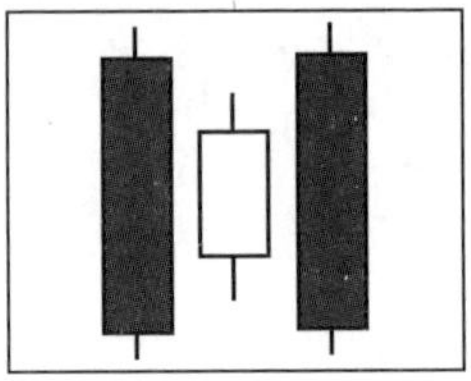

图 6−32　空方炮

空方炮形态中，中间阳线的开盘价一般高于其前后两根 K 线的收盘价，收盘价通常低于其前后两根 K 线的开盘价。该形态既可以出现在下跌行情中，也可以出现在上涨行情中。

空方炮形态并不表示空方占据优势，一直压制着多方，股价必然连连下跌。它的指示意义还需要根据具体的位置来进行研判，毕竟任何形态都不代表必然，空方炮也有哑火的时候。

其操作要点如下。

第一，空方炮常出现在庄家出货的过程中，因此，当这种形态出现时，只要不是在低价位区域或大幅度下跌之后，就有强烈的看跌意义，投资者应降低仓位或清空仓位，以免被套牢。

第二，在上涨行情，尤其是大幅上涨之后出现空方炮形态，表示空方开始向多方开炮，走势应在多空双方的激战后发生变化，股价会停止上升的脚步或见顶回落。这时投资者应将手中的股票迅速卖出，坚决做空。

第三，在下跌初期或下跌途中出现空方炮形态，是中继信号。股价经过短暂休整后可能会继续下跌，这时持币的投资者最好不要介入，持股的投资者应果断杀跌。

第四，在低价位区域或股价已经大幅下跌之后出现空方炮形态，投资者不宜再割肉止损，因为这种空方炮有可能是庄家为了吸筹而设置的空头陷阱，股价之后或将进入盘整或上涨行情。当反转信号出现，投资者可以买入股票，弥补之前的损失。

第五，当空方炮的三根 K 线呈现下跌趋势时，看跌信号更明显。阴线的开盘价越低，阳线的实体越小，空方炮看跌的可靠性越强。与多方炮不同的是，成交量对于空方炮的信号强度影响并不大。

下面来看一下宁沪高速的案例，如图 6-33 所示。

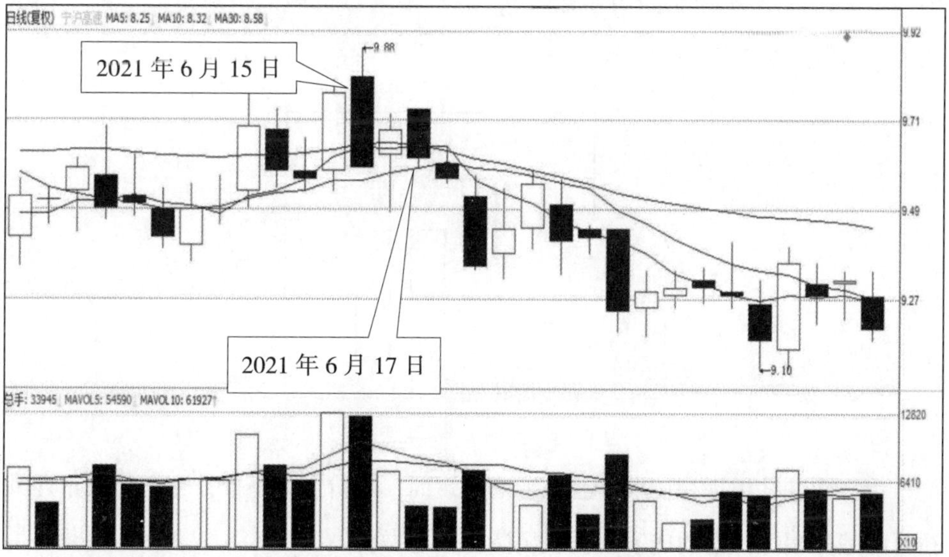

图 6-33　宁沪高速（600377）日 K 线走势图

如图 6-33 所示，宁沪高速从 2021 年 5 月底开始了一波振荡反弹行情，在反弹至高位区间的 6 月 15 日—17 日，该股出现了空方炮形态。

2021 年 6 月 15 日，宁沪高速高开，股价略微上移之后便一路走低，收出一根大阴线。

2021 年 6 月 16 日，该股在前日收盘价上方开盘，收出一根实体较小的阳线，全天涨幅仅为 0.94%

2021 年 6 月 17 日，该股跳空高开，然后一路向下，收出一根光头中阴线。

这三个交易日形成的“两阴夹一阳”形态便是空方炮。这种形态在下跌行情中出现，是中继信号，后市继续看跌。因此，空仓的投资者应以持币观望为宜，持股的投资者可在第三根阴线形成的当日进行停损，也可在次日逢高卖出。

九、倒三阳

倒三阳又称假三阳，往往出现在下跌行情或盘整结束时，由三根连续低开的阳线组成，其走势如同三根阴线一样，后一根 K 线的收盘价总是低于前一根 K 线的收盘价。如图 6-34 所示。

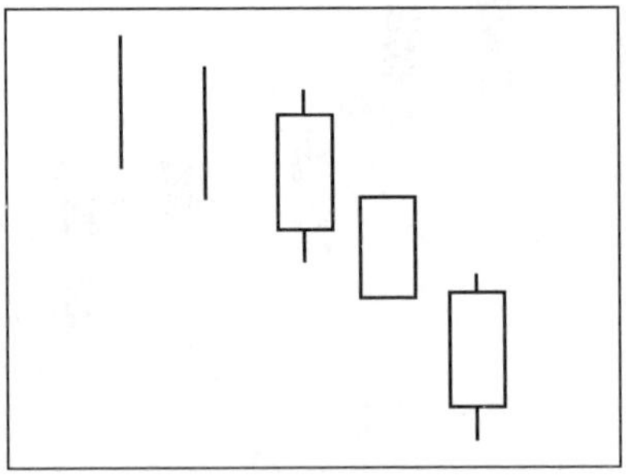

图 6-34　倒三阳

倒三阳往往出现在庄股中。该形态出现时，股价连续下挫，完全与正常连续拉升的趋势相悖，说明庄家为骗线出货在刻意做盘。

其操作要点如下。

第一，倒三阳出现在盘整结束或下跌初期，意味着股价将走上下行通道，具有强烈的看跌意义。看到此形态后，投资者不能被表面的阳线迷惑，应该果断将仓位清空。

第二，出现倒三阳的时候，如果成交量也同步放大，说明庄家正加紧出货，其看跌意义更为明显，投资者更应该及早离场，以免被庄家“绑架”。

下面来看一下中青旅的案例，如图 6-35 所示。

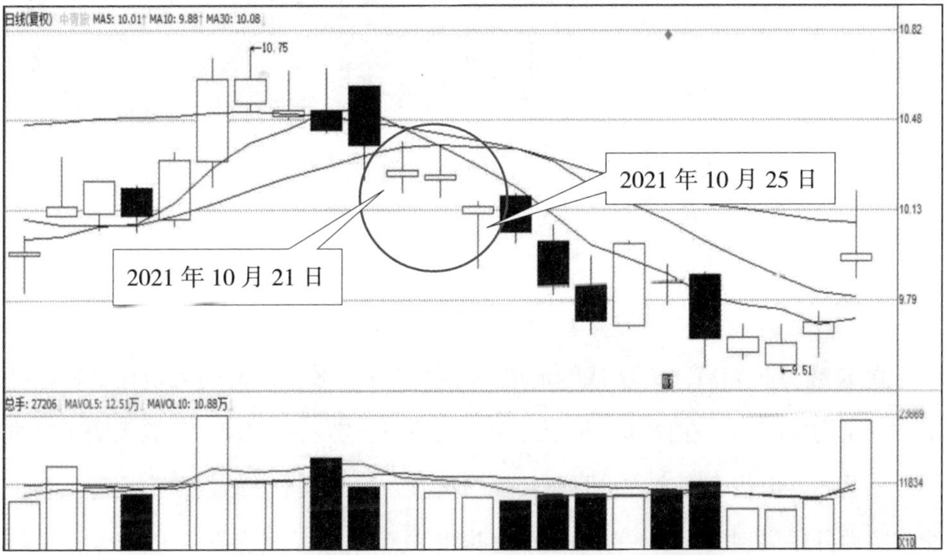

图 6-35　中青旅（600138）日 K 线走势图

如图 6-35 所示，中青旅从 2021 年 9 月中旬开始进入振荡下行通道。在一波反弹结束时，2021 年 10 月 21 日—10 月 25 日，该股的 K 线图上出现了倒三阳形态。

2021 年 10 月 21 日，中青旅的股价跳空低开，最终小幅上涨，但又没有向上突破前日收盘价，形成了第一根假阳线。

接着，10 月 22 日、25 日，该股连续低开高走，都收出假阳线，且这两根阳线都带有较长的上影线，表明上档卖压沉重。

这三日所形成的 K 线组合便是倒三阳形态，是庄家为了出货而释放的烟雾弹，说明股价将进入跌势。投资者应放弃对阳线的盲目崇拜，迅速卖股抽身。

十、顶部三星形态

顶部三星形态与黄昏之星形态的构成十分相似，也是由具有反转意味的三根 K 线所组成的，只是三根 K 线的实体都很小，近似十字线形态，如图 6-36 所示。

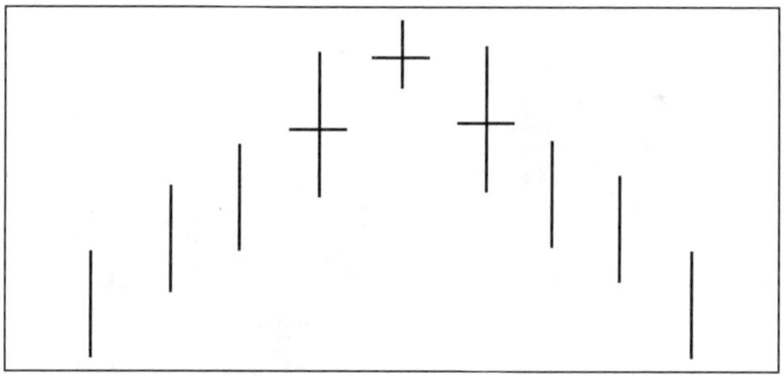

图 6-36 顶部三星形态

在 K 线分析领域，十字线的形成，往往意味着多空双方的力量在某种程度上达到了均衡状态。在顶部三星形态中，前两根十字线的出现，尽管表明了空方的打压意愿，但也表明多方仍具备较强的实力。第三根十字线的跳空出现，则是空方实力开始显现的标志，未来看跌意味较浓。

顶部三星形态的交易含义如下。

第一，从整个股价运行态势来看，顶部三星具有明确的行情转向意味，未来具有较强的看跌意义。

第二，在顶部三星形态中，第二根十字星线与第一根、第三根十字星线的跳空距离越大，说明多方动能的释放越彻底，未来股价下跌的概率越大。

第三，在具体的实战分析中，允许十字星线存在一定的实体，只要实体不是太大，就不影响对该形态的判断。

第四，顶部三星形态的最高点是投资者入场后重要的参照标准，一旦股价不跌反涨，当其突破顶部最高点时，可执行补仓操作。

下面来看一下贵广网络的案例，如图 6–37 所示。

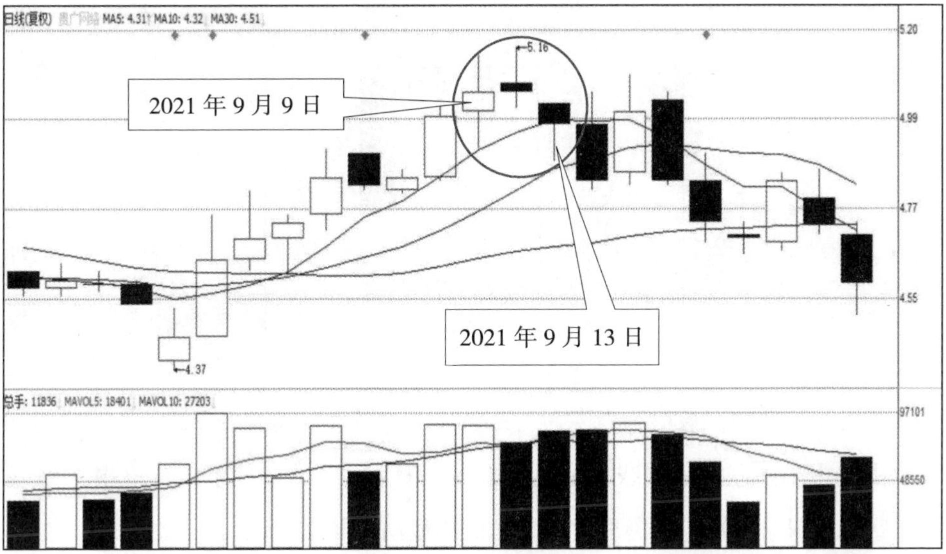

图 6–37　贵广网络（600996）日 K 线走势图

如图 6–37 所示，在反弹行情末期的 2021 年 9 月 9 日、10 日和 13 日这三个连续的交易日里，贵广网络的 K 线图上形成了顶部三星形态。

2021 年 9 月 9 日，贵广网络的股价收出一根高位十字星线，说明多方尽管占据优势，但空方已经开始了反击。

2021 年 9 月 10 日，该股向上小幅跳空高开，并收出一根十字星，表明多空双方你争我夺，行情具有不确定性。

2021 年 9 月 13 日（11 日、12 日休市），该股跳空低开收出一根小阴实体的锤子线，说明空方已经在这场争斗中取得了主动权。

这三根 K 线共同组成了顶部三星形态，投资者应在 9 月 14 日这一天离场。

十一、顶部镊子线

顶部镊子线由在顶部区域出现的两大一小三根K线组成，因其形态像夹着一块小东西的镊子而得名，如图6-38所示。

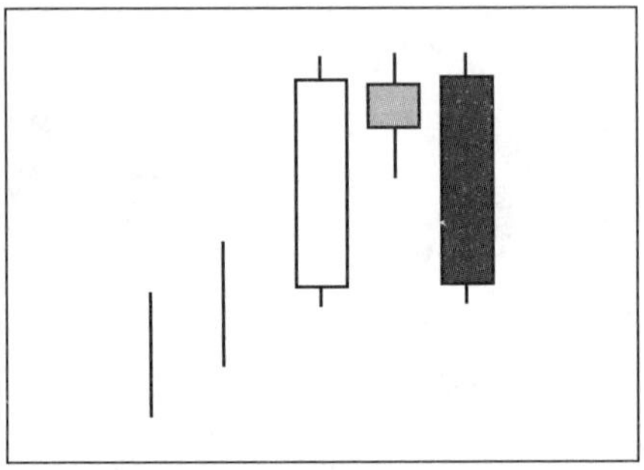

图6-38　镊子线

在上涨行情中，该形态表现为，先是收出一根大阳线或中阳线，然后紧随其后收出一根小阳线或小阴线，最后又收出一根大阴线或中阴线，这三根K线没有上影线或只有很短的上影线，而且它们的最高价非常接近。

其操作要点如下。

第一，镊子线的出现，说明股价在上涨过程中遇到了很大的阻力，多空双方的力量对比正在发生变化，因而该形态一般被视为转势信号。

第二，当镊子线出现在上涨行情中，表示多方在拉升股价时受到了空方的顽强抵抗，多方的主导地位或将易主，行情有见顶或阶段性见顶的可能，是卖出信号。投资者可卖出部分股票，轻仓观望。

第三，镊子线形态中的第二根K线的实体越小，第三根K线的实体越大，则反转信号越可靠。

下面来看一下天宸股份的案例，如图6-39所示。天宸股份自2021年7月启动了振荡上升走势。2021年8月6日—10日，该股出现了顶部镊子线形态。

2021年8月6日，天宸股份的股价低开高走，收出一根大阳线。

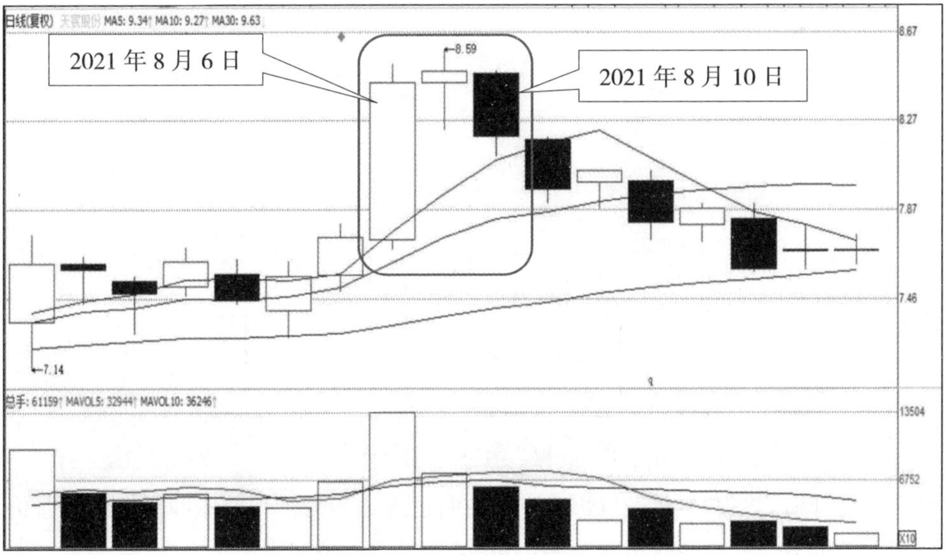

图 6-39 天宸股份（600620）日 K 线走势图

2021 年 8 月 9 日，该股在前日收盘价附近开盘，收出一根实体非常小的小阳线。在前一交易日大幅下跌的基础上出现的单根小阳线，并不足以构成入场买入信号，投资者需要继续保持关注。

2021 年 8 月 10 日，该股平开，收出一根大阴线。

这三日的 K 线组合便是顶部镊子线形态。此后，该股股价出现了振荡下跌走势。

十二、高位跳空三连阳

高位跳空三连阳又称三空阳线、连续跳空三阳线，出现在上涨行情的尾端，由三根连续跳空上涨的阳线组成。这三根阳线可能有上下影线，也可能没有，但前后两根 K 线实体之间必须有明显的跳空。如图 6-40 所示。

跳空三连阳形态虽然表现为多头气盛，但可能是多方由盛转衰的分界点。俗话说，“一鼓作气，再而衰，三而竭”，当多方用尽了全力的时候，也是空方趁

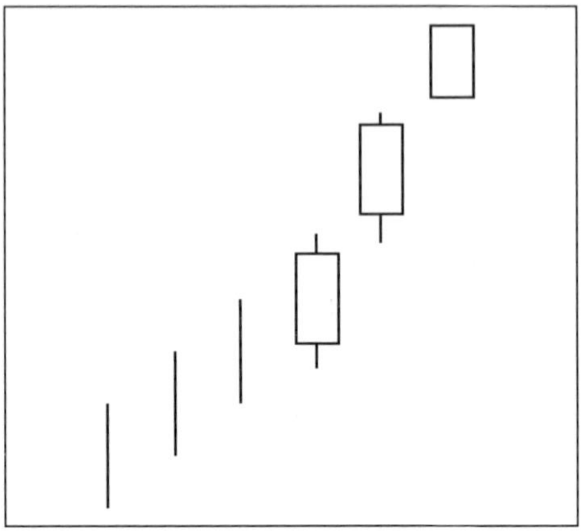

图 6-40　高位跳空三连阳

机反攻的时候。空方力量一旦爆发，多方就已无力应对，只能眼睁睁地看着股价回落，这也正印证了“股价跳三空，气数已尽”的说法。

跳空三连阳表面上虽然是多方力量凸显的强势形态，却是滞涨信号，预示着多空双方的力量对比将发生变化。

其操作要点如下。

第一，在上涨途中出现跳空三连阳是非常危险的信号，预示着股价将见顶或阶段性见顶，投资者见到此形态后的次日应该实施减仓操作。如果股价在后市出现掉头向下、连续下跌的走势，那么投资者应将手中的股票悉数变现。

第二，在跳空三连阳形态出现之前，股价需要有一段明显的上涨行情。之前的股价涨幅越大，看跌信号的意义越显著。

第三，如果第三根阳线带有很长的上影线，说明上档抛盘严重，看跌意义更为明显；如果三根阳线的实体逐渐减小，即呈现上涨受阻形态，那么发生转向的可能性将增大。

第四，如果在股价上涨初期出现与之类似的形态，则不能看作是跳空三连阳，只能看作是红三兵或上涨三连阳来操作。

下面来看一下华阳股份的案例，如图 6-41 所示。

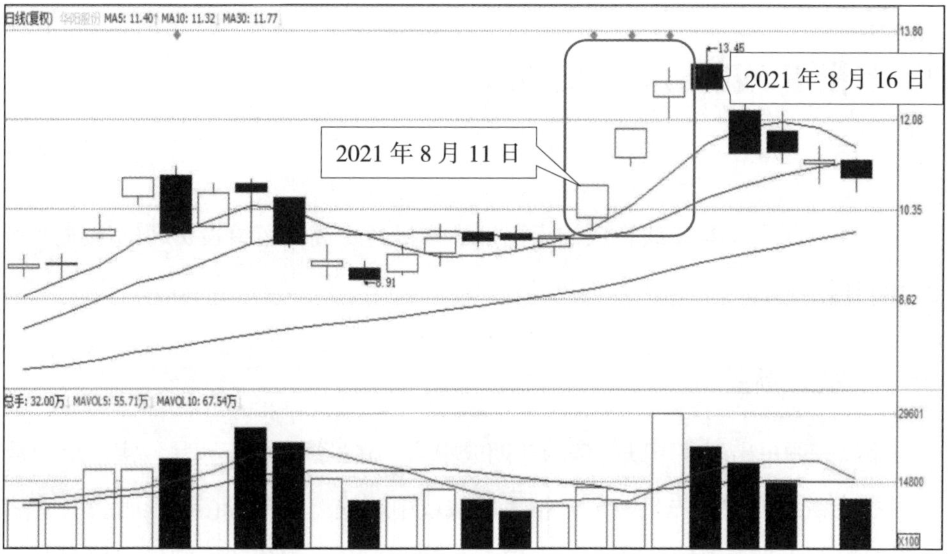

图 6-41　华阳股份（600348）日 K 线走势图

如图 6-41 所示，2021 年 8 月 11 日—13 日，华阳股份的 K 线图上出现了跳空三连阳形态。

2021 年 8 月 10 日，华阳股份收出一根小阳线，此时还难以判断股价未来的方向。

2021 年 8 月 11 日、12 日、13 日，该股连续三个交易日跳空高开，形成了高位跳空三连阳形态，且第三根阳线出现时，伴随着长长的下影线和成交量的放大，说明主力资金已经开始离场。

这三日所形成的 K 线组合便是跳空三连阳形态，是一种短期看跌信号，激进的投资者可以选择在次日（8 月 16 日）适量卖出。

第三节
多根 K 线的 8 个卖出形态

相对而言，多根 K 线构成的卖出形态准确性更高，留给投资者的出逃时间也相对比较充分。

一、下跌三颗星

下跌三颗星出现在下跌趋势的初期或中期，它虽然名为三颗星，实际上却是由四根 K 线组成的。先是收出一根大阴线或中阴线，紧接着在这根阴线的下端出现三根实体非常小的 K 线，这三根小 K 线可以是小阳线或小阴线，也可以是十字线。如图 6-42 所示。

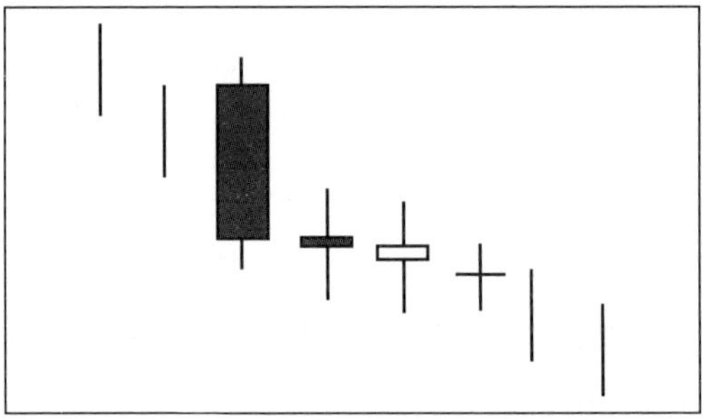

图 6-42　下跌三颗星

下跌三颗星往往在强势下跌的初始阶段或中途出现，是一种下跌中继形态，不影响股价的下跌趋势。

其具体操作要点如下。

第一，当 K 线图上出现下跌三颗星时，表明市场买卖意愿不强，股价仍有继续下探的空间。投资者应尽早抽身，让自己置身于局外。

第二，需要注意的是，如果在深跌后的低价位区域出现与之类似的形态，则是底部三颗星，是股价见底信号。如果其中的第一根阴线与第二根星线之间有大幅度的跳空，形成了一定的缺口，则为跳空下跌三颗星，见底信号更为强烈。这时，投资者不能将其按照下跌三颗星操作，而应该冷静观察，等待其他信号的出现。

下面来看一下空港股份的案例，如图 6-43 所示。

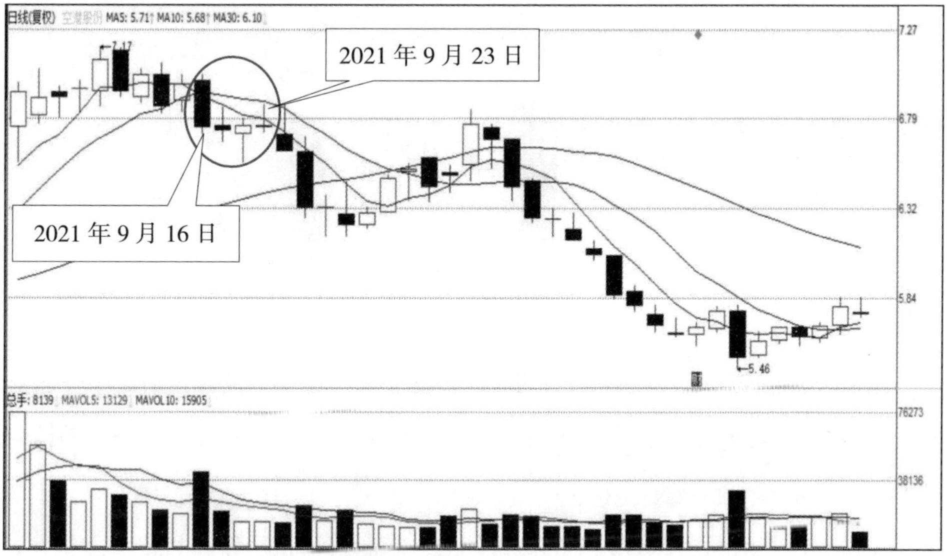

图 6-43　空港股份（600463）日 K 线走势图

如图 6-43 所示，空港股份在 2021 年 9 月 10 日开启了一轮下跌行情，在下跌初期的 2021 年 9 月 16 日—23 日这四个连续的交易日，形成了下跌三颗星形态。

2021 年 9 月 16 日，空港股份的股价收出一根中阴线。

2021 年 9 月 17 日、22 日、23 日（18 日—21 日为中秋节假期休市），该股在中阴线的下端位置，连续收出三根小星线。

这四根 K 线共同组成了下跌三颗星形态。这时，持股的投资者应做好离场准备，及时卖出股票。

二、下降三法

下降三法又称三阳做客、下降三步曲，通常出现在下跌行情中，由两阴三阳 5 根 K 线组成；先是收出一根大阴线或中阴线，然后连续出现三根小阳线（其中可能有十字线），但这三根小阳线都没有向上突破前面那根阴线的最高价，最后又拉出一根大阴线或中阴线。如图 6-44 所示。

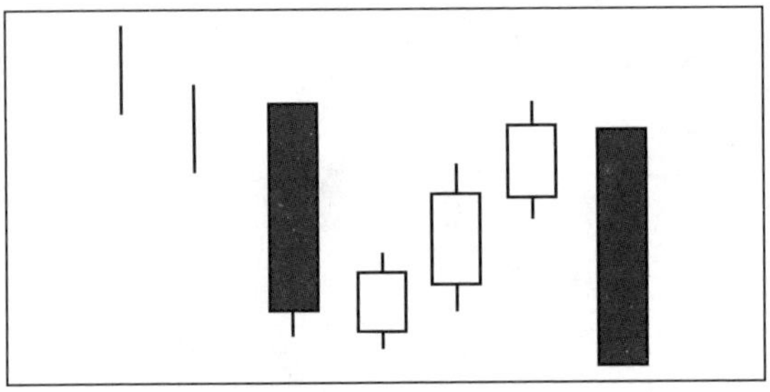

图 6-44　下降三法

下降三法形态中，三根小阳线的收盘价都在第一根阴线的开盘价之下，而最后一根阴线的收盘价应低于第一根阴线的收盘价，从而一举吞没了三根小阳线的涨幅。

下降三法是股价下跌过程中的短暂休息，暗示行情在稍作调整后还会继续下行，因而是一种持续形态。

其操作要点如下。

第一，下降三法表示空方没有失去主导地位，依然保持着强势，是看跌信号。投资者看到这种形态后，应保持持币观望状态，仍持有股票的投资者应果断割肉止损。

第二，当在下跌过程中出现三根连续的小阳线（红三兵），极有可能是庄家使用的障眼法，投资者不要轻易认为行情将反转而买入股票，这样可能会被套在半空。相反，持股的投资者可以趁机逆市卖出。

第三，最后一根阴线的实体越大，表明后市下跌的力度将越大。不过，下降三法与成交量之间没有太大的关系，只要该形态出现，不管是放量还是缩量，都是强烈的看跌信号。

第四，如果三根小阳线突破了第一根阴线的最高价，或者最后一根阴线不能击穿第一根阴线的收盘价，则下降三法形态不能成立。

下面来看一下财通证券的案例，如图 6-45 所示。

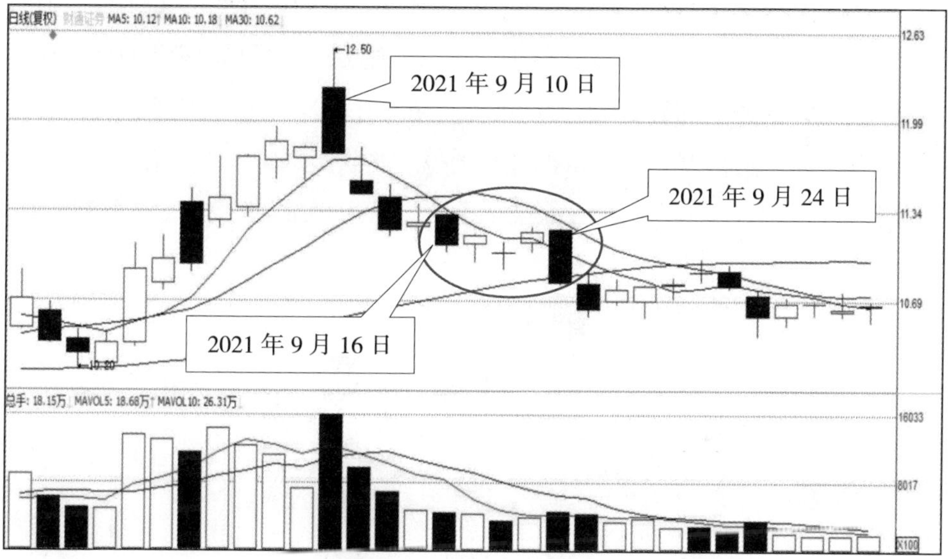

图 6-45　财通证券（601108）日 K 线走势图

如图 6-45 所示，财通证券从 2021 年 9 月 10 日开始进入了下跌行情。2021 年 9 月 16 日—24 日，该股出现下降三法形态。

2021 年 9 月 16 日，财通证券的股价收出一根中阴线。

2021 年 9 月 17 日，该股连续收出小阳线。9 月 22 日（18 日—21 日为中秋节假期休市），该股收出一根十字线。9 月 23 日，该股再度收出一根小阳线。不过，这几根阳线和十字线都未能突破 9 月 16 日的开盘价。

2021 年 9 月 24 日，该股又出现一根大阴线，且其收盘价低于第一根阴线的收盘价。

这五个交易日所形成的 K 线组合就是下降三法，该形态是明显的中继信号，表示股价将继续下跌。看到这种形态后，持币的投资者应继续观望，持股的投资者应果断斩仓。

三、空方尖兵

空方尖兵出现在下跌行情中，其形态表现为：股价在下跌时获得支撑，因而收出一根带有较长下影线的大阴线或中阴线；之后几个交易日，股价有所回升，但不久之后，空方重新聚集力量发动进攻，又拉出一根大阴线或中阴线，使股价跌到了下影线的最低点之下。如图 6–46 所示。

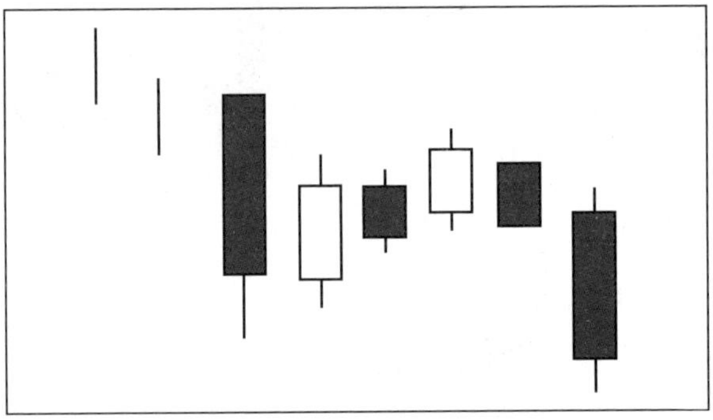

图 6–46　空方尖兵

空方尖兵形态中的 K 线数量一般为 4 ～ 15 根。第一根阴线的下影线部分，是空方在试探下档的承接能力，被人们视为“与多方深入接触的尖兵”，这也是“空方尖兵”称呼的由来。随后股价回升，将下档支撑力量全部暴露。当多方力量消耗得差不多时，空方便开始发动全面进攻，从而形成了最后那一根阴线。

空方尖兵形态常常出现在庄股中，是主力出货的一个很重要的手段。主力试探出支撑力量后，会通过股价波动陆续出货，然后再以大幅下跌的方式让众多散户没有逃脱的机会。

其具体操作要点如下。

第一，空方尖兵是一种行情将继续向坏的中继形态。对于投资者而言，看到此形态后，应该迅速将手中的股票卖出，以免被套。

第二，只有最后一根阴线的实体穿越了第一根阴线下影线的最低点，才能被视为空方尖兵。

第三，收出最后一根阴线的同时，如果伴随着成交量的放大，那么看跌信号更为强烈。

下面来看一下南京化纤的案例，如图 6-47 所示。

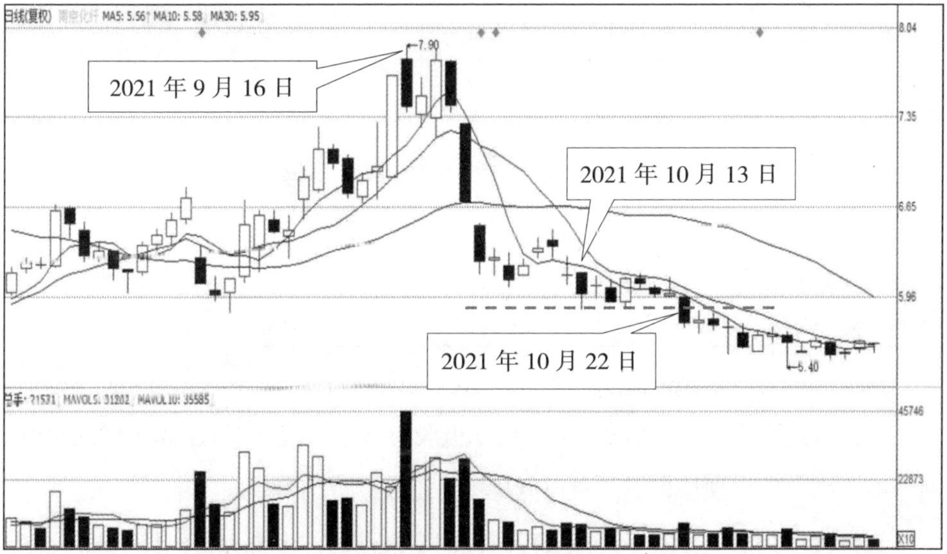

图 6-47　南京化纤（600889）日 K 线走势图

如图 6-47 所示，2021 年 9 月 16 日，南京化纤的股价达到短线高点后出现下跌走势。其后，该股股价经历了一波快速杀跌后企稳。

2021 年 10 月 13 日，南京化纤的股价低开，以一根带有较长下影线的中阴线结束了之前的小幅反弹。

其后的几个交易日，该股又收出了几根小阳线、小阴线，但整体上股价处于横向振荡态势。

10 月 22 日，该股以一根中阴线打破了之前的调整态势，且这天的收盘价低于 10 月 13 日的最低价，空方尖兵形态完成。

此后，该股再度进入下跌通道。

四、高位五连阴

高位五连阴又称高档五阴线，出现在上涨行情中，其形态表现为：在高价位区域连续出现 5 根（有时可能是 6 根或 7 根）阴线，其中多为小阴线。如图 6-48 所示。

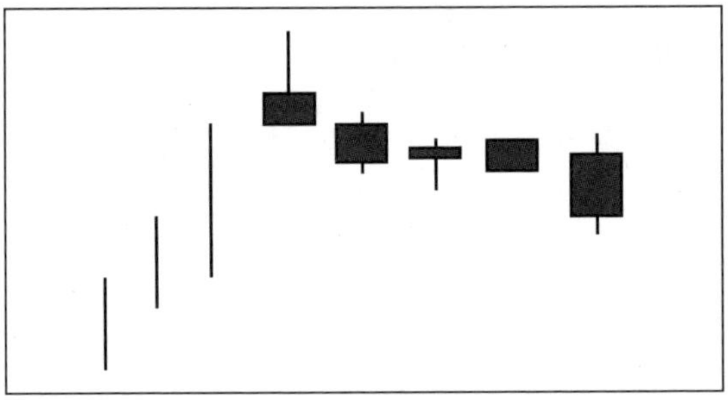

图 6-48　高位五连阴

高位五连阴形态尽管收出多根阴线，但股价整体跌幅并不大，属于横向整理。在深度上涨之后出现该形态，有可能是主力正在高位出货。

高位五连阴形态，表示经过一段时间的上涨之后，多方力量已经削弱，而上档存在较大的抛压，所以股价开始反转向下。这时一些多头又倒向空头，空方优势凸显，下跌更为明显。

其操作要点如下。

第一，高位五连阴可能为下跌行情拉开序幕，表示股价已经到了顶部或阶段性顶部，是强烈的卖出信号。该形态出现后，投资者应在次日逢高清空仓位，以规避股价跳水风险。

第二，在出现高位五连阴的同时，成交量逐渐萎缩，表示多方上攻无力，看跌信号更为可靠。

第三，在阴线中间可能夹杂着一两根十字线或小阳星，但这并不影响其作为高位五连阴来进行判断。

第四，高位连续出现阴线的数量越多，表明空方力量蓄积得越充分，股价向下破位后下跌的空间就会越大。

第五，高位五连阴经常包含其他表示看跌信号的 K 线组合，这不影响双方形态的可靠性。

第六，投资者需要查看该股的历史走势，一定要保证该形态处于高位或相对高位，否则不能按照高位五连阴来进行操作。

下面来看一下金瑞矿业的案例，如图 6-49 所示。

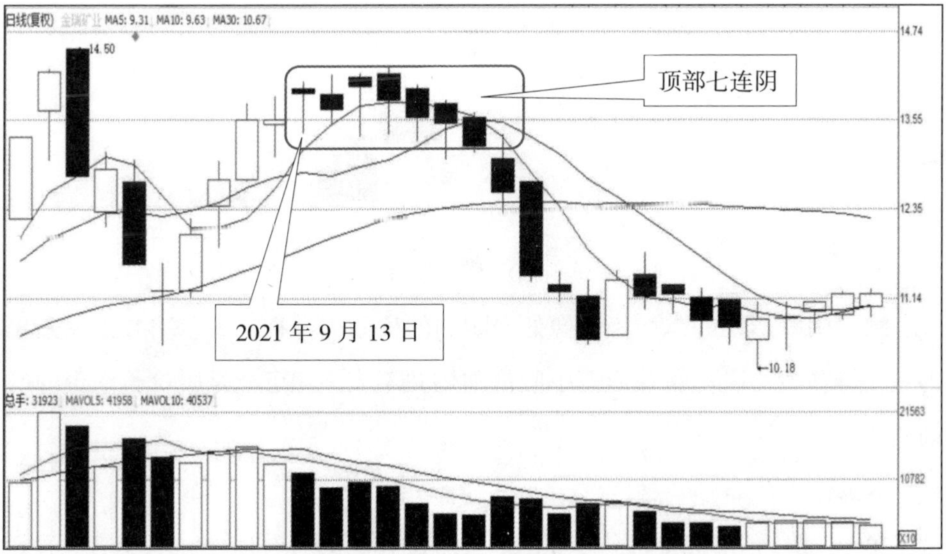

图 6-49　金瑞矿业（600714）日 K 线走势图

如图 6-49 所示，金瑞矿业从 2021 年 5 月开始一直处于上升期，从 2021 年 9 月 13 日开始，该股股价在顶部区域收出 7 根小阴线。

2021年9月13日，金瑞矿业的股价在之前连续上升的基础上，大幅跳空高开低走，并收出了一根小阴线。此后的数个交易日，该股股价在顶部区域收出多根小阴线（远远超过5根），形成了高位五连阴形态，这是强烈的看跌信号。看到这一信号，不论次日股价出现反弹还是继续下跌，投资者都应该逢高卖出股票。

此后，该股股价的下跌逐渐呈加速态势。

五、绵绵阴跌形

绵绵阴跌形通常出现在一段横盘整理的后期，由若干根小K线组成（一般不少于8根），其中以小阴线居多，也可夹着个别的小阳线和十字线，整个K线组合的排列呈微微向下状。如图6-50所示。

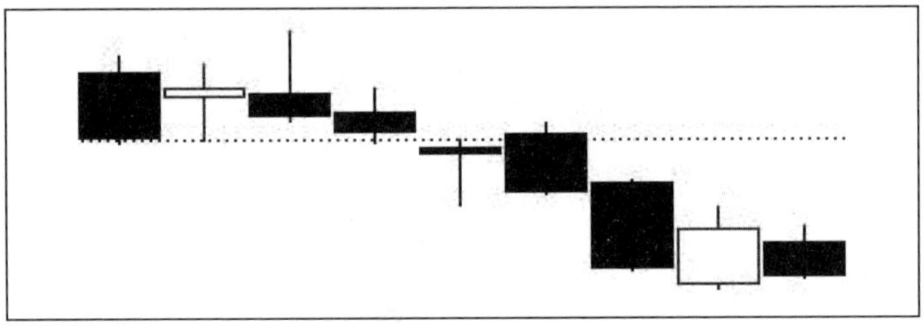

图6-50　绵绵阴跌形

绵绵阴跌形比喻市场行情像处于阴霾的梅雨天一样，表示空方正在聚集力量，准备发力。尽管该形态中股价跌幅并不大，却可能是股价长期走弱的前兆。

其操作要点如下。

第一，绵绵阴跌形是股价下跌的信号，表明熊市行情将继续。投资者一看到此K线组合就要及时卖出止损，以规避风险。

第二，绵绵阴跌之后，市场往往很难在短时间内恢复元气，因此，投资者要对这种形态保持高度警惕。

第三，在绵绵阴跌的过程中，如果出现下影线较长的 K 线或实体较大的阳线，表示下档承接力较强，投资者可以选择轻仓观望。如果该股之后破位下跌，则要迅速抛售出局。

下面来看一下祥鑫科技的案例，如图 6-51 所示。

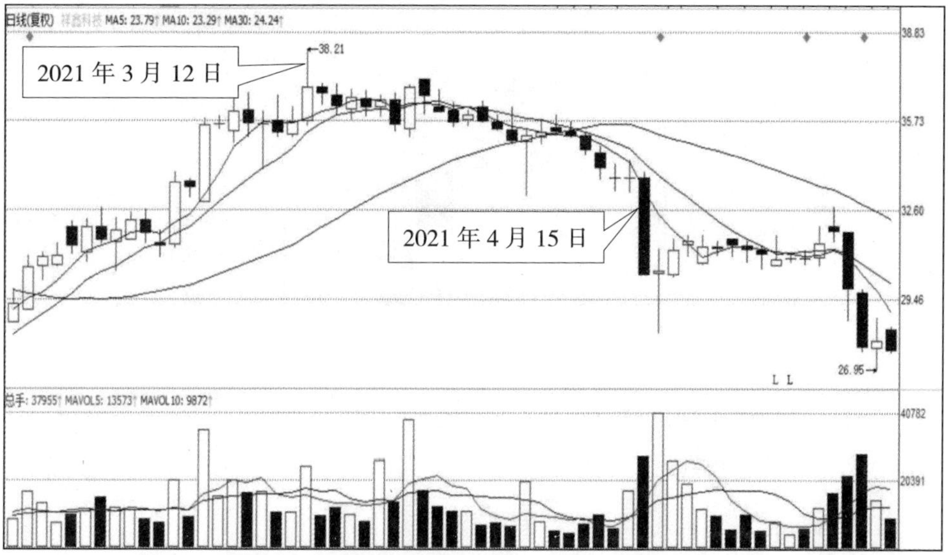

图 6-51　祥鑫科技（002965）日 K 线走势图

如图 6-51 所示，祥鑫科技的股价经过一轮上涨之后，在 2021 年 3 月 12 日触及短期高点后出现回调，并在 K 线图上留下一根带长上影线的阳线。

从 2021 年 3 月 12 日开始，该股连续出现多根 K 线，呈现出倾斜下降的状态，但总体跌幅并不大。不过这种不确定性也让许多多头转变成空头，促进了空方力量的凝聚。持股的投资者也应该跟进做空，最好在绵绵阴跌的过程中便将手中的股票悉数卖出。

2021 年 4 月 15 日，祥鑫科技以一根中阴线打破了之前的盘整格局，打开了股价继续向下的空间。这时，若投资者仍然持有该股，就应该马上卖出。

六、缓缓下跌形

缓缓下跌形由处于下跌行情初始阶段的多根 K 线组成，其形态表现为：先是连续出现几根小阴线，最后出现一两根实体较大的中阴线或大阴线。如图 6-52 所示。

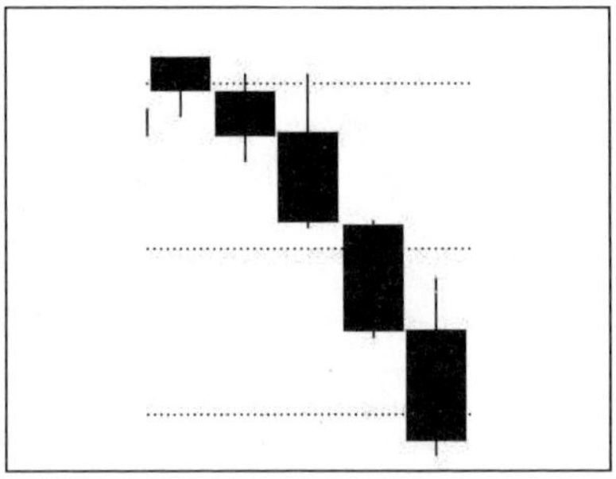

图 6-52　缓缓下跌形

缓缓下跌形的出现，说明空方力量正逐渐强大起来，股价的整体下降趋势基本确定，市场前景黯淡。

其操作要点如下。

第一，缓缓下跌形出现之后，后市可能会有一定的反弹，但并不会影响众人对股价将持续下跌的基本看法。投资者看到此形态后，应该积极做空。

第二，如果缓缓下跌形中最后一根或几根阴线有较长的下影线，则表明股价在下方获得一定的支撑，有短线反弹的可能。投资者可以先卖出部分股票，轻仓观望。之后如果股价出现回调，投资者可适时抛空剩余的股票，这样能减少部分损失；如果股价继续下跌，投资者应迅速斩仓出局。

第三，在众多的阴线中，可能夹杂着一两根小阳线或十字线，这并不影响其作为缓缓下跌形来进行研判。

第四，出现缓缓下跌形的同时，如果成交量也逐渐放大，则看跌的信号意义更为明显。

第五，缓缓下跌形中的最后两根阴线的实体越大，向下运动的幅度越大，后市下跌的空间就可能越大。

下面来看一下深高速的案例，如图 6-53 所示。深高速经过一段时间的上涨到达了相对高位。该股股价在高位盘旋了几日之后，2021 年 4 月 20 日以一根小阴线开启了下跌的序幕。

下跌初期的 2021 年 4 月 20 日—28 日，深高速的日 K 线图上出现了缓缓下跌形形态。逐渐变大的阴线表明空方力量在逐渐壮大，市场前景黯淡。这时，空仓的投资者应该继续持币观望，而持股的投资者应该及时将手中的股票变现。

2021 年 4 月 29 日，深高速的股价出现大幅下跌走势。其后，该股进入了振荡下跌行情。

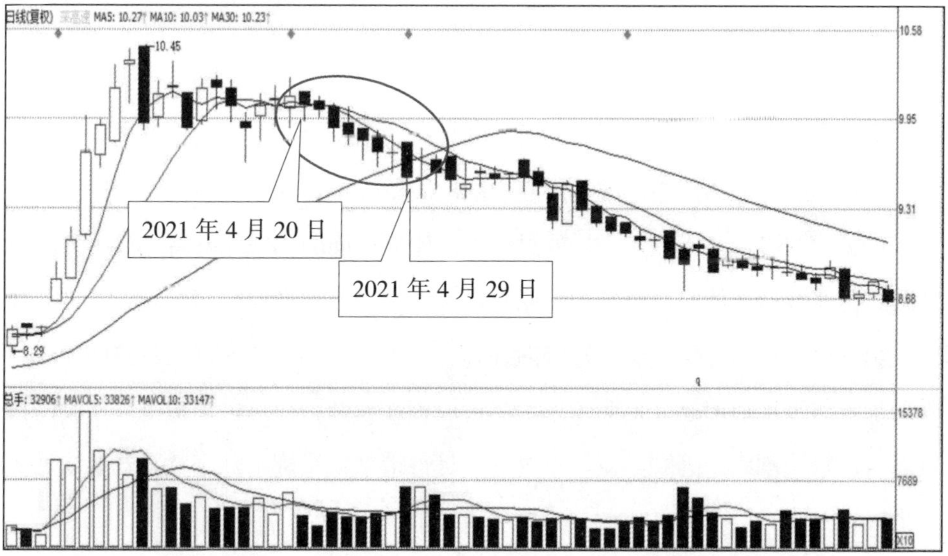

图 6-53　深高速（600548）日 K 线走势图

七、下跌不止形

下跌不止形出现在下跌行情中，由多根 K 线组成，其形态表现为：众多阴线中夹着个别阳线和十字线，整个 K 线组合的排列呈向下倾斜状，如图 6–54 所示。通常，该形态排列出的“斜线”与水平线的夹角应该大于 20 度。

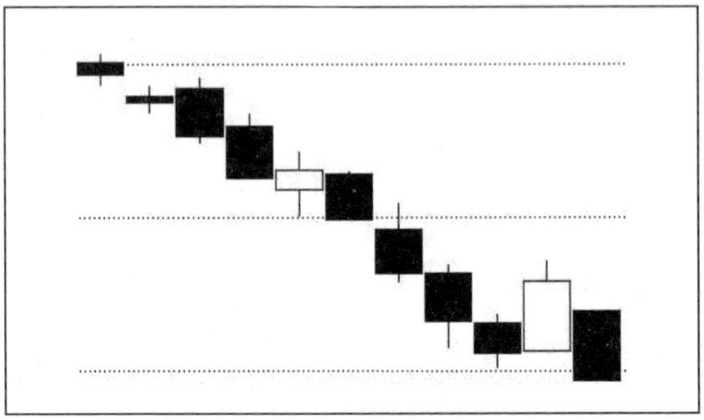

图 6–54　下跌不止形

下跌不止形的出现，表明空方始终占据着优势，股价呈现持续的下跌趋势，后市将继续看跌。

其操作要点如下。

第一，下跌不止形是最基本的看空信号，表示股价在短期内仍然会以下跌为主，投资者应该在该形态形成的过程中卖出股票，出局观望。

第二，在股价“下跌不止”的过程中，如果后面的阴线能够将之前出现的个别阳线迅速吞没，使股价重新回到原有轨道，则后市下跌的空间将更大。

第三，如果下跌不止形持续了较长时间，然后股价开始出现较大幅度的波动，脱离了下跌不止形形态，说明未来走势可能存在变数。在这种情况下，持股的投资者可以暂缓割肉，静观其变。不过，一旦行情重新呈现下跌态势，就要快速实施止损。

第四，在股价下跌时，如果成交量逐渐萎缩，甚至只有很少的成交量，就说明被套牢的投资者已经不愿割肉，股价不久之后或将出现反弹，投资者可等待其他信号出现再作判断。

下面来看一下中铁工业的案例，如图 6–55 所示。中铁工业在 2021 年 4 月中旬由下跌行情转为振荡整理。2021 年 6 月 29 日，该股以一根高开的中阴线使股价重新走向下跌的轨道。

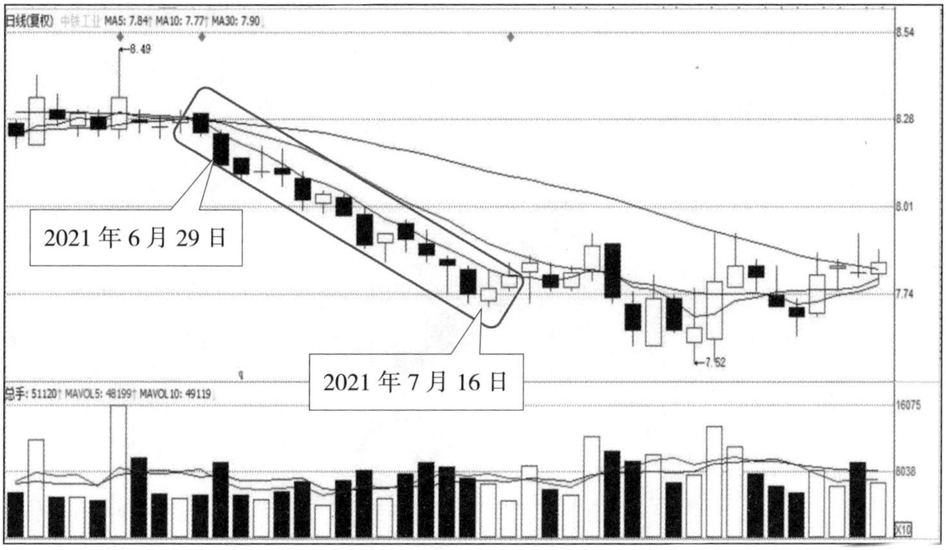

图 6-55　中铁工业（600528）日 K 线走势图

2021 年 6 月 29 日—7 月 16 日，该股的 K 线排列呈现向下倾斜的下跌不止形形态，说明空方依旧是市场中的主导力量，投资者应该在该形态形成过程中果断斩仓。

此后，该股股价进入横向振荡行情，说明股价可能在重新选择突破方向。投资者可保持对该股走势的关注。

八、加速下跌形

加速下跌形又称下跌加速线，通常出现在下跌行情中。其形态表现为：先是股价缓慢下跌，然后下跌的速度越来越快，跌幅也越来越大，接连收出中阴线或大阴线。如图 6-56 所示。

通过对股价历史走势的观察可以发现，加速下跌形既有可能是转势信号，也有可能是表示下跌行情仍将继续的中继信号。

加速下跌形通常出现在一个缓慢下滑走势之后，表示空方正在发动猛攻，释放动能。该形态出现后，股价的下跌态势将放缓，也有可能进入调整或反弹行情。

其操作要点如下。

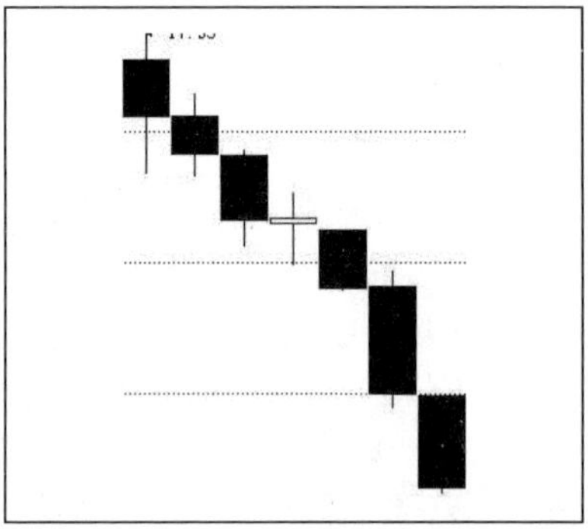

图 6-56 加速下跌形

第一，加速下跌形的最后几根中阴线或大阴线，会消耗掉空方很多能量，可能会使股价进入横盘阶段。如果股价止跌企稳，那么持股的投资者不宜再盲目割肉，而持币的投资者应该等筑底成功后建仓。

第二，出现加速下跌形后，如果股价依旧跌跌不休，没有走出下跌通道，投资者应该果断止损。

第三，出现加速下跌形之前，股价的下跌幅度越大，止跌信号的可靠性就越强。

下面来看一下海螺水泥的案例，如图 6-57 所示。海螺水泥的股价经过一段时间的下跌后，在 2021 年 5 月跌势趋于平缓。不过，2021 年 6 月 9 日，该股跳空高开收出一根阴线后，再度开启了新一轮的下跌行情。2021 年 6 月 9 日—6 月 21 日，该股的日 K 线图上出现了加速下跌形形态，投资者不宜入场。

此后，该股股价经过一段时间的休整后，又重新进入下跌通道。

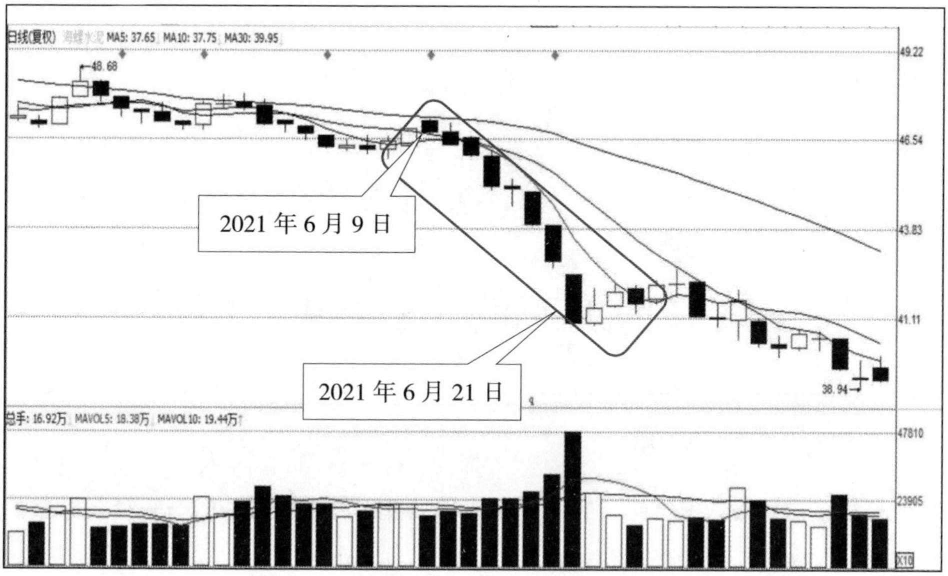

图 6-57 海螺水泥（600585）日 K 线走势图

第七章

K 线经典形态的 13 个买入信号

K 线在振荡整理过程中，特别是在底部盘整过程中所形成的一些经典形态，往往能够起到很好的买入指示作用。

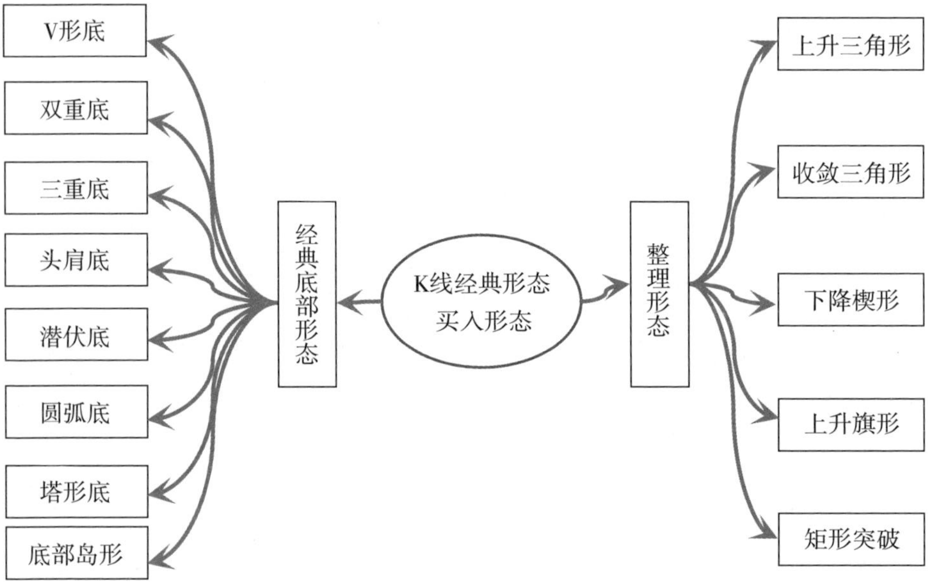

图 7-1　K 线经典形态买入信号知识导图

第一节 底部经典的 8 个买入形态

相对而言，经典底部形态的看涨指示作用是非常强烈的，也是投资者在操盘时最需要关注的一类形态。

一、V 形底

V 形底又称尖底，出现在一段下跌行情的末尾。其形态表现为：股价先是经过一段快速下跌行情，下跌到一定幅度后掉头向上，又开始了一段快速上涨行情，从而形成了一个形状像英文字母“V”的底部走势。如图 7-2 所示。

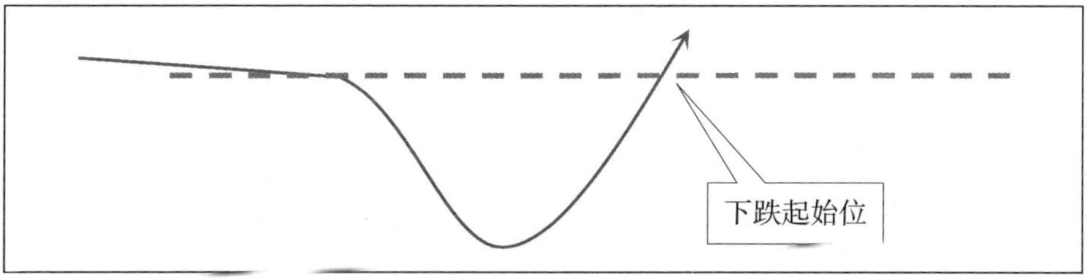

图 7-2 V 形底

V 形底可谓神出鬼没，虽然极为常见，却是最难判断的一种底部形态。该形态的形成经历了这样的过程：一开始空方力量很强，同时引发恐慌性抛盘，使股价连续下挫；当空方力量得以充分释放之后，盘面变得轻盈了许多，成交量也萎缩到了极点，这时多方开始发力，并完全控制了市场，从而使股价一路回升，迅速收复了失地。

V 形底的出现往往源于突发性的利好消息，因而判断也较为困难，但不可否认的是，它是一个较为强烈的底部信号，所以，投资者需要高度关注，有效把握。

其操作要点如下。

第一，当股价已经下跌了一段时间后，出现 V 形底形态，则反转信号的可靠性较高，投资者可以在底部放量反弹时积极买进，但要控制好仓位。

第二，V 形底的下跌起始位（即股价开始加速下跌筑底的启动点位），是一个非常重要的位置，只有股价向上突破了该线，才能认定股价筑底成功，投资者才可以追涨。

第三，参照 V 形底形态买入购票的投资者，应该将止损位设定在 V 形底的底端。一旦股价跌破这一位置，说明上涨趋势被破坏，投资者应该果断止损离场。

第四，在 V 形底形成的过程中，股价上涨的同时，会伴随着成交量的明显放大。成交量越大，看涨信号就越强烈，之后上涨的空间就越大。

第五，有些情况下，股价的筑底会出现一定的反复，特别是股价从 V 形底区域走出后，可能会在下跌起始位附近出现一定的盘整，这与很多短线获利盘的兑现出局以及先前的套牢盘出货有关。待股价完成整理后，继续上升的幅度可能会更大，如图 7-3 所示。

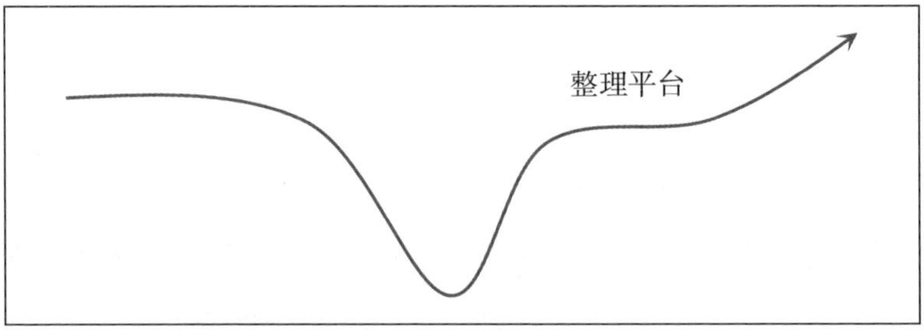

图 7-3　V 形底的整理形态

下面来看一下中利集团的案例，如图 7-4 所示。2021 年 4 月—5 月，中利集团的日 K 线图上出现了 V 形底形态。

中利集团的股价从 2021 年 3 月开始下跌，到 2021 年 4 月中旬进入振荡整理阶段。

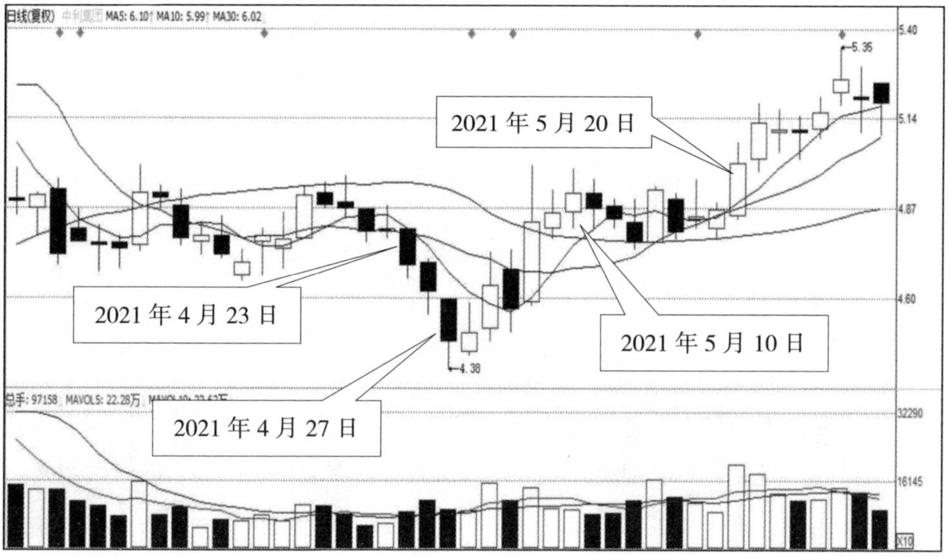

图 7-4　中利集团（002309）日 K 线走势图

2021 年 4 月 23 日，该股收出一根大阴线，多空双方的平衡被打破，股价开始快速下跌。

4 月 27 日，该股收出一根下影线很长的阴线，说明下方有强大的买盘支撑，预示行情有可能反转。

其后，该股股价出现了一波反弹走势。到了 5 月 10 日，该股股价已经收复了 4 月 23 日前的价位，至此，V 形底形态正式成立。

其后，该股股价并未立即上升，而是经历了几个交易日的横向盘整。5 月 20 日，该股收出一根中阳线，标志着股价上升趋势正式启动。

二、双重底

双重底又称 W 形底，出现在一段下跌行情的末尾，该形态有两个明显的价格低谷，且两个低谷的最低点大致处于同一价位上，形状就像是一个英文字母“W”。如图 7-5 所示。

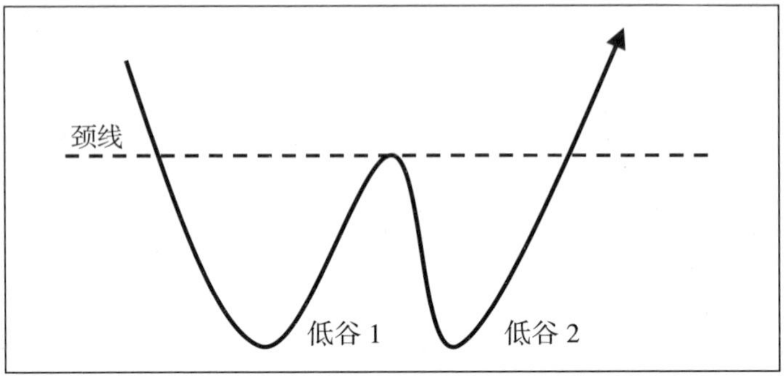

图 7-5 双重底

双重底的形成经历了这样的过程：股价下跌到一定的价位水平后，由于股价太低，持股的投资者不愿割肉，而一些持币的投资者受到低价吸引而尝试买入，于是股价出现技术性反弹，形成了第一个低谷。但涨到一定幅度之后，短期获利的投资者及时将获利回吐，前期不愿割肉的投资者也趁机卖出，之后股价再次下跌，因而反弹并没有持续多长时间。再次下跌的股价回落到上次低点附近时获得支撑，重新开始上涨，吸引了越来越多的投资者跟进买入，股价冲破了前一次反弹的高点，形成了第二个低谷。

通过第一个反弹高点画一条水平直线，就得到了双重底的颈线。股价突破该颈线，才能视为双重底形态正式构筑完成。

双重底是一种转势形态，它的出现预示着跌势将告一段落，行情将走入上升通道。

其操作要点如下。

第一，双重底形态是较为可靠的看涨信号，投资者看到此形态后应考虑买入股票。

第二，双重底形态尚未形成，一些经验丰富的投资者便从中找到了买入良机。当股价第二次探底，且所探得的低点高于前一个低谷的低点时，称为二次探底不破底价。激进的投资者可以把握时机，适量买入，并把前一个低谷的低点设为止损点。

第三，双重底第一个明确的买入时机出现在股价突破颈线位置时，这表明双重底基本形成，投资者可积极买入，同时将止损位设在颈线位置。

第四，股价在突破颈线的同时，应该伴随着成交量的放大；如果成交量太小，则突破的效果会大打折扣，后市极有可能出现横盘振荡走势。

第五，股价突破颈线后，颈线从阻力位变成了支撑位。之后股价可能会对颈线有一个回抽动作以测试突破的有效性，如图 7-6 所示。如果股价在此位置获得支撑，则双重底形态得到确认，这也是较为明确的买入信号，投资者可大胆买入；如果支撑失败，则双重底形态失效，投资者应选择出局观望。需要说明的是，并不是所有股票在出现双重底后都会有回抽动作。

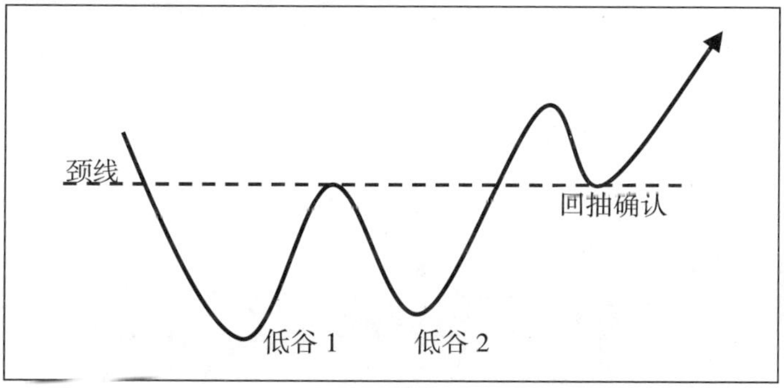

图 7-6 双重底

第六，双重底的最低点与颈线之间的垂直距离越大，通常表示未来股价上涨的幅度越大。

第七，如果在高价位区域出现与双重底类似的形态，那么极有可能是表示下跌中继的矩形整理形态，这时投资者切勿将其按照双重底形态进行操作。

下面来看一下中晶科技的案例，如图 7-7 所示。2021 年 9 月下旬到 2021 年 11 月上旬，中晶科技的日 K 线图上出现了双重底形态。

2021 年 9 月 29 日，处于下跌行情中的中晶科技收出一根下影线很短的中阴线，并创出近期最低价 66.69 元，然后股价开始回升，形成了第一个低谷。这一回升持续的时间并不长，2021 年 10 月 15 日，该股上升遇到阻力，重新开始下跌。

2021 年 10 月 28 日，该股收出一根十字阴线，其后再次开始回升，从而形成了第二个低谷。这个低谷的低点要高于前一个低谷的低点，即二次探底不破低价。当股价触底反弹后，成交量同步放大，激进的投资者可考虑先少量入场。

2021 年 11 月 2 日，该股股价突破了颈线位置，双重底形态构筑完成。这是一个明确的买入信号，稳健的投资者可以在当天放心买入。其后该股出现了回调，但在 11 月 9 日股价回调至颈线位置时，因遇到支撑而再度上涨，此后投资者可加仓买入。

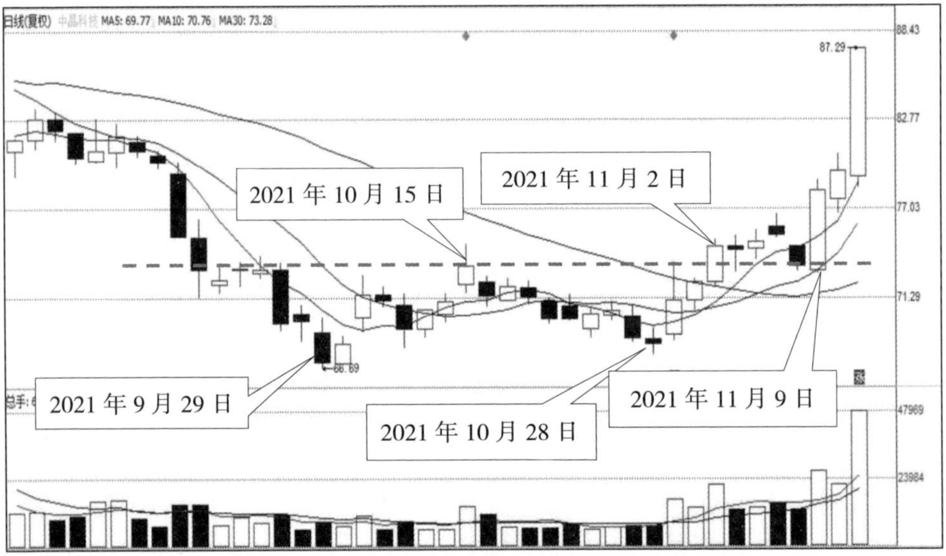

图 7-7　中晶科技（003026）日 K 线走势图

三、三重底

三重底出现在一段下跌行情的末尾，其形态表现为：股价在低位波动中经历三次下跌，但都在低点获得支撑并反弹，从而形成了三个价格低谷，这三个价格低谷的低点大致处于同一价位上。如图 7-8 所示。

三重底既可视为头肩底形态的变异，又可看作是双重底的扩展。相对于双重底和头肩底而言，三重底比较少见，却是一种非常坚实的底部形态。该形态形成后，上涨力度是三种形态中最强的。

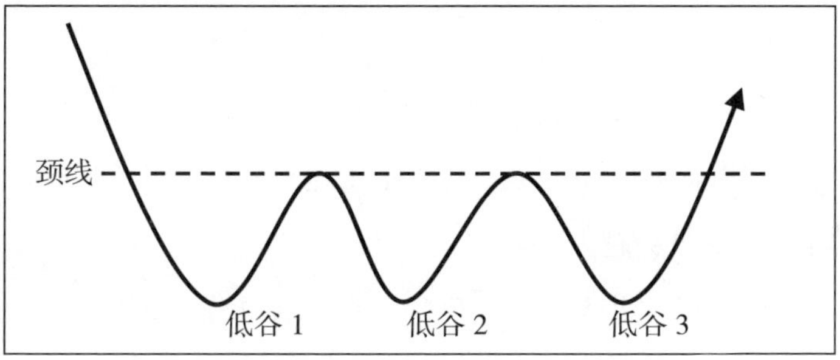

图 7-8　三重底

将三重底两次反弹的高点相连，便是三重底的颈线。一般来说，只有股价冲破了颈线后，三重底形态才能被确认为有效。

三重底是一种坚实的底部形态，在该形态的构筑过程中，空方力量不断衰竭，而多方力量开始凝聚，该形态的出现表示未来将会有一波可观的上涨行情。

其具体操作要点如下。

第一，三重底形态是较为可靠的看涨信号，投资者看到此形态后应考虑买入股票。

第二，在三重底形态尚未构筑成功时，如果股价第三次向上反弹势头强劲且伴随着成交量的放大，则说明形成三重底的可能性很大。这时，激进的投资者可以适量买入，同时将止损位定为三个低谷中的最低点。

第三，当股价突破颈线后，也可能在不久之后回抽到颈线附近予以确认，如图 7-9 所示。如果获得支撑，则证明形态有效，投资者可以放心买入。但并不是所有的三重底形态被突破后都会回调，所以投资者不能把这种回抽当作唯一的买入点。

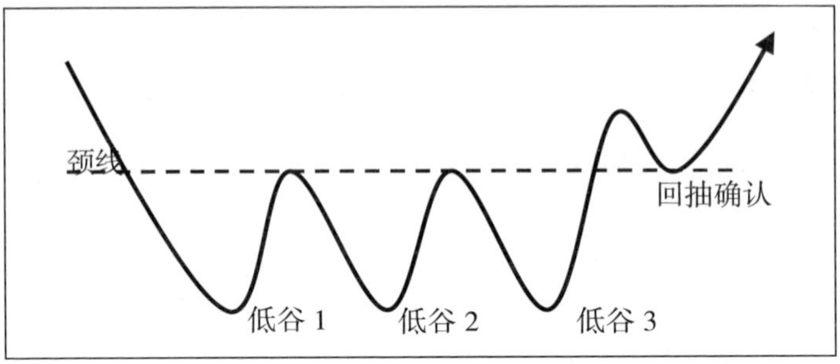

图 7-9　三重底

第四，三重底形成的周期越长，底部换手越充分，说明底部基础构筑得越牢固，后市的上涨空间就会越大。

第五，三重底的最低点与颈线之间的垂直距离越大，通常表示未来股价上涨的空间越大。

第六，在股价振荡过程中，三重底也有演化为四重底甚至多重底的可能。当然，有些情况下，股价在振荡过程中形成了多个回调的低点与高点，就不能按照三重底处理，而要考虑股价是否会形成矩形整理形态。

下面来看一下万盛股份的案例，如图 7-10 所示。2021 年 7 月—9 月，万盛股份的日 K 线图上出现了三重底形态。

2021 年 7 月下旬，万盛股份以一根大阴线结束了横盘整理，开始继续下跌。之后，该股分别于 7 月 28 日、8 月 20 日、9 月 6 日三次探底反弹。由于第三次反弹成交量并没有明显放大，所以投资者最好不要贸然行动，仍应该选择持币观望。

2021 年 9 月 13 日，万盛股份的股价放量向上突破了三重底的颈线位，说明该股股价将要开启上升通道，投资者可积极追涨买入该股。

四、头肩底

头肩底出现在下跌行情中，由三个低谷组成，左右两个低谷相对较浅，基本处在同一水平位置上，中间一个低谷的低点明显低于左右两个低谷的低点，其形

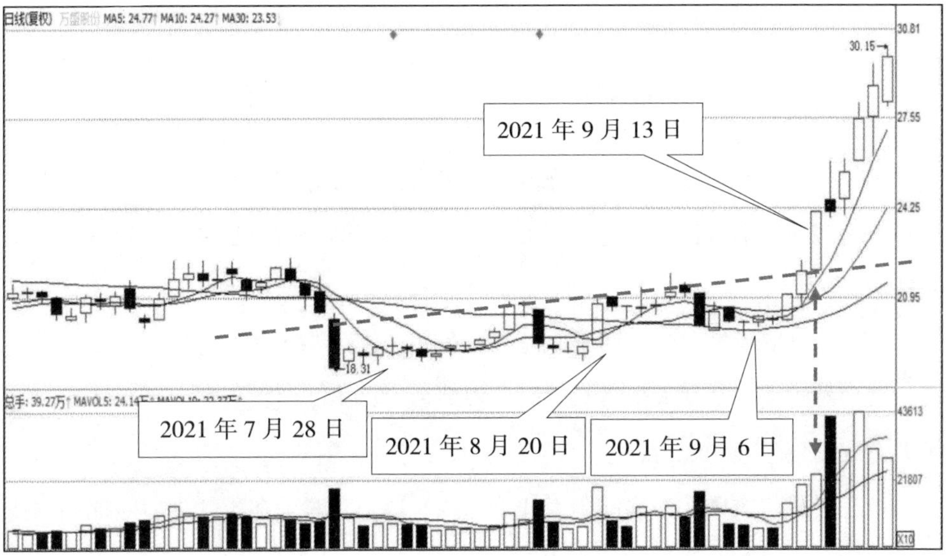

图 7-10　万盛股份（603010）日 K 线走势图

态就像一个倒立的人的头部和两肩。如图 7-11 所示。

头肩底形态是这样形成的：股价下跌到一定深度后开始反弹，当达到一定高度后出现回调，形成了“左肩”；接着再度下跌创出新低后回升，构筑了“头部”；之后又上涨到前一次反弹的高度附近再次回调，这次回调的低点高于头部的低点，形成了“右肩”。在两次反弹过程中，股价基本在同一价位附近受阻回落，这个价位上的直线就是颈线。

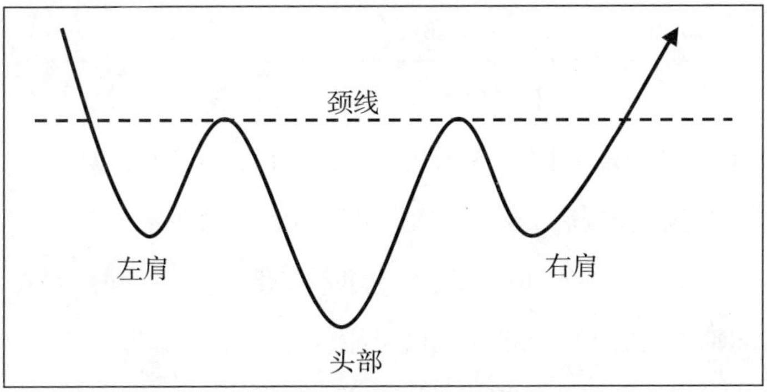

图 7-11　头肩底

头肩底形态是一种较为强烈的反转形态，表示空方力量被不断消耗，多方重新焕发生机。

其操作要点如下。

第一，头肩底形态是较为可靠的牛市信号，此形态出现之后，常常会出现一波较为可观的上涨行情。因此，投资者看到头肩底形态后，应果断买入股票，持股待涨。

第二，当股价冲破了阻力线（颈线）位置，表示头肩底形态构筑完成，这是头肩底形态的第一个买入信号。此时，投资者可以果断买入。在突破颈线时，必须要有成交量激增的配合。

第三，股价突破头肩底的阻力线（颈线）后，有时会在不久之后回抽到颈线附近，如图 7-12 所示。

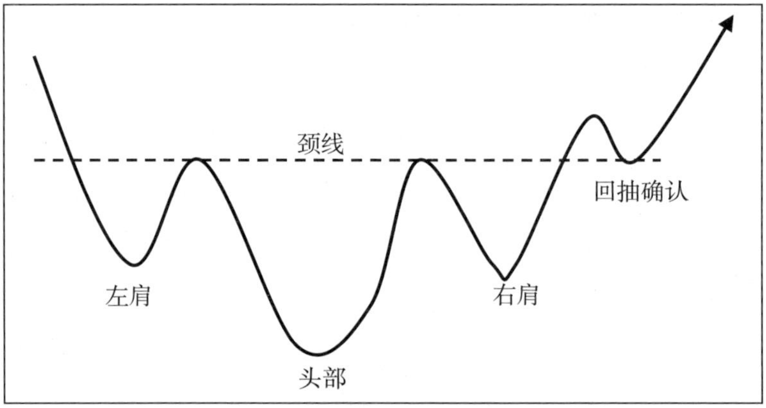

图 7-12　头肩底的整理形态

如果股价止跌回升，则向上突破的有效性便得到了确认，这时是第二个买入信号。当然，头肩底出现后，并不是每次都会出现整理形态。

第四，一般来说，头肩底形态较为平坦，需要较长的时间来完成。形成头肩底所用的时间越长，后市上涨的空间就可能越大。

下面来看一下精锻科技的案例，如图 7-13 所示。

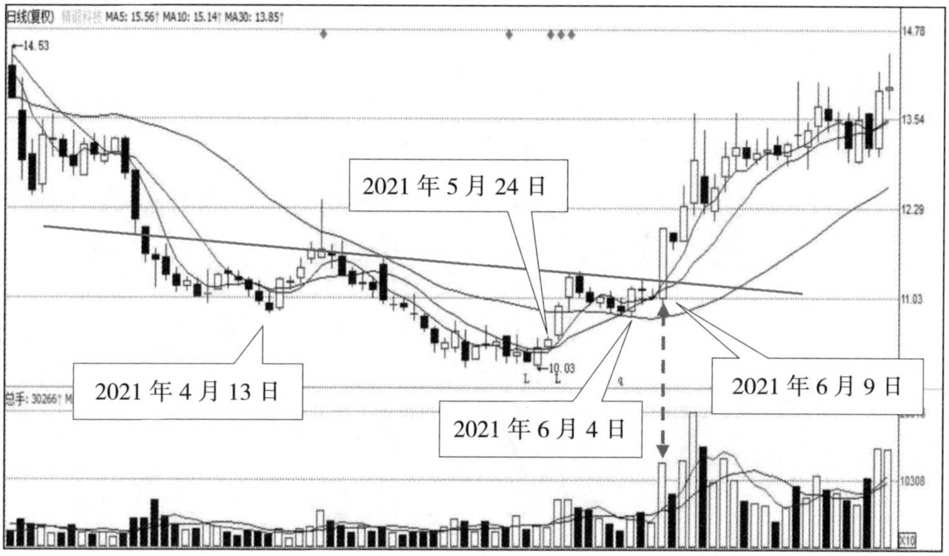

图 7-13　精锻科技（300258）日 K 线走势图

如图 7-13 所示，2021 年 4 月—6 月，精锻科技的股价走势图上出现了头肩底形态。

2020 年 11 月中旬，精锻科技进入到下跌行情中。

2021 年 4 月 13 日，该股股价开始向上反弹，形成了头肩底的左肩。

经过几个交易日的短暂反弹后，精锻科技又出现下跌。2021 年 5 月 24 日，该股创出近段时间的最低价 10.03 元，然后探底反弹，形成一个头部形态。

这次该股上涨到上一次反弹的高度附近，又出现了回落，经历了两个交易日的下跌后，该股在 6 月 4 日又一次向上反弹。这一低点高于头部位置，从而形成了头肩底的右肩。

2021 年 6 月 9 日，该股的股价突破了阻力线（即头肩底的颈线），至此，头肩底形态构筑完成，第一个买入点出现，投资者应在当日考虑买入。

此后，该股掀起了一波快速上升行情。

五、潜伏底

潜伏底一般出现在一轮较大的跌势之后，其形态表现为：股价长期在一个极狭窄的范围内横向移动，每日股价的高低波动幅度极小，且成交量十分稀疏，呈现出一种横带形状的底部形态；经过一段时间的盘整之后，股价开始大幅上涨，成交量同时显著放大，最终进入上升通道。如图 7-14 所示。

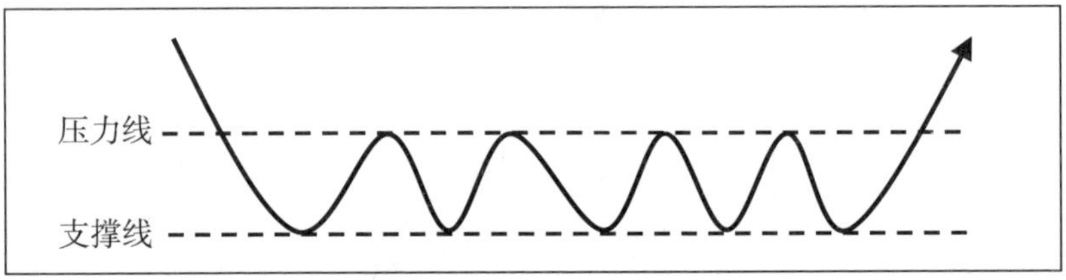

图 7-14　潜伏底

潜伏底一开始表现为多空双方处于低位对峙状态，空方已经无力打压股价，而多方亦没有能力抬升股价，因而成交量很小。经过长时间的横盘整理，空方力量逐渐耗尽，多方却积累了足够的力量，并最终打破沉寂，成功放量冲破上方压力位，启动了一轮崭新的上涨行情。

潜伏底多出现在市场极其冷清之时或冷门股票的走势中，由于买卖盘都很少，所以供求十分平衡，筹码分布形成低位密集状态。潜伏底的形成需要经历较长的时间，一般少则一个月，多则要两三年。

其操作要点如下。

第一，潜伏底是一个非常重要的看涨信号，股价一旦放量冲破上方压力线，便会有一个非常给力的上涨行情。所以，看到此情形后，投资者应该抓住机会，大胆买入。

第二，由于潜伏底爆发之后上涨势头很猛，所以经常是股价已经被拉升到一定幅度，投资者才会觉察到。但是由于其上涨空间较大，所以只要股价上涨幅度不超过原来价位的 50%，且成交量依旧温和放大，投资者仍可以适度追涨。

第三，在低价位区域出现窄幅的横盘整理形态，极有可能形成潜伏底形态，投资者可以在此期间不断收集筹码。不过由于潜伏底持续的时间较长，可能会对投资者的现金流造成一定的压力。

第四，参照潜伏底形态买入股票的投资者，应该把止损位定在潜伏底下端的支撑线上。但在股价跌破潜伏底的压力位时，投资者应该提前加以关注，并做好止损准备。

第五，潜伏底形态一旦形成，股价往往会一路高歌猛进，很少出现回抽现象。这是因为横盘时间较久，底部换手非常充分，多方已经完全占据了市场主导地位。

第六，在股市中，有“横有多长，竖有多高”的说法，这一说法用在潜伏底上更加合适，股价在底部横盘的时间越久，后市上涨的幅度就会越大。

第七，在股价向上突破压力位时，需要伴随着成交量的放大。如果是缩量上涨，那么突破的有效性便会大打折扣，后市的上涨空间也会十分有限。

下面来看一下复旦复华的案例，如图 7-15 所示。

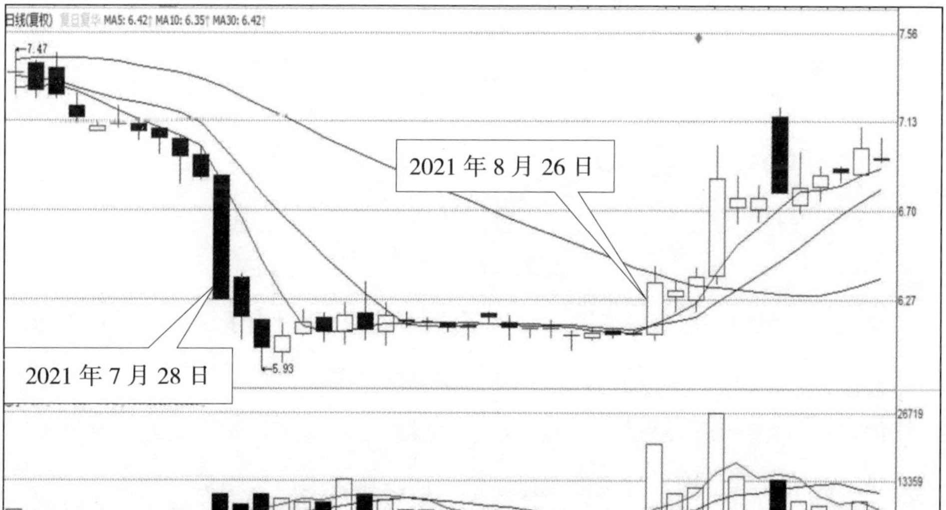

图 7-15 复旦复华（600624）日 K 线走势图

如图 7-15 所示，2021 年 7 月—8 月，复旦复华的日 K 线图上出现了潜伏底形态。

2021 年 7 月下旬，复旦复华的股价经过突然的大幅打压后开始了横盘整理，这一整理态势一直持续到 2021 年 8 月下旬，在 K 线图上形成了一条横带状的潜伏底走势。

2021 年 8 月 26 日，该股放量上攻，并收出大阳线，突破了潜伏底的压力线，这预示着后市将有一波可观的上涨行情，投资者应果断买入。之后该股股价开始上升，成交量也逐步放大。

六、圆弧底

圆弧底又称圆形底、碟形底、碗形底，通常出现在股价的底部区域，也就是一波下跌行情结束时。其形态表现为：股价先是经过一段速度逐渐减慢的下跌，到达了底部；经过调整后，又开始了一段速度逐渐加快的上涨，从而形成了一个形状像圆弧的底部走势。如图 7-16 所示。

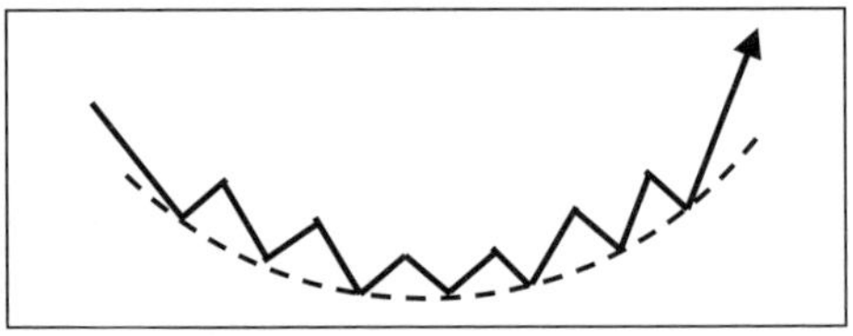

图 7-16　圆弧底

圆弧底的股价和成交量有时会呈现下凹圆弧状，这是由于经过一段时间的下跌之后，很多套牢盘不愿割肉，所以成交量逐渐萎缩，下跌的速度也越来越慢，最终使得股价停留在底部进行盘整。在盘整过程中，多方开始恢复元气并逐渐聚集力量，股价开始上涨，且速度越来越快，成交量也呈放大趋势。

圆弧底形态表示市场正在由空方主导的下跌行情逐渐转向多方主导的上涨行情，由于走势行进缓慢，所以也有人把圆弧底形态称为“股价休眠期”。

其操作要点如下。

第一，圆弧底形成的时间较长，使得换手极为充分，底部构筑极为坚实，因此，股价看似波澜不惊，但是一旦形成向上突破，往往会酝酿出汹涌澎湃的大浪，形成一轮非常可观的升势。因此，投资者发现这种形态后应该果断买入，持股待涨。

第二，圆弧底并没有一个明确的买入点。不过，由于其持续时间较长，所以给投资者留出了足够的时间来采取行动。通常，投资者有两个非常好的买进机会：（1）下跌走势结束，股价和成交量从最低点开始逐渐上升时；（2）圆弧底构筑完成，股价加速上升，并形成有效突破时。

第三，在股价减速下跌的过程中，如果成交量随之减少，而在股价加速上涨的过程中，成交量随之放大，即成交量也呈现明显的圆弧状，则见底信号的可靠性更高。

第四，圆弧底形成的时间越长，说明多空力量转换越彻底，股价后期上涨的可能性就越大。

第五，投资者按照圆弧底形态买入股票后，如果股价的后续走势跌破圆弧底的最低点，说明该形态失效，投资者应果断止损。

下面来看一下同飞股份的案例，如图7–17所示。同飞股份的股价走势于2021年9月—10月形成了圆弧底形态。

2021年9月，同飞股份的股价经过一段时间的下跌后出现横向振荡态势。9月22日，该股股价跳空低开低走，收出一根小阴线，随后股价开启了一波缓慢的下行之路，股价K线呈弧形下跌。

此后，该股股价逐渐趋于稳定，又重新以弧形上升。

2021年10月19日，该股股价放量上攻，并收出一根大阳线。此阳线向上突破了弧形底下跌起始位，标志着股价已经走出了底部区域，未来看涨。

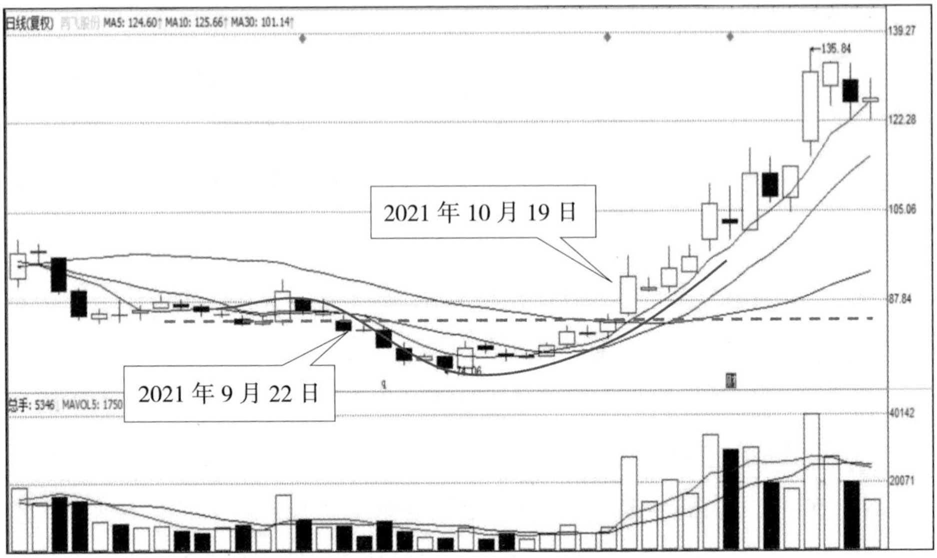

图 7-17　同飞股份（300990）日 K 线走势图

七、塔形底

塔形底通常出现在股价的底部区域，也就是一波下跌行情结束时。其形态表现为：先是收出一根大阴线，将股价打压至较低的水平，接着出现一连串的小实体K线，可以为阴线或阳线。最后，一根大阳线将股价拉升至大阴线出现前的位置。如图 7-18 所示。

塔形底形态反映了空方在将股价打压至较低水平后，无力继续打压股价，而

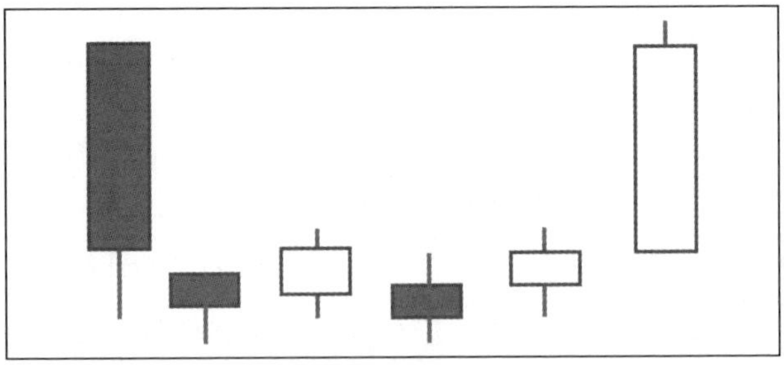

图 7-18　塔形底

多方暂时也无力向上拉升股价，多空双方保持了一定的力量均衡。其后，多方经过一段时间的蓄势后，发力向上拉升股价，说明其已经准备好要将股价带到更高的高度。

塔形底与潜伏底有些相似，但所需的时间要短很多。

其操作要点如下。

第一，股价经过一段时间的下跌后，走出了塔形底形态，往往属于典型的筑底成功信号，未来上攻的概率很高。

第二，股价经过一段时间的上涨后，出现塔形底形态，往往属于股价上升趋势中的调整形态，也具有较强的看涨意味。

第三，塔形底形态中，最后一根大阳线的出现，一般需要成交量的放大相配合，但需警惕成交量放大过猛，若创出天量，则存在主力借机出逃的可能，此时投资者不宜入场。

下面来看一下中国船舶的案例，如图 7-19 所示。

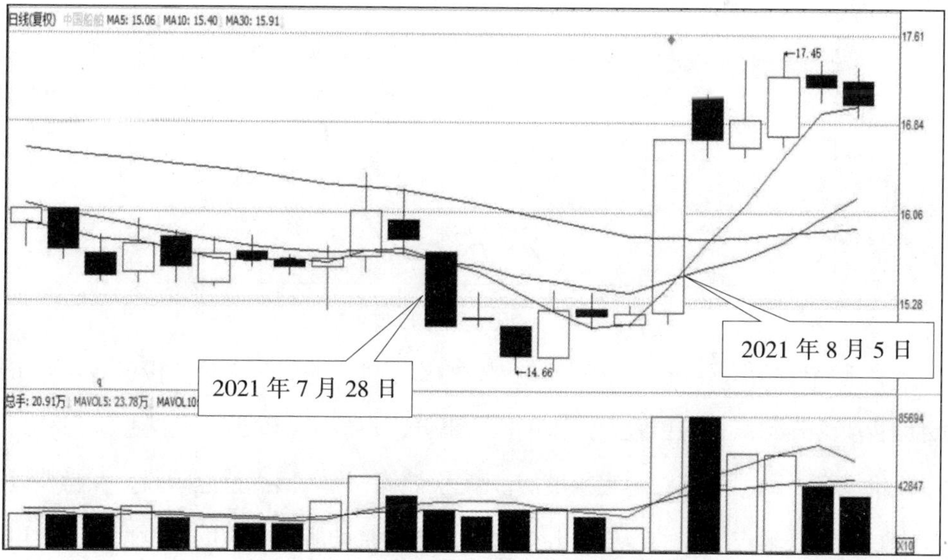

图 7-19　中国船舶（600150）日 K 线走势图

如图 7-19 所示，中国船舶的股价在 2021 年 7 月前经历了一波漫长的下跌，股价下跌幅度非常之大。

2021 年 7 月 28 日，该股股价再度出现大幅下跌态势，并以光脚阴线报收。此后股价出现横向振荡走势，股价 K 线多以小阴线、小阳线报收，说明空方无力继续向下打压股价。

2021 年 8 月 5 日，该股股价突然放量上攻，并以涨停报收，至此，塔形底形态正式成立。投资者见到这种形态出现后，可积极入场做多。

此后，该股股价出现了一波振荡上升走势。

八、底部岛形

底部岛形出现在下跌走势的末尾，其形态表现为：股价先是下跌，接着进入整理，然后又开始上涨；在股价下降和上升的过程中，分别出现了跳空缺口，且这两个缺口大致处于同一价位区域，从而使得缺口下面的 K 线形态成为一座“孤岛”。如图 7-20 所示。

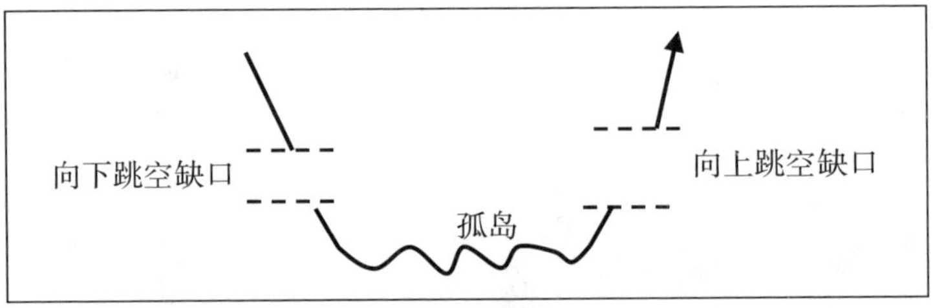

图 7-20　底部岛形

底部岛形的形成经历了这样的过程：股价下跌一段时间之后，投资者对后市更加看淡，开始疯狂抛售股票，因而股价低开，形成了一个向下的跳空缺口；然后股价继续下跌，当跌到一定幅度后，获得支撑，进入横盘整理阶段；在盘整过程中，多方逐渐占据主动，股价开始回升，由于推动股价上涨的力量很强，所以在前一个缺口的价位区域附近，又形成了一个向上的跳空缺口。

底部岛形是一种可靠的转势形态，表明股价已经见底，下跌行情将迅速演变成上涨行情。

其操作要点如下。

第一，底部岛形形态是后市上涨的信号，提示投资者应从看空转向看多。所以，当向上跳空的缺口形成时，投资者便可以大胆买入。

第二，参照底部岛形形态买入股票的投资者，应该把止损位定在底部岛形向上跳空缺口的下沿。一旦股价补回这一缺口，投资者应马上停损离场。

第三，底部岛形形态两个缺口之间相隔的时间可能是一天，也可能是几天或几周。相隔的时间越长，总的换手率越高，说明市场从空头行情向多头行情转变得越彻底，后市上涨的力度也会越大。

第四，底部岛形反转时常会伴随着很大的成交量，如果成交量较小，则反转形态很难成立。

第五，如果底部岛形呈现明显的 V 形底形态，则看涨信号更为强烈。

第六，底部岛形一旦形成，原来属于阻力位的缺口就会变成支撑位，股价之后下探到这一位置时可能会受到支撑。

下面来看一下申达股份的案例，如图 7-21 所示。2021 年 1 月到 2 月期间，申达股份的日 K 线图上出现了底部岛形形态。

2021 年 1 月 29 日，申达股份的股价大幅跳空低开低走，留下了一根带上影线的阴线，这根阴线与前一根 K 线之间留下了一个向下跳空的缺口。之后，该股再下跌两日后进入了整理行情。

2021 年 2 月 19 日，该股跳空高开高走，在 K 线图留下了一根带影线的小阳线。这根阳线与之前的 K 线之间留下了一个向上跳空的缺口。看到这种情形，投资者应该在当日或次日买入股票。

此后，该股股价开启了一段振荡上升走势。

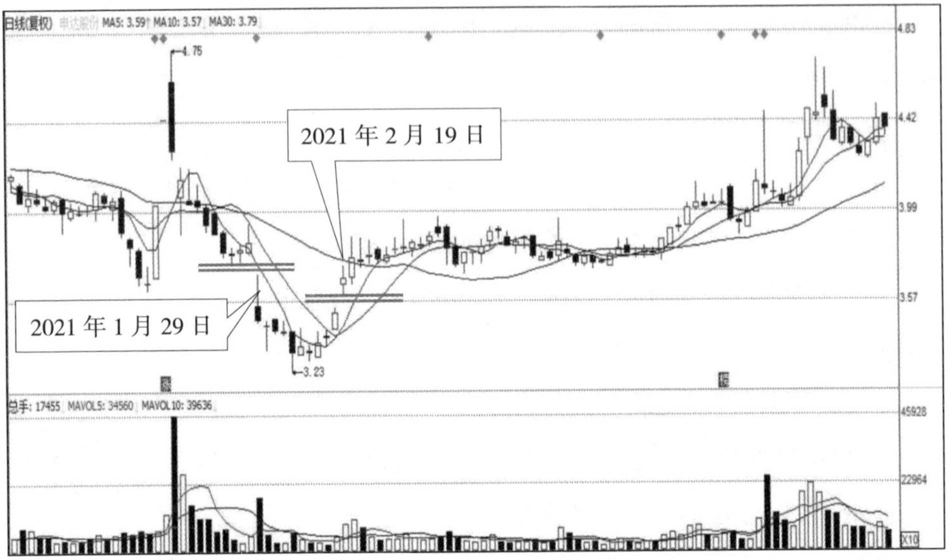

图 7-21　申达股份（600626）日 K 线走势图

第二节 整理形态的 5 个买入形态

整理形态的出现，意味着股价正在选择新的突破方向。方向未定时，投资者是不宜入场的。不过，当股价完成了对一些明显偏向上行整理形态的突破时，则意味着这些股票的买点来到了。

一、上升三角形及买入时机

上升三角形常见于股价振荡上升的途中。一般来说，股价 K 线形成上升三角形后，继续走高的概率极高，但从投资安全的角度考虑，投资者还是要等到股价完成对上升三角形阻力线的突破后再入场。

上升三角形通常出现在上涨途中或下跌末期，该形态具有这样的特征：股价在反复振荡过程中，每次上涨的高点基本处于同一水平位置，而每次回落的低点却不断上移。随着形态的发展，股价波动的幅度越来越小，即高点和低点逐渐靠拢。如果将这些高点和低点分别用直线连接，就形成了一个向上倾斜的三角形。如图 7-22 所示。

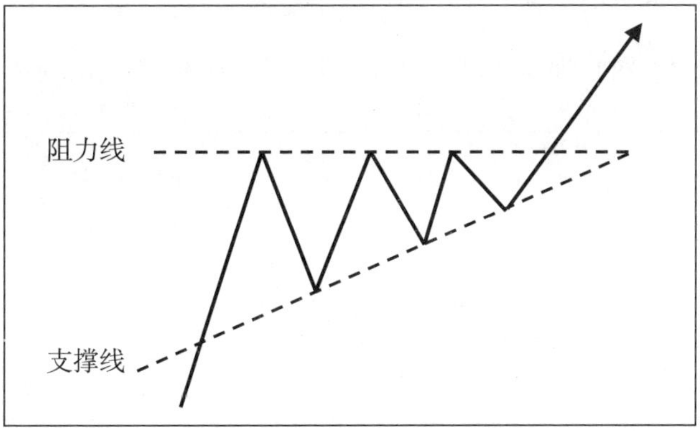

图 7-22　上升三角形

上升三角形的形成一般经历了这样的过程：股价每次上升到某一价位后，便会因上方抛压沉重而出现回落，从而在上方形成了一根阻力线。但由于市场看好该股，所以股价每次都会在低点反弹，且这些低点的位置越来越高，这一态势瓦解了空方的斗志。最终，股价在多方的强力推动下实现了对阻力线的突破，上升三角形形态正式形成。

上升三角形是一种常见的整理形态，该形态的出现说明买方力量在不断加强，而卖方力量却在逐渐衰弱，预示市场有可能进入多头行情。

其具体操作要点如下。

第一，上升三角形在上涨行情中出现，通常表现为中继信号；在下跌行情中出现，则具有一定的转势意味。因此，一旦股价放量突破上升三角形的上边线，投资者就应该果断买入。

第二，上升三角形的上边线一开始是阻力线，被突破后就变成了对股价的支撑线。因此，参照该形态买入股票的投资者，应该将止损位定在上升三角形上边线上。

第三，有时候股价向上突破上升三角形后会有一次回抽，以确认突破是否有效，如图 7-23 所示。如果股价在三角形的上边线止跌回升，就证明突破有效，投资者可在股价回升时迅速介入；如果股价又重新回到三角形之内，则表示形态失败，投资者应及时止损。不过，这种回抽动作有时并不会出现。

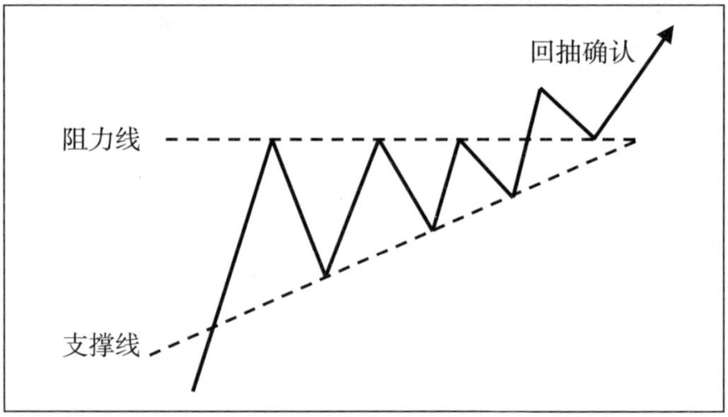

图 7-23　上升三角形的扩展形态

第四，通常，在上升三角形形成的过程中，成交量会不断萎缩，但在向上突破时，成交量却会明显放大。如果在突破时没有成交量的配合，那么看涨信号的可靠性将减弱，投资者最好仍保持观望。

第五，上升三角形形态常被庄家用来故意打压股价，目的是在振荡走势中更多地吸收浮筹。

第六，一般情况下，上升三角形高点与低点之间的最大垂直距离越大，后市上涨的空间相应地也会越大。

第七，上升三角形的完成时间不应过长，也不应在股价达到三角形上边线时才发生突破，否则股价突破后上升空间会十分有限，甚至可能演化成横盘整理走势。

第八，当在高价位区域出现上升三角形，但股价却迟迟不能突破上边线，走势极有可能演变成双重顶或三重顶等类型的顶部形态，这时投资者应实施减仓操作，以回避风险。

下面来看一下当升科技的案例，如图 7-24 所示。2021 年 6 月—7 月，当升科技的日 K 线图上出现了上升三角形形态。

2021 年 6 月 4 日，处于上涨途中的当升科技低开高走，收出一根带上影线的中阳线，此后，该股股价出现了回调走势。后来，股价曾几次上涨到这一价位附近，但最后都被成功打压了下来，说明上档有较重的抛压。把这些高点相连，就形成了一条水平的阻力线。

与几乎处在同一水平位置的高点不同，股价回落所接触的低点却呈现逐渐升高的趋势，将它们连接起来，近似于一条向上的斜线。从形态发展来看，具有生成上升三角形的潜质。

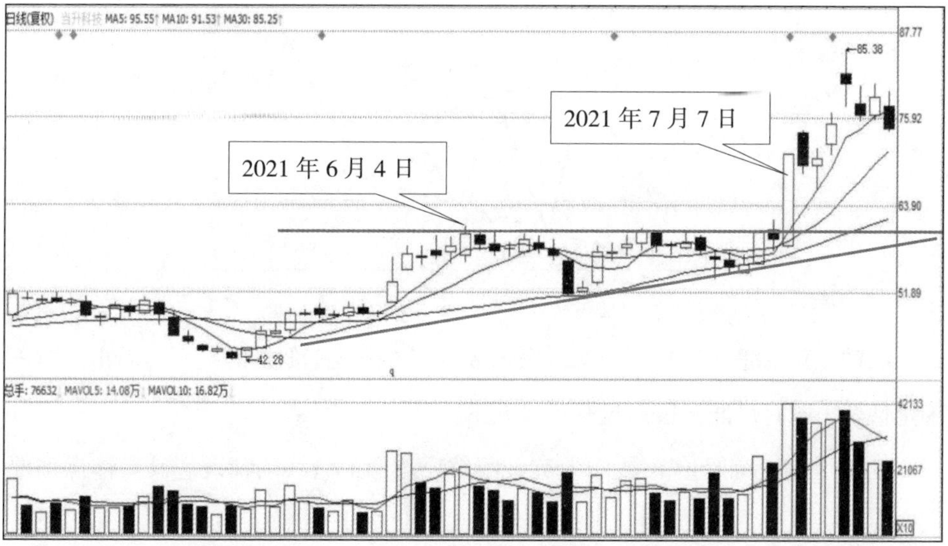

图 7-24 当升科技（300073）日 K 线走势图

2021年7月7日，当升科技的股价放量上涨，成功突破了阻力线，表示上升三角形构筑完成。投资者如果能在突破的当天或次日买入该股，就能成功地把握后市上涨带来的收益。

二、收敛三角形及买入时机

从某种意义上来说，收敛三角形属于典型的整理形态，未来走势的不确定性非常大。不过，如果股价波动空间收窄到一定程度后，开始放量向上突破，则未来上升的概率还是非常大的。

收敛三角形又叫做对称三角形，可以出现在任何行情中。其形态表现为：股价在一段时间内出现反复振荡整理局面，每次上升的高点都低于前一个高点，而每次下降的低点都高于前一个低点，于是股价波动幅度越来越小。如果将这些高点和低点分别用直线连接，就形成了一个逐渐收敛的三角形。如图7-25所示。

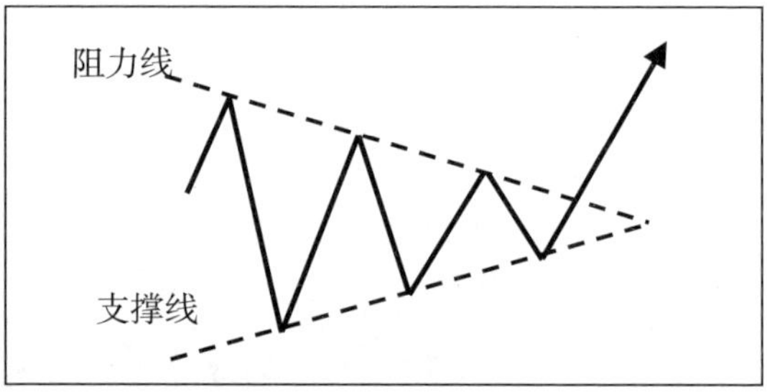

图7-25　收敛三角形

收敛三角形是一种整理形态，表示多空双方陷入了僵持的局面，后市具有不确定性——既有可能上行，也有可能向下。

这里重点研究股价K线向上突破收敛三角形上边线的情况，其具体操作要点如下。

第一，收敛三角形是一种观望信号，在该形态的形成过程中，无论是持股的投资者还是持币的投资者，都应该采取冷静观望的态度，不宜盲目操作。

第二，在上涨行情中出现收敛三角形形态，股价如果突破该形态的上边线，就可以考虑买入。

第三，在下跌行情中出现收敛三角形形态，股价如果冲破该形态的上边线，则不能急于买入，应该等涨势确立后再买进。

第四，收敛三角形如果在上涨行情中出现，最终选择向上突破的可能性较大；如果在下跌行情中出现，最终选择向下突破的可能性较大。

第五，一般来说，收敛三角形完成后，如果股价选择向上突破，则必须伴随着成交量的放大，否则有可能造成假突破。

第六，收敛三角形向上突破后，股价上升到第一个高点的价位附近才会遇到阻力。投资者可以通过这一高点画一条水平直线，并以此来度量突破后的最小涨幅。

下面来看一下易事特的案例，如图 7-26 所示。2021 年 6 月—7 月，易事特的日 K 线图上出现了收敛三角形形态。

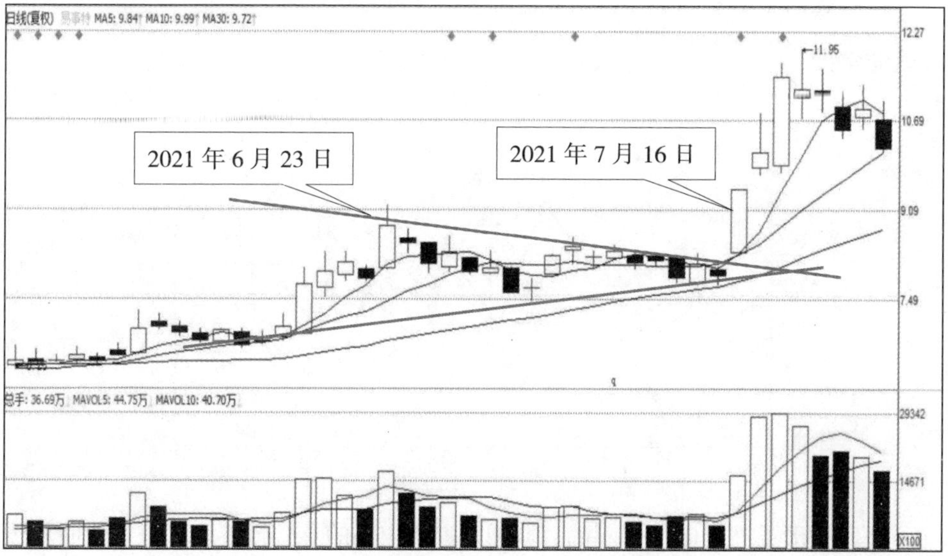

图 7-26　易事特（300376）日 K 线走势图

2021 年 6 月中旬，处于振荡上升途中的易事特开始进行横向振荡。在波动中，上涨的高点逐渐降低，下降的低点逐渐升高，呈现收敛三角形形状，且成交量呈减少趋势，这说明多空双方势均力敌，但力量均消耗严重，后市具有不确定性。

这一整理走势持续了十几个交易日，2021 年 7 月 16 日，该股股价放量涨停上攻，并突破了收敛三角形的上边线（阻力线），预示着股价将继续上涨。看到这一信号，投资者可积极入场做多。

三、下降楔形及买入时机

下降楔形又称下倾楔形，通常出现在上涨行情中。该形态表现为：在股价上升过程中出现了一小段向下的振荡整理行情，将反弹的高点和回落的低点分别用直线相连，两条直线方向相同且呈收敛状，从而形成一个向下倾斜的楔子形态。如图 7-27 所示。

下降楔形有些近似于股价上升途中的一次调整，当调整结束，股价上升的概率就非常大。

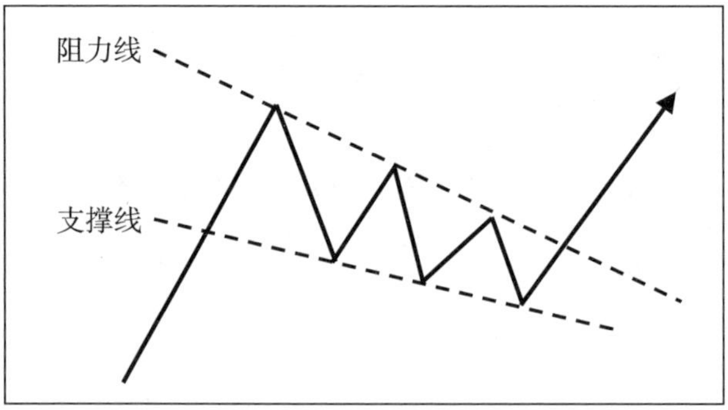

图 7-27　下降楔形

下降楔形虽然是向下倾斜的，似乎是说明市场的承接力不强，但新的回落较前面的回落波幅呈缩小的态势，说明卖盘力量正在被消化，同时成交量逐渐萎缩也有效证明了上方的抛压在减弱。因此，可以认为这种形态只是上涨行情中的获利回吐，并没有强力的空头想要打压股价。

有时候，下降楔形会成为庄家制造诱空陷阱的一种手段。庄家会利用这一形态清洗掉市场中的浮筹，将大部分股票集中在自己手中，以达到为股价大幅上扬夯实基础的作用。

在上涨行情中出现下降楔形，一般只是前期获利的投资者的卖出行为所致，一般不会影响上升趋势的发展。因此，该形态通常表现为上涨中继信号。

其操作要点如下。

第一，在下降楔形形成的前半阶段，投资者可以按照楔形的上下边线进行高抛低吸操作，即在股价涨到上边线时卖出，等到股价跌到下边线时再买入。但是到了后半阶段，波动幅度已经很小，投资者就必须捂牢股票了。

第二，在下降楔形的后半阶段，也就是形态快要完成之前，投资者无论是持股还是持币，都应该保持观望的态度，最好不要轻举妄动。日后，一旦发现股价突破下降楔形的上边线，投资者便可以积极买入。

第三，下降楔形完成向上突破后，可能会出现一次向下回抽，如图 7-28 所示。如果股价在楔形的上边线获得支撑，则证明突破有效，投资者可再度买入股票。如果股价跌破这一位置，投资者则需要考虑斩仓止损。

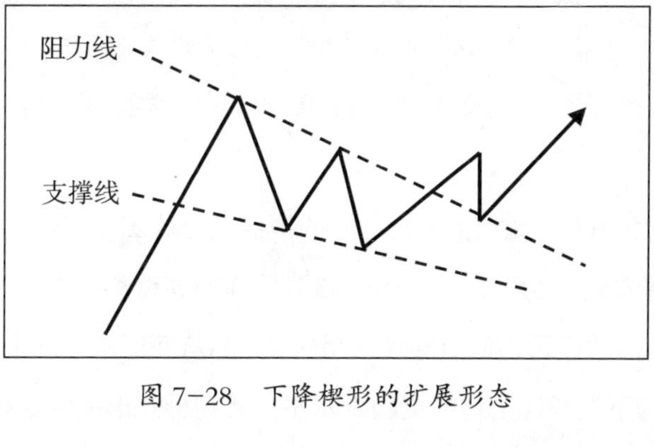

图 7-28　下降楔形的扩展形态

第四，参照下降楔形买入股票的投资者，应该将止损位定在楔形的上边线上。

第五，下降楔形形成过程中，成交量一般会呈持续萎缩状态，但是在突破上涨时，应该有成交量的放量配合，否则会影响看涨信号的可靠性。

第六，下降楔形的形成时间较上升楔形稍短一些，但是也至少需要两周（10 个交易日）时间。

下面来看一下恒信东方的案例，如图 7-29 所示。

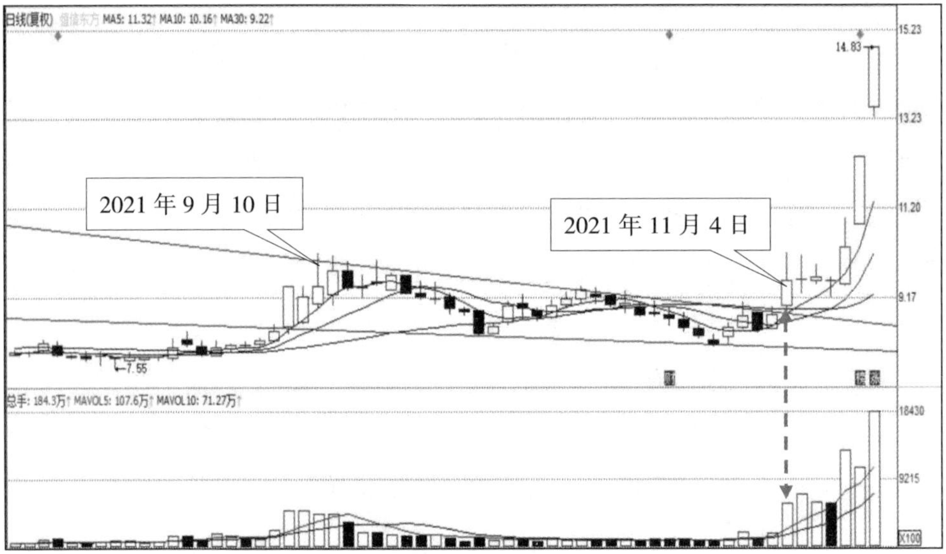

图 7-29　恒信东方（300081）日 K 线走势图

如图 7-29 所示，2021 年 9 月—11 月，恒信东方的日 K 线图上出现了下降楔形形态。

2021 年 9 月 10 日，处于上涨行情中的恒信东方收出一根带长上影线的阳线，然后股价进入了整理走势。在波动中，该股反弹的高点和回落的低点都有逐渐下降的趋势，且高点的连线和低点的连线呈收敛状，从而形成了一个下降楔形形态。

下降楔形的下边线比上边线更趋于水平，且在形态形成的过程中成交量逐渐萎缩，因而可以认为下方存在较强的支撑力，股价很可能在调整结束后重回上升轨道。这时，持股的投资者不宜将股票卖出，而持币的投资者应该对其保持关注。

2021 年 11 月 4 日，股价放量突破下降楔形的上边线，买点出现。投资者应该把握机会，积极买入。

四、上升旗形及买入时机

上升旗形通常在一段上涨行情之后出现，该形态表现为：股价在上升过程中出现了一小段振荡下跌行情，如果将下跌的低点和回升的高点分别用直线连接起来，就形成了两条向下倾斜的平行线，看上去就像一面迎风飘扬的旗帜。如图 7–30 所示。

上升旗形与下降楔形的构成非常相似，只是股价上升的阻力线与回调的支撑线看起来更像一组平行线，而非像下降楔形那样的收敛形态。正因如此，股价走出上升旗形整理后，继续上升的概率也是非常大的。

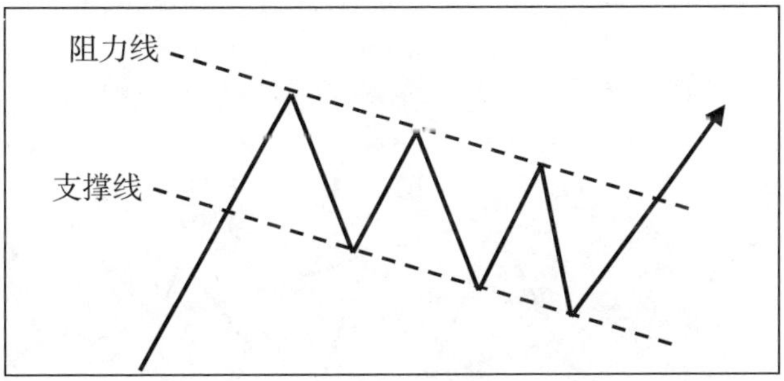

图 7–30　上升旗形

上升旗形的形成经历了这样的过程：股价在急速上升的过程中成交量逐渐增加，最后达到一个短期高点，这时前期获利的投资者开始卖出股票。由于上方抛压严重，股价开始下跌，经过一番紧密的短期波动后，形成了一个向下倾斜的平行四边形。人们将这一平行四边形形象地比喻为“旗面”，而将之前的上涨行情比喻为“旗杆”。股价一般会以向上突破的方式结束上升旗形整理，从而再次进入上升轨道。

上升旗形常常会被庄家用来清洗市面上的浮动筹码，一旦散户投资者纷纷看空而卖出股票后，庄家就会迅速将股价拉升到一个很高的价位。

股价进入振荡下跌行情中，迟早要找到突破方向，而在上升旗形形态完成后，一般会以向上突破居多，向下突破的情况很少发生。因此，上升旗形通常被认为是上涨中继形态，可以看作是对之前快速上涨的一个消化过程。

其操作要点如下。

第一，当股价在快速上涨后出现了上升旗形形态，且成交量呈逐渐萎缩态势，则投资者不宜将股票卖出，应以观望为宜。

第二，当股价突破上升旗形的上边线时，表示股价已经整理完毕，将继续上涨。这时投资者应该把握买入机会，适量买入。

第三，股价向上突破后可能会有小幅回抽，但回抽的力量往往很弱，会在旗形的上边线附近获得支撑，然后再度上涨，如图 7-31 所示。当投资者看到回抽后重新上涨的情形，便可考虑加仓买入。不过，这种小幅回抽有时候也可能不会出现。

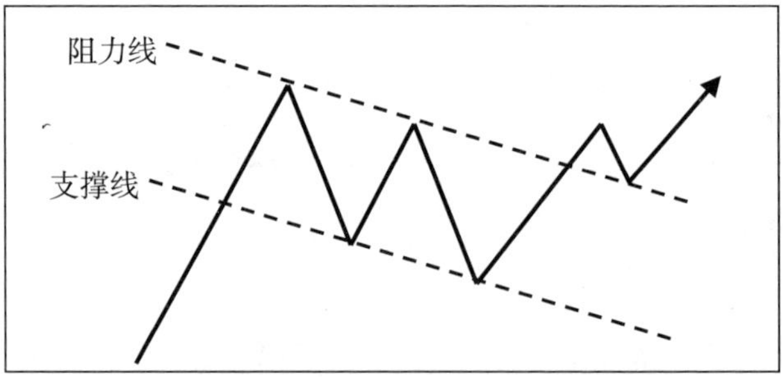

图 7-31　上升旗形的扩展形态

第四，参照上升旗形形态买入股票的投资者，应该将止损位设在上升旗形的上边线上。当股价跌穿这一位置，投资者应果断止损。

第五，上升旗形必须出现在一段快速上涨行情之后才有意义，在下跌行情中出现倾斜向下的平行四边形，则不能看作是上升旗形。

第六，旗杆的长度，即从股价开始大幅快速上涨（旗杆的形成点）到旗杆的顶点之间的垂直距离越大，那么后市上涨的幅度也就越大。这一距离也是上升旗形理论上的最小升幅。

第七，整个旗形（不包括旗杆）的形成时间应该在 4 周（20 个交易日）之内，但如果在 3 周（15 个交易日）内没有形成有效突破，投资者就要提高警惕，注意下跌风险。

第八，如果股价形成了上升旗形，但成交量并没有缩减，而是呈不规则状态甚至是放大趋势，则暗示市场在悄然间发生着变化，行情可能继续向下。这时，投资者应卖出部分股票，轻仓观望。

下面来看一下豫园股份的案例，如图 7-32 所示。

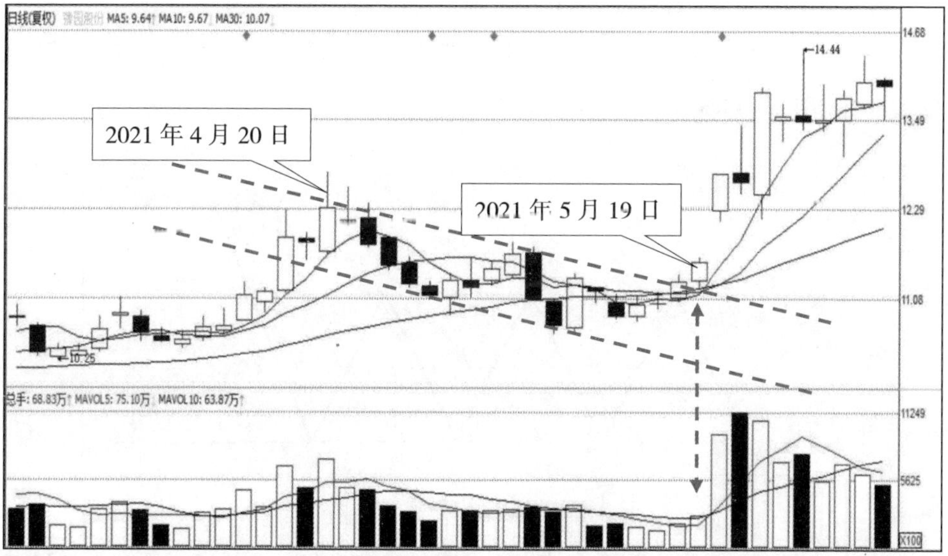

图 7-32 豫园股份（600655）日 K 线走势图

如图 7-32 所示，2021 年 4 月—5 月，豫园股份的日 K 线图上出现了上升旗形形态。

2021 年 3 月，豫园股份的股价开始了加速上涨。4 月 20 日，该股收出一根带上影线的中阳线，然后股价掉头向下，这一天的收盘价也就成为该股走势的短期高点。

由此开始，豫园股份走出了一段振荡下跌走势，成交量也呈现出逐渐萎缩的态势。将股价逐渐下降的高点和低点分别相连，形成了一个向下倾斜的平行四边形。这是典型的上升旗形形态，预示后市将会上涨。看到这种形态后，投资者应保持观望，不宜卖出股票。

2021 年 5 月 19 日，股价成功突破上升旗形的上边线，上升旗形构筑完成，投资者可以在当日逢低买入。

五、股价对矩形的突破

矩形整理又称箱型整理，是股市中最典型的整理形态，可以出现在任何行情中。该形态表现为：股价在一定的价位区间内上下波动，将上涨的高点和下跌的低点分别相连，就形成了两条平行的水平直线。如图 7-33 所示。

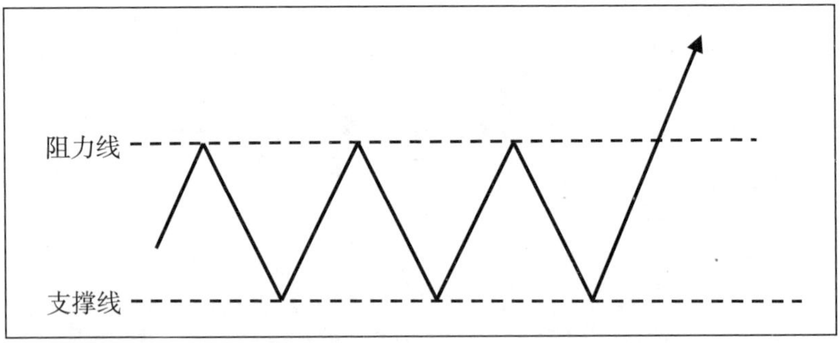

图 7-33　股价突破矩形上边线

通常情况下，矩形整理形态的出现对股价未来走势并不具有指示含义，只有股价完成对矩形整理区域的突破后，股价的运行趋势才会明确。不过，若股价在底部区域出现矩形整理，则上升的概率会比较大；反之，若股价在顶部区域出现矩形整理，则下跌的概率较大。当然，在实战过程中，从投资安全的角度出发，还是要等到股价完成对矩形上边线的突破后，才能将其看成买入信号，并执行买入操作。

矩形是一种冲突均衡的整理形态，显示多空双方虽然互不相让，你争我夺，但由于双方实力相当，所以基本在这一范围内达到了均衡状态。当然，出现这种形态有时也可能是庄家为了吸筹或出货，有意在控制波动幅度。

矩形的上边线是股价的阻力线，下边线是股价的支撑线，一旦股价有效突破了其中的任何一条线，都标志着矩形形态的构筑完成。这里主要研判股价突破矩形上边线的情况。

其操作要点如下。

第一，绝大多数情况下，矩形表现为一种中继形态，表示股价经过整理后仍然会按照原来的趋势运行。但是矩形整理形态出现后，投资者仍需要根据股价的历史走势和其他技术指标来判断其是否有演变成反转形态的可能。

第二，矩形整理形态常常是在庄家强行洗盘下形成的，上边的阻力线是庄家预定的洗盘位置，下方的支撑线是护盘底线。因而，该形态出现在上涨途中的概率较高，也是最有价值的。

第三，当矩形整理形态出现在深跌之后的低价位区域，通常表现为反转形态，是潜伏底的变形。

第四，在矩形整理没有形成有效突破之前，如果矩形的上下边线距离较远，那么投资者可以在前期采取高抛低吸的短线策略；但如果矩形的波动幅度较小，那么投资者最好保持观望姿态。

第五，经过一段时间的横向整理后，当股价向上有效突破矩形的上边线时，表示多方开始占据优势，投资者可以考虑买入股票，并将止损位设在矩形的上边线上。

第六，股价形成有效突破的标准是，股价突破边界线后的涨幅或跌幅不小于3%，或者股价连续三天没有重新回到矩形区域之内。

第七，在矩形整理形成的过程中，成交量应该不断减少，特别是从高点回落时，成交量必须呈现逐渐萎缩的态势。

第八，股价向上突破矩形的上边线时，必须是伴随成交量的放大才有意义。

第九，矩形作为中继形态出现，股价在突破后可能会有一个回抽动作，如果在回抽过程中，股价没有回到原来的矩形整理区间，则是投资者第二个买入或卖出的机会，如图 7–34 所示。不过，这一回抽动作有时并不会出现，所以投资者不能把它作为唯一的买卖点。

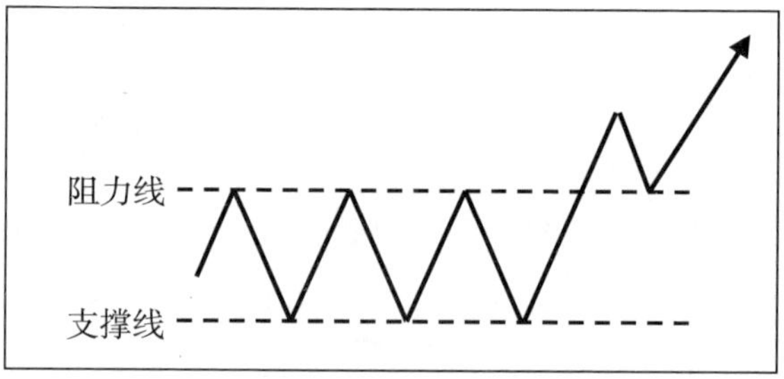

图 7–34　矩形整理的扩展形态

第十，根据经典理论，矩形整理完成之后，股价的上升或下跌空间至少应该等于矩形的高度，但实际操作中会有一定的出入。不过，可以确信的是，这一高度越高，后面的上涨或下跌的空间越大。

第十一，矩形整理的形成时间要比三角形、旗形等整理形态都长，通常会超过 4 周（20 个交易日）。矩形整理的周期越长，完成突破后上涨或下跌的幅度相应也会越大。

下面来看一下金花股份的案例，如图 7–35 所示。2020 年 12 月到 2021 年 3 月，金花股份的日 K 线图上出现了矩形整理形态。

2020 年 12 月初，金花股份的下跌走势加速。2020 年 12 月 25 日，该股收出一根下影线很长的小阳线，这天的最低价也成为短期内的一个低点。之后该股股价一直运行于一个箱体范围之内。股价上升一波后就会转入调整，当股价下跌至 2020 年 12 月 25 日低点附近时，又会重新反弹，如此反复，形成了一个矩形整理形态。

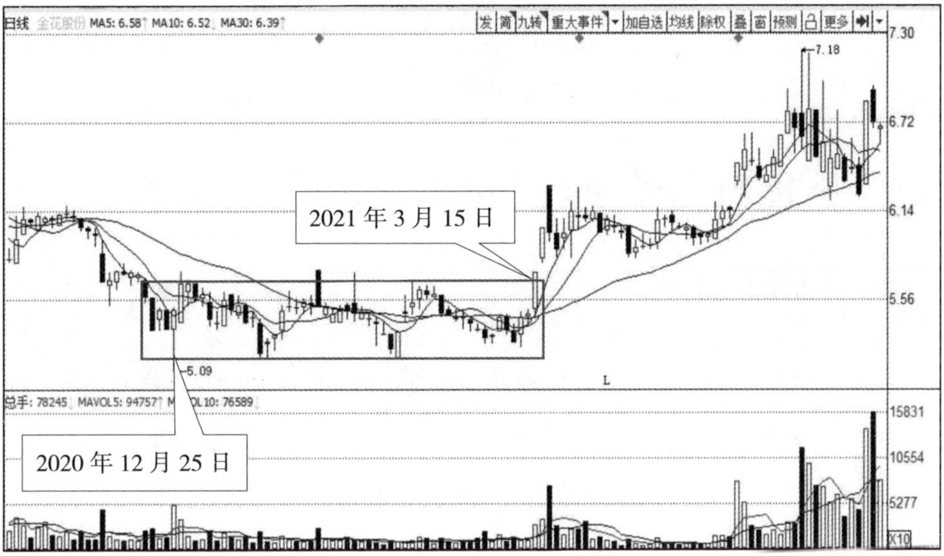

图 7-35　金花股份（600080）日 K 线走势图

2021 年 3 月 15 日，该股放量突破矩形的上边线，且当天收于涨停位置。此时，投资者可以买入股票，持股待涨。

第八章

K 线经典形态的 13 个卖出信号

K 线在振荡整理过程中，特别是在顶部盘整过程中形成的一些经典形态，往往能够起到很好的卖出指示作用。从某种意义上来说，顶部的各类 K 线组合，都是主力为了掩护出货而刻意制造出来的，目的是让投资者摸不清股价运行的方向。

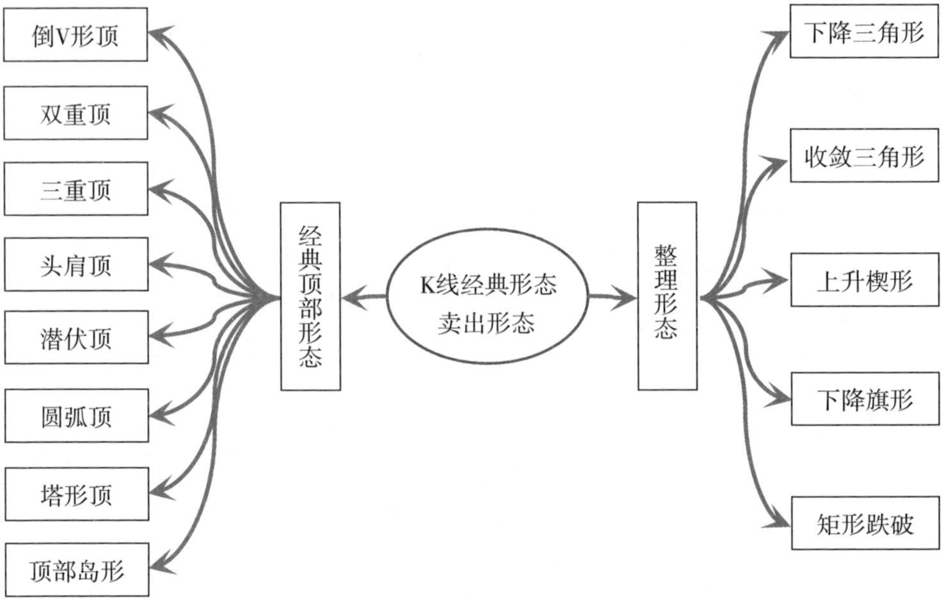

图 8-1　K 线经典形态卖出信号知识导图

第一节 顶部经典的 8 个卖出形态

相对而言，经典的顶部形态，其看跌指示作用是非常强烈的，也是投资者在操盘时最需要关注的一类形态。

一、倒 V 形顶

倒 V 形顶又称尖顶，出现在一段上涨行情的末尾。其形态表现为：股价经过一段时间的上涨后出现了加速上攻行情，上涨到一定高度后掉头向下，又开始了一段快速下跌行情，从而形成了一个形状像倒置的英文字母“V”的顶部走势。如图 8-2 所示。

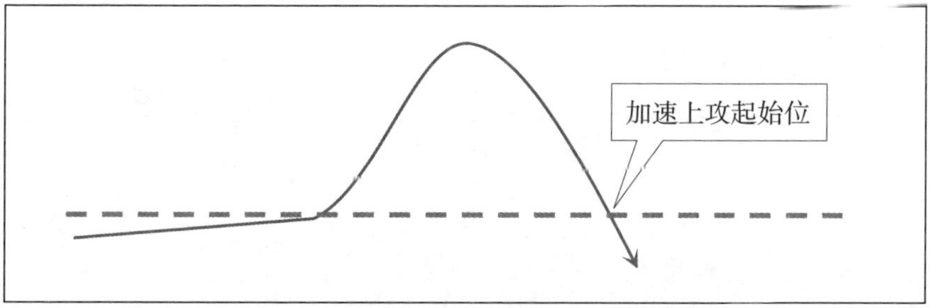

图 8-2　倒 V 形顶

倒 V 形顶的顶部十分尖锐，常在几个交易日之内便构筑完成，而且转折点形成时通常都伴有很大的成交量。该形态的形成经历了这样的过程：一开始多方力量很强，同时引发投资者的追涨热潮，使股价连续上涨；当多方的力量消耗得差不多时，危机便产生了，这时空方开始发力，之前获利的多方也反手做空。强大的做空力量使股价迅速回落，不多时日就可能使股价跌去了大半。

倒 V 形顶往往在市场炒作气氛浓厚，投资者盲目追高的时候出现，这种突然的转折常常会造成股价大幅下跌，令投资者措手不及。所以，投资者应该对此形态保持警觉，以免错失卖出良机。

其操作要点如下。

第一，当股价已经上涨了一段时间后，出现了倒 V 形顶形态，则反转信号的可靠性较高，投资者看到此形态后应该及时卖出股票。

第二，倒 V 形顶的卖点很难把握，一般情况下，从最高点快速向下回落的两三天里，经验丰富的投资者已经能预感到倒 V 形顶的来临，果断实施减仓操作。因此，当出现放量下跌时，投资者也应该迅速跟进卖出，因为越往后损失会越大。

第三，当股价下跌到倒 V 形顶开始快速上涨的价位时，可能会遇到一定的支撑，从而出现横盘整理，形成倒 V 形顶的扩展形态，如图 8-3 所示。这是因为部分投资者不希望股价这样迅速跌落。但是一旦突破这一支撑位，股价仍有很大的下跌空间，所以，投资者可以把这一横盘整理平台也视为一个卖点。但需要说明的是，这一平台有时可能不会出现。

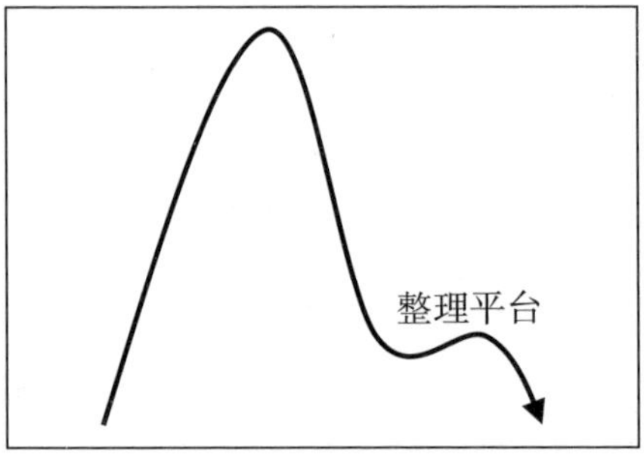

图 8-3　倒 V 形顶的整理形态

第四，在倒 V 形顶形成的过程中，股价从顶部开始下跌时，会伴随着成交量的明显放大。成交量越大，看跌信号就越强烈，之后下跌的空间就越大。

第五，形成倒 V 形顶时，前期上涨的速度越快、幅度越大，那么后期的下跌就会越猛烈，相应的跌幅也就会越大。

第六，倒V形顶的顶部位置常常会出现射击之星、吊颈线、黄昏之星、乌云盖顶等K线或K线组合，投资者可以借助这些转势信号来识别倒V形顶。

下面来看一下万年青的案例，如图8-4所示。

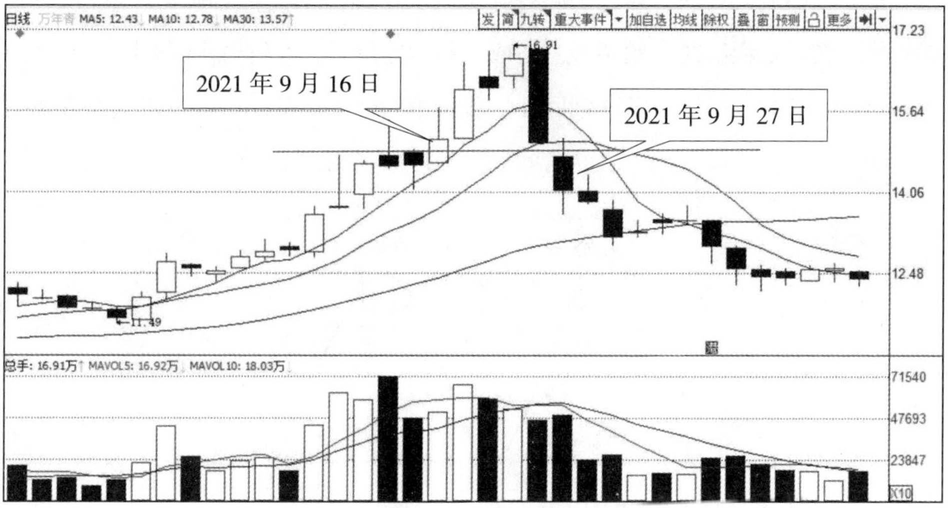

图8-4　万年青（000789）日K线走势图

如图8-4所示，2021年9月，万年青的日K线图上出现了倒V形顶形态。

2021年8月初，万年青的股价结束了下行走势，重新进入上升通道。

2021年9月16日，处于上升趋势的万年青，经历了两个交易日的调整后，出现了加速上升趋势。

此后，该股股价连续大幅上攻几个交易日后，收出一根大阴线。9月27日，该股股价更是跳空向下，跌破了股价快速上攻的起始位，这说明该股的倒V形顶形态完成。投资者应该在开始快速下跌时果断离场，以免蒙受更大的损失。

二、双重顶

双重顶又称M形顶，出现在一段上涨行情的末尾。该形态有两个明显的价格高峰，且两个高峰的最高点大致处于同一价位上，形状就像是一个英文字母

“M”。如图 8-5 所示。

双重顶的形成经历了这样的过程：股价上涨到一定的价位水平后，由于股价太高，持股的投资者纷纷将获利落袋，很多持币的投资者也望而却步，因而股价出现技术性回调，形成了第一个高峰。但下跌并没有持续多长时间，短线投资者在股价跌到一定程度时开始买入，造成了股价的反弹，股价再次回升到了前期顶点附近。这时短线投资者将获利回吐，股价重新开始下跌。这次下跌引发大量的抛盘热潮，股价跌破了前一次回落的低点，形成了第二个高峰。

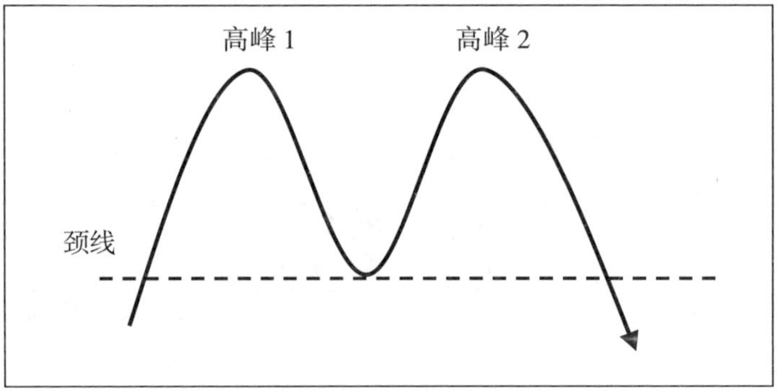

图 8-5　双重顶

通过第一个回落的低点画一条水平直线，就得到了双重顶的颈线。股价跌破该颈线才能视为双重顶形态正式构筑完成。

双重顶是一种转势形态，这一形态的出现预示着涨势将告一段落，行情将走入下跌通道。

其操作要点如下。

第一，双重顶形态是较为可靠的看跌信号，投资者看到此形态后应考虑卖出股票。

第二，双重顶形态尚未形成时，一些经验老到的投资者便会提前嗅出危险，并将手中的股票沽出。因此，如果出现第一个高峰之后，股价出现较大幅度的下跌，其后股价再度上升到前期顶点附近，但又无法突破前期顶点，同时成交量较前期有明显减少，则有形成双重顶的可能。这时投资者应先卖出部分股票，轻仓观望。

第三，双重顶第一个明确的卖出信号出现在股价突破颈线位置时，这表明双重顶基本形成，投资者应把握时机，尽快卖出股票。

第四，股价在跌破颈线后，颈线从支撑位变成了阻力位。之后股价可能会对颈线有一个回抽动作以测试突破的有效性，如图 8-6 所示。如果股价在此位置受阻回落，则双重顶形态得到确认，这是明确的卖出信号，仍持有股票的投资者应果断清仓。需要说明的是，并不是所有的股票在出现双重顶后都会有回抽动作。

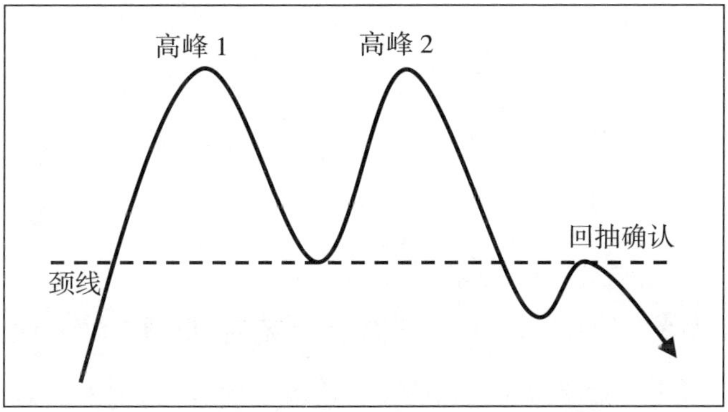

图 8-6　双重顶

第五，双重顶两个顶点的相隔周期越长，在顶部的成交量越大，后市下跌的可能性就越大。

第六，在双重顶形成的过程中，如果第二个高峰的成交量小于第一个高峰的成交量，第二个顶点低于第一个顶点，则看跌信号更为强烈。

第七，双重顶的最高点与颈线之间的垂直距离越大，通常表示未来股价下跌的幅度越大。

下面来看一下方大炭素的案例，如图 8-7 所示。2021 年 8 月—9 月，方大炭素的日 K 线图上出现了双重顶形态。

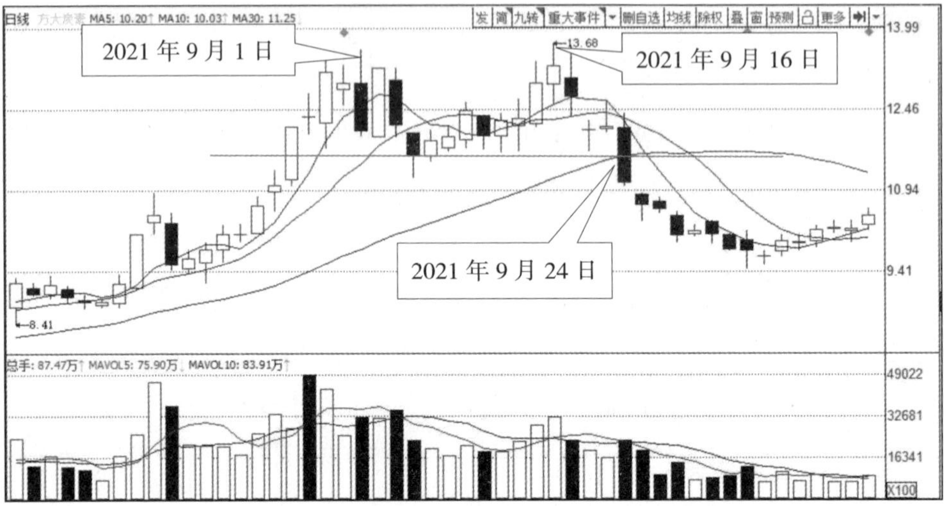

图 8-7　方大炭素（600516）日 K 线走势图

2021 年 7 月，振荡整理之后的方大炭素开启了新一轮的上涨行情。经过一番持续快速上涨，该股于 2021 年 9 月 1 日收出一根上影线很长的中阴线。股价也在创出 13.56 元的近期新高后开始回落，从而形成了双重顶的第一个高峰。

此后，方大炭素的股价在下跌过程中获得支撑而反弹。但这次反弹持续的时间较短，9 月 16 日，该股重新开始向下，形成了第二个高峰。从第二个顶点下落的过程中，投资者就应该实施减仓操作，以规避风险。

2021 年 9 月 24 日，该股股价跌破颈线位置，收出一根大阴线，双重顶构筑完成，这时投资者应该将仓位全部清空。

三、三重顶

三重顶又称三尊头，出现在一段上涨行情的末尾，其形态表现为：股价在高位波动中经历三次上升，但都在高点受到阻力而回落，从而形成了三个价格高峰，这三个高峰的顶点大致处于同一价位上。如图 8-8 所示。

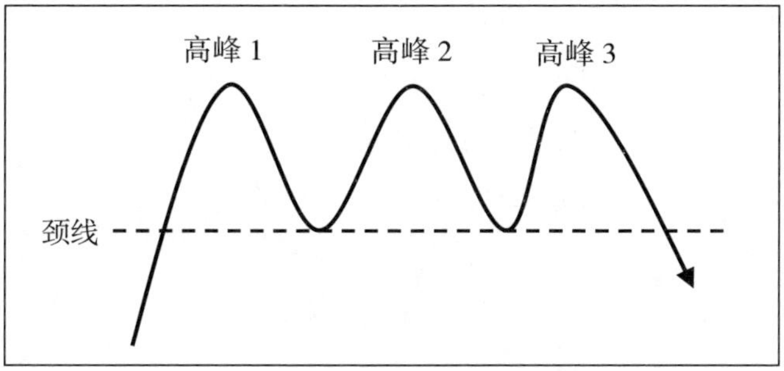

图 8-8　三重顶

三重顶既可视为头肩顶形态的变异，又可看作是双重顶的扩展。相对于头肩顶和双重顶而言，三重顶比较少见，却是一种非常强势的反转形态，该形态形成后，下跌力度是三种形态中最强的。

将三重顶两次回落的低点相连，便是三重顶的颈线。与头肩顶和双重顶一样，只有股价跌破了颈线后，三重顶形态才能被确认为有效。

三重顶是一种强烈的转势形态，在该形态的构筑过程中，多方力量逐渐枯竭，而空方力量开始凝聚。该形态的出现表示未来将会有一波可怕的下跌行情。

其操作要点如下。

第一，三重顶形态是较为可靠的看跌信号，投资者看到此形态后应考虑卖出股票。

第二，在三重顶形态尚未完成时，如果前两次上攻失败，第三次上攻出现成交量萎缩的状况，或是未能达成之前的高度，则说明多方缺乏上攻动能，形成三重顶形态的可能性极大。此时投资者应该进行减磅操作。

第三，当股价跌破颈线位置时，表明三重顶形态已经构筑完成，投资者应该将手中的股票尽快抛出。

第四，当股价跌破颈线后，也可能在不久之后回抽到颈线附近予以确认，如图 8-9 所示。这时往往会受阻再度下跌，对于投资者来说，这仍是一次卖出的良机。这时，仍然持股的投资者应该将手中的股票全部沽空。但这一回抽动作并不一定会出现，所以，投资者千万不能有等到回抽之后再“孤注一掷”的想法。

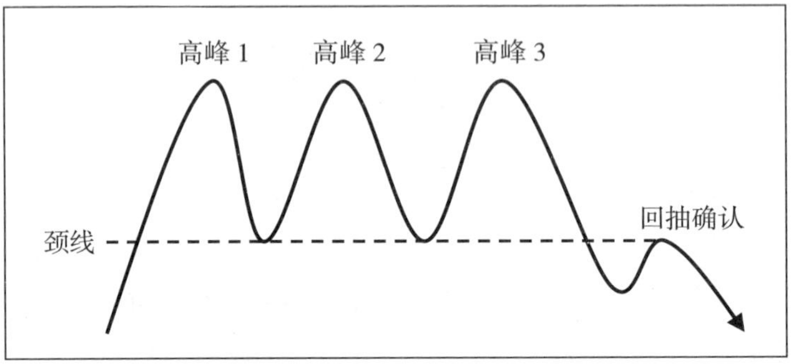

图 8-9　三重顶

第五，在三重顶的三次回落过程中，成交量要呈现出逐次减小的势态，否则极有可能造成形态失败。在最后一次回落时，如果成交量非常小，则更能显示出下跌行情的征兆。

第六，三重顶形成的周期越长，顶部成交量越大，说明见顶的可能性越大，后市下跌的空间也会越大。

第七，三重顶的最高点与颈线之间的垂直距离越大，通常表示未来股价下跌的幅度越大。

下面来看一下华鑫股份的案例，如图 8-10 所示。2020 年 12 月到 2021 年 2 月，华鑫股份的日 K 线图上出现了三重顶形态。

2020 年 11 月，华鑫股份的股价经过一波上涨后，在 12 月 16 日 23.60 元的位置出现回落。此后，经过几次振荡调整，连续创出三个高点，且一个比一个低。若将回调的低点连线，就可以获得一根颈线。

2021 年 1 月 28 日，该股跳空低开，然后经过振荡，形成一根十字线。当日，该股股价向下跌破了三重顶的颈线位置，三重顶正式形成，此时投资者应该把握机会卖出股票。

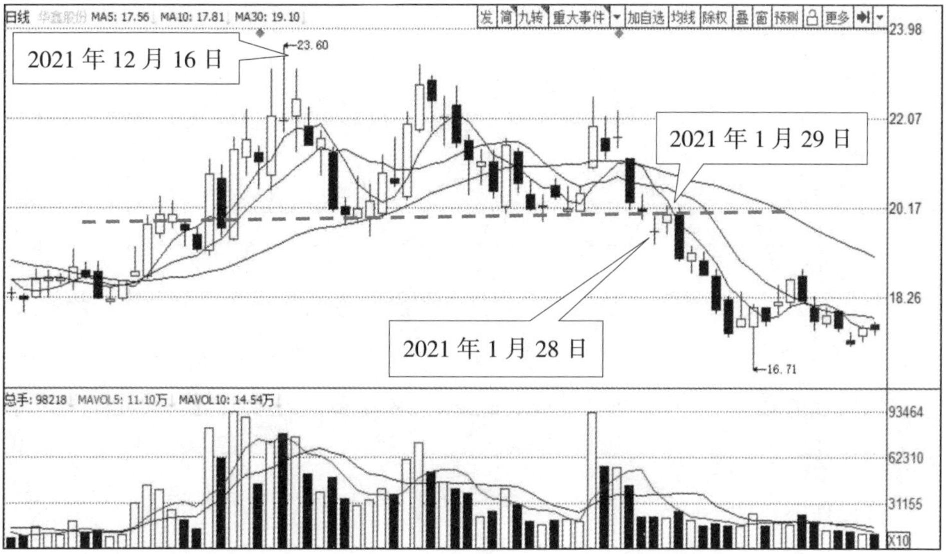

图 8-10 华鑫股份（600621）日 K 线走势图

2021 年 1 月 29 日，该股股价短暂回升，但在颈线附近遇阻再次下跌，这次回抽动作是对三重顶的确认。这时，如果投资者还有剩余股票的话，应该马上将仓位清空。

四、头肩顶

头肩顶出现在上涨行情中，由三个高峰组成，左右两个高峰相对较低，基本处在同一水平位置上，中间一个高峰的高点明显高于左右两个高峰的高点，其形态就像一个人的头部和两肩。如图 8-11 所示。

头肩顶形态是这样形成的：股价上涨到一定高度后开始回落，当下降到一定程度后又出现了回调，形成了“左肩”；接着再度上冲创出新高后回落，构筑了“头部”；之后又下跌到前一次回调的位置附近再次向上，这次回升的高点低于头部的高点，形成了“右肩”。在两次回调的过程中，股价基本在同一价位受到支撑，这个价位上的直线就是颈线。

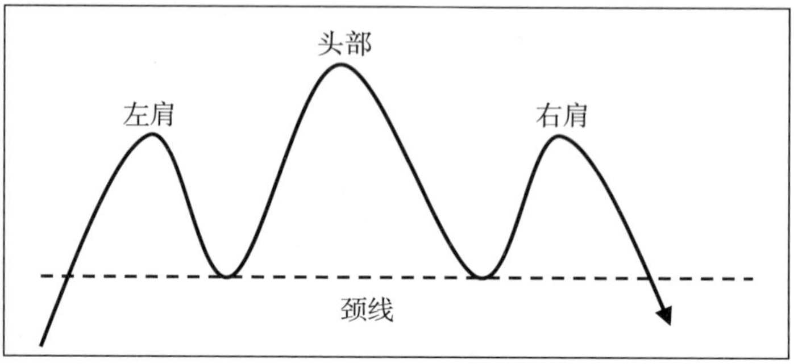

图 8-11　头肩顶

头肩顶形态是一种较为强烈的反转形态，表示多方力量被不断消耗，空方逐渐占据主动。

其操作要点如下。

第一，头肩顶形态是较为可靠的熊市信号，此形态出现之后常常会出现一波较为显著的下跌行情。因此，投资者看到头肩顶形态后，应果断卖出股票，持币观望。

第二，当股价跌破了支撑线（颈线）位置，表示头肩顶形态构筑完成，这是头肩顶形态第一个较为明确的卖出信号。如果颈线向下倾斜，表示后市下跌的可能性更大，投资者更应该选择离场。

第三，股价突破头肩顶的支撑线（颈线）后，往往会在不久之后回抽到颈线附近，如图 8-12 所示。如果股价上探回落，则向下突破的有效性便得到了确认，这是第二个明确的卖出信号。但是这样的回抽有时不会出现，因此，投资者切不可把它作为自己唯一的卖出点，以免被深度套牢。

第四，股价完成向下突破后，原来的支撑位就变成了阻力位。当股价上升到这一位置时，投资者应加倍小心。

第五，成交量是表示头肩顶形态信号强弱的一个重要指标。如果在形成左肩和头部的过程中成交量显著放大，在冲破颈线形成右肩的过程中成交量却出现萎缩，说明看跌信号的可靠性更高。

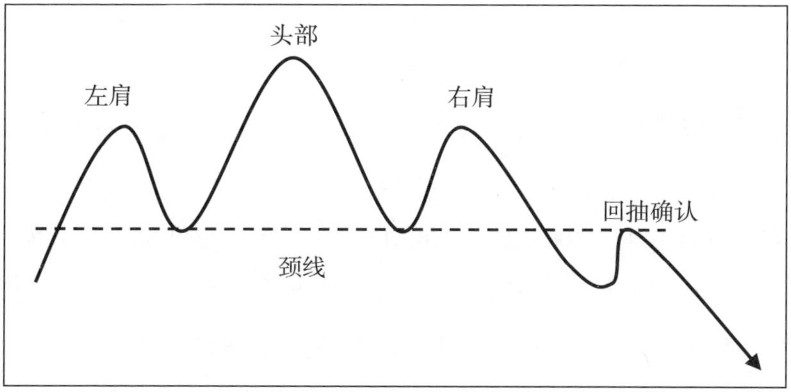

图 8-12　头肩顶的扩展形态

第六，一般来说，头肩顶形态较为平坦，需要较长的时间来完成。而形成头肩顶所用的时间越长，后市下跌的空间就可能越大。

第七，头肩顶形态可能演变成多个头部或多个肩部形态，但是其基本的技术含义并没有改变，并不影响作为头肩顶形态来进行研判。

下面来看一下梦网科技的案例，如图8-13所示。

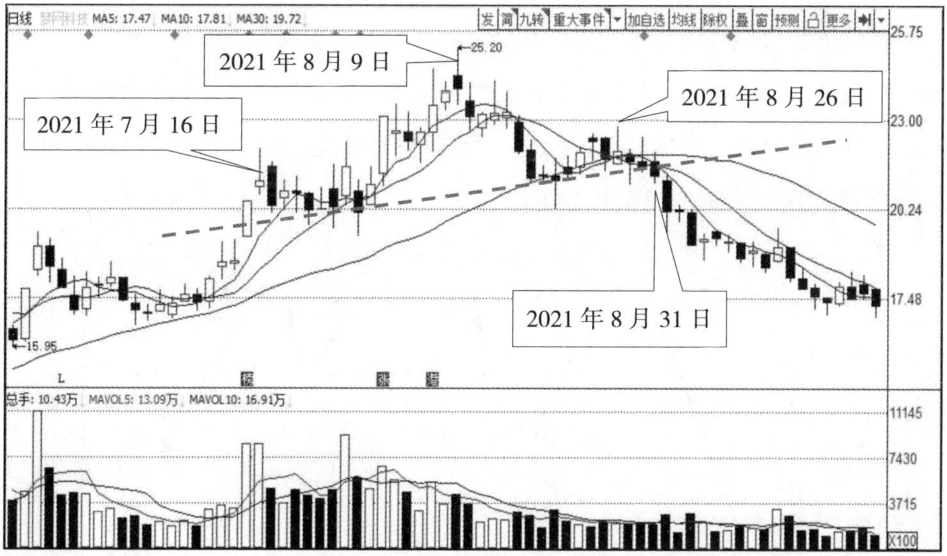

图 8-13　梦网科技（002123）日 K 线走势图

如图 8-13 所示，2021 年 7 月—9 月，梦网科技的股价走势图上出现了头肩顶形态。

2021 年 7 月初，梦网科技的股价经过剧烈的振荡整理后，重新开启了上涨行情。

2021 年 7 月 16 日，该股股价到达相对高点后回落，从而形成了头肩顶的左肩。

经过几个交易日的短暂调整后，该股再次上冲并于 8 月 9 日创出 25.20 元的新高，之后股价又一次回落，从而形成了头肩顶形态的头部。

其后，该股再次出现反弹走势，不过这次的反弹仍然乏力。8 月 26 日，该股再次从高点回落。这时，拥有丰富经验的投资者已经能够研判出股价走势将可能出现头肩顶形态，因此可能在右肩形成的过程中就选择逃顶。

2021 年 8 月 31 日，股价跌破支撑线（颈线），至此，头肩顶形态构筑完成，第一个明确的卖点出现，投资者应该将所持的股票果断出手。

五、潜伏顶

潜伏顶一般出现在一轮较大的跌势之后，其形态表现为：股价长期在一个极狭窄的范围内横向移动，每日股价的高低波动幅度极小，且成交量十分稀疏，呈现出一种横带形状的顶部形态；经过一段时间的盘整之后，股价开始大幅下跌，并最终进入下跌通道。如图 8-14 所示。

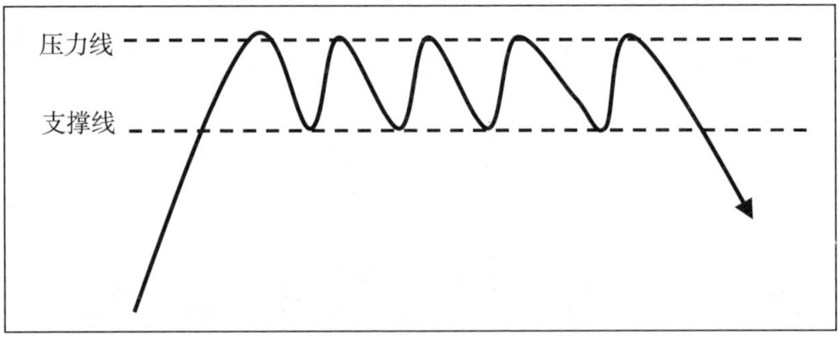

图 8-14　潜伏顶

潜伏顶在一开始表现为多空双方处于高位对峙状态，多方已经无力抬升股价，而空方暂时也没有能力打压股价，因而成交量很小。经过长时间的横盘整理，多方力量逐渐耗尽，空方却积累了足够的力量，并将股价重挫到支撑线以下。这时空方认为时机成熟，加快抛售股票的步伐，从而开启了下跌行情。

潜伏顶多出现在冷门股票的走势中，由于买卖盘都很少，所以供求十分平衡，筹码分布形成高位密集形态。它的形成需要经历较长的时间，一般少则一个月，多则数年。

其操作要点如下。

第一，潜伏顶是一个非常重要的看跌信号，股价一旦跌破下方支撑线，便会有一个非常可怕的下跌行情。所以看到此情形后，投资者应该抓住机会果断卖出。

第二，潜伏顶形态一旦形成，下跌势头会非常猛烈，股价会一路走低，很少出现回抽现象。这是因为横盘时间较久，多方力量基本耗尽，空方已经完全占据了市场主导地位。所以，潜伏顶爆发之后，投资者千万不能犹豫不决，更不要有等反弹出现再卖出的想法。

第三，在高价位区域出现窄幅的横盘整理形态，极有可能形成潜伏顶形态，投资者可以在此期间不断沽出筹码，以规避风险。

第四，潜伏顶在横盘整理过程中，成交量会极度萎缩。如果成交量依然很大，则不能看作是潜伏顶形态。

第五，形成潜伏顶形态所用的时间越久，后市下跌的力度和幅度就会越大。

第六，股价向下突破支撑位时，成交量可能放大，亦可能缩小，但无论何种情况，都不会改变之后的下降趋势。

下面来看一下安阳钢铁的案例，如图 8-15 所示。2021 年 8 月—9 月，安阳钢铁的日 K 线图上出现了潜伏顶形态。

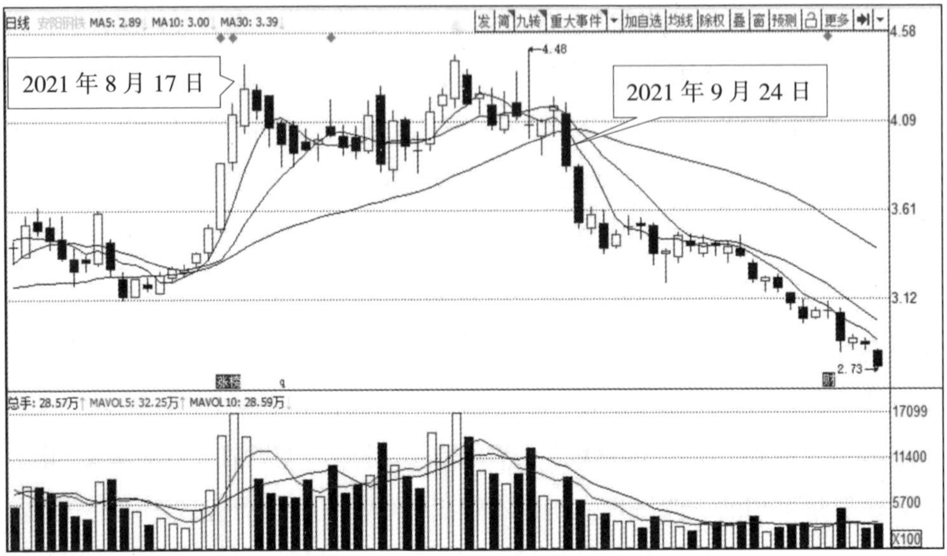

图 8-15　安阳钢铁（600569）日 K 线走势图

2021 年 8 月，安阳钢铁的股价经过一波上涨后开始了横盘整理，这一整理态势一直持续到 2021 年 9 月，在 K 线图上形成了一条长长的横带状走势。由于这一整理出现在相对高位，所以后市看空的可能性很大，投资者最好在此期间实施减仓操作。

2021 年 9 月 24 日，横盘已久的安阳钢铁终于打破了平衡，收出一根下影线较短的大阴线。由于股价跌破了潜伏顶的支撑线，投资者应该把握机会卖出股票。

此后，该股股价进入了一波长期的下跌通道。

六、圆弧顶

圆弧顶又称圆形顶、碟形顶、锅盖顶，通常出现在股价的顶部区域，也就是一波上涨行情结束时。其形态表现为：股价经过一番上涨之后，升势减弱，并开始在高位反复振荡，把它的短期高点连接起来，就形成了一个向上凸起的圆弧状的顶。如图 8-16 所示。

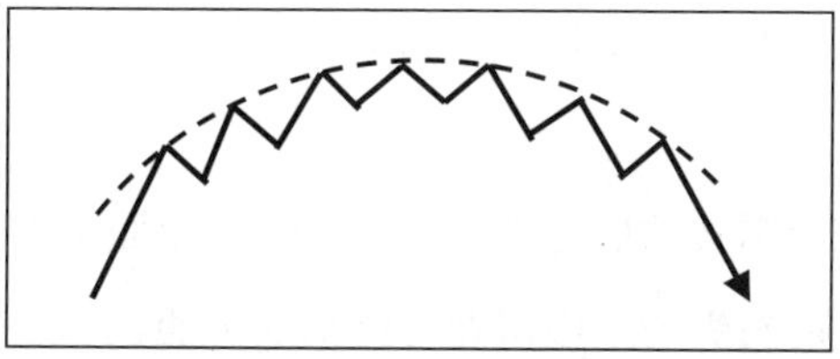

图 8-16　圆弧顶

圆弧顶的股价和成交量有时也会呈现上凸圆弧状。这是由于经过一段时间的上涨之后，股价进入高位进行整理，此时多方开始转向做空将获利回吐，于是在这一位置形成了密集成交区。接着，空方力量越来越强，最后超过了多方力量，股价开始缓慢下滑，成交量也逐渐减少。后期，空方完全控制了市场，下跌幅度也越来越大。

圆弧顶形态表示正在由多方主导的上涨行情逐渐转向空方主导的下跌行情。圆弧顶形态在股价走势中并不常见，但是它一旦出现，就会有很大的杀伤力。

其操作要点如下。

第一，圆弧顶形态并不会像头肩顶、双重顶和倒 V 形顶等较为强烈的顶部形态那样出现急剧的下跌走势，而是属于渐进渐变的形态。不过，圆弧顶比后三种形态更可怕，其后市往往会有巨大的跌幅，投资者如不卖出股票，将会有被深度套牢的危险。因此，看到此形态出现，投资者应该将手中的股票抛空。

第二，圆弧顶并没有一个明确的卖出点。不过，由于其形态形成耗时较长，所以投资者有足够的时间采取行动。通常，投资者有两个较为有利的卖出机会：（1）上涨走势结束，股价和成交量从最高点开始逐渐下降时；（2）圆弧顶构筑完成，股价加速下跌，并形成有效突破时。

第三，在股价上涨的过程中，如果成交量随之放大；在股价下跌的过程中，成交量又随之缩小，即成交量也呈现明显的圆弧状，则见顶信号的可靠性更高。

第四，圆弧顶形成的时间越长，说明多空力量转换越彻底，股价后期下跌的可能性就越大。

第五，投资者按照圆弧顶形态卖出股票后，如果股价的后续走势突破圆弧顶的最高点，则说明该形态失效，投资者可继续买入股票。

下面来看一下天地科技的案例，如图 8-17 所示。

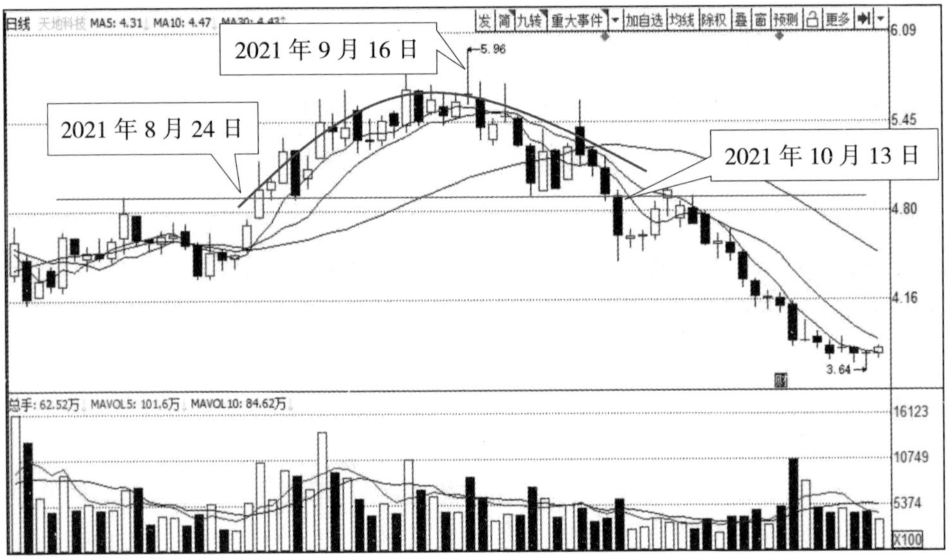

图 8-17　天地科技（600582）日 K 线走势图

如图 8-17 所示，天地科技的股价走势于 2021 年 8 月—10 月形成了圆弧顶形态。

2021 年 8 月下旬，天地科技股价上涨的速度逐渐开始减弱，并于 9 月 16 日创出阶段高点后逐渐开始缓慢下行。

2021 年 10 月 13 日，该股收出一根下影线很长的大阴线，跌幅达 6.11%，并跌破了圆弧顶启动时的点位。这表示股价已经到达顶部，开始反转向上。持股的投资者应该在当日降低仓位，以规避风险。

此后，天地科技的股价经过一波振荡后，正式开启了下跌走势。

七、塔形顶

塔形顶通常出现在股价的顶部区域，也就是一波上涨行情结束时。其形态表现为：先是收出一根大阳线，将股价拉升至较高的水平，接着出现一连串的小实体K线，可以为阴线或阳线，最后一根大阴线将股价打压至大阳线出现前的位置。如图8-18所示。

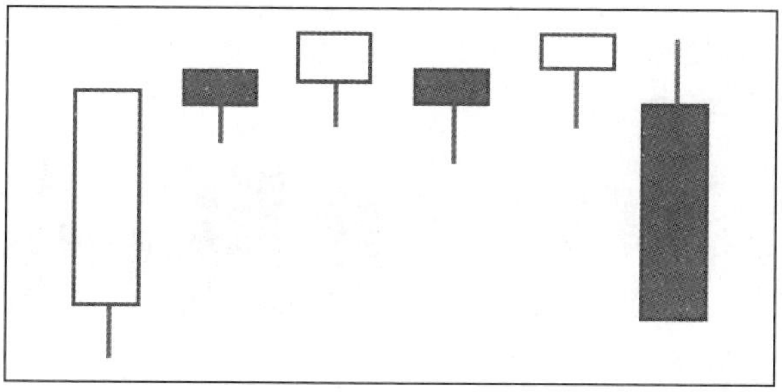

图8-18　塔形顶

塔形顶形态反映了多方将股价拉升至较高水平后，无力继续拉高股价，而空方暂时也无力向下打压股价，多空双方保持了一定的力量均衡。其后，空方经过一段时间的蓄势后，发力向下打压股价，说明其已经准备好将股价带入下跌通道。

塔形顶与潜伏顶有些相似，但所需的时间要短很多。

其操作要点如下。

第一，股价经过一段时间的上涨后，走出了塔形顶形态，往往属于典型的筑顶成功信号，未来下跌的概率很高。

第二，股价经过一段时间的下跌后，出现塔形顶形态，往往属于股价下跌趋势中的调整形态，仍具有看跌意味。

第三，塔形顶形态中，最后一根大阴线的出现，一般不需要成交量的放大相配合，但若成交量出现放大，则更可印证股价即将启动下跌。

下面来看一下海立股份的案例，如图8-19所示。

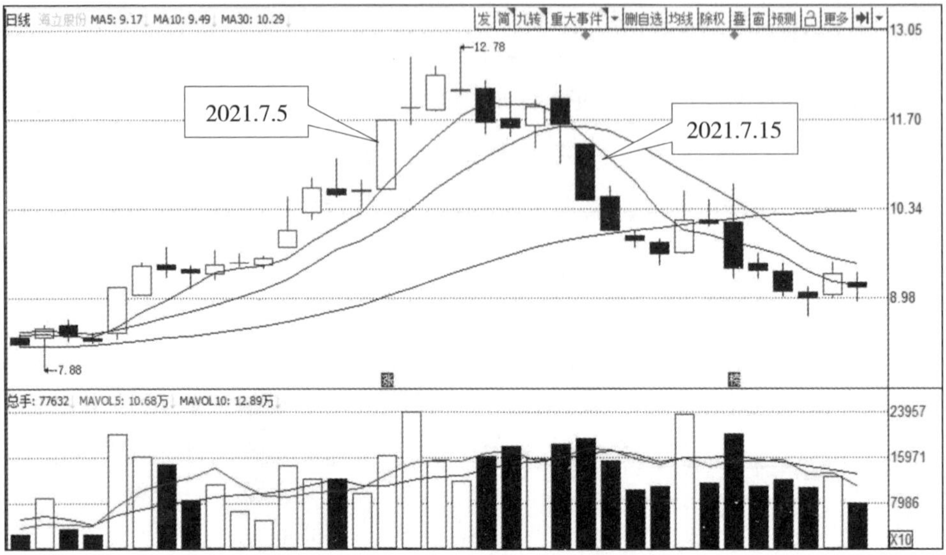

图 8-19　海立股份（600619）日 K 线走势图

如图 8-19 所示，海立股份的股价在 2021 年 7 月前经历了一波快速上涨，该股股价短期内上涨幅度非常大。

2021 年 7 月 5 日，该股股价再度出现大幅上涨态势，并以涨停报收。此后，该股股价出现了横向振荡走势，股价 K 线多以小阴线、小阳线报收，说明多方无力继续向上大幅拉升股价。

2021 年 7 月 15 日，该股股价突然放量下跌，并以跌停报收。至此，塔形顶形态正式成立，投资者见到这种形态出现后，可立即清仓离场。

此后，该股股价出现了一波振荡下跌走势。

八、顶部岛形

顶部岛形出现在上涨走势的末尾，其形态表现为：股价先是上涨，接着进入整理，然后又开始下跌；在股价上升和下降的过程中分别出现了跳空缺口，且这两个缺口大致处于同一价位区域，从而使得缺口上面的K线形态成为一座“孤岛”。如图 8-20 所示。

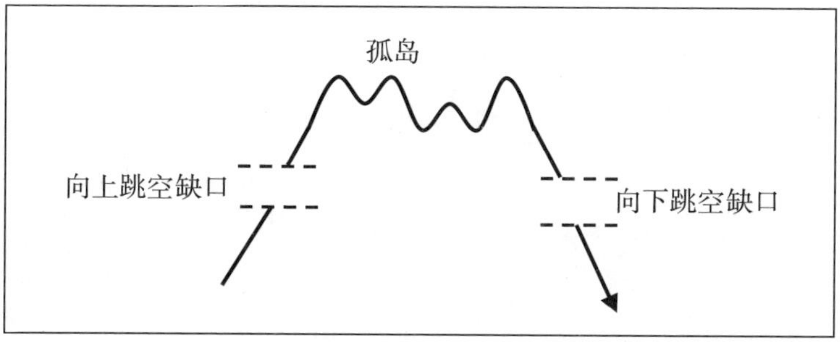

图 8-20　顶部岛形

顶部岛形的形成经历了这样的过程：股价上涨了一段时间之后，投资者对后市充满了希望，开始疯狂购入股票，因而股价高开，形成了一个向上的跳空缺口；然后股价继续上涨，当涨到一定程度后遇到阻力，进入横盘整理阶段；在盘整过程中，空方逐渐压倒多方，股价开始回落，由于打压股价的力量很强，所以在前一个缺口的价位区域附近，又形成了一个向下的跳空缺口。

顶部岛形是一种可靠的转势形态，表明股价已经见顶，上涨行情将马上演变成下跌行情。

其操作要点如下。

第一，顶部岛形是后市下跌的信号，提示投资者应从看多转向看空。所以，当向下跳空的缺口形成时，投资者就应该抛空股票，出局观望。

第二，顶部岛形两个缺口之间相隔的时间可能是一天，也可能是几天或几周。实践表明，相隔的时间越短，后市下跌的力度将会越大。

第三，顶部岛形的反转不需要成交量的支持，一般情况下，此形态的下跌趋势属于一触即发型，无量也能形成较大的跌势。

第四，某只股票的走势出现顶部岛形后，持币的投资者在一段时间内最好不要过多关注该股，更不要盲目去抢反弹，而应努力去寻找其他的潜力股。

第五，如果顶部岛形呈现明显的倒 V 形顶形态，则看跌信号更为强烈。

下面来看一下 ST 银河的案例，如图 8-21 所示。

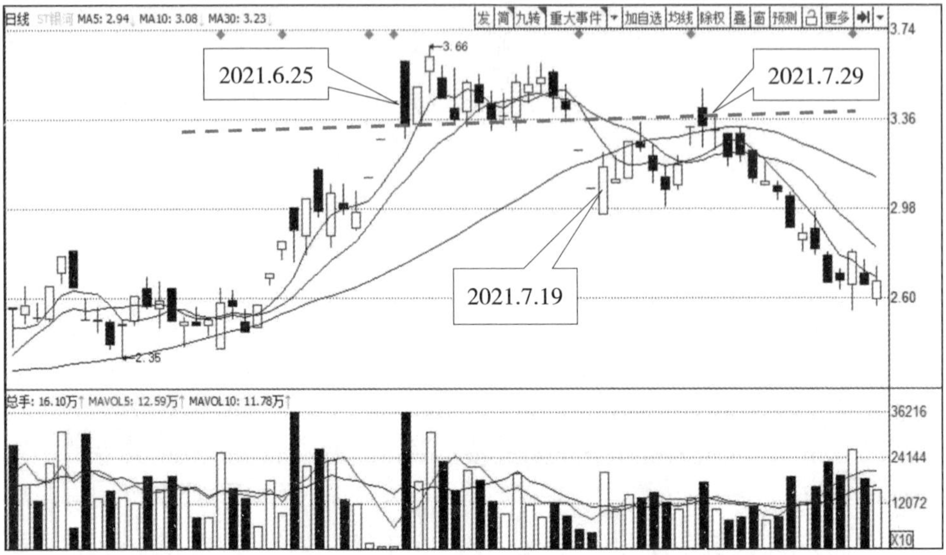

图 8-21　ST 银河（000806）日 K 线走势图

如图 8-21 所示，2021 年 6 月—7 月，ST 银河的日 K 线图上出现了顶部岛形形态。

2021 年 6 月 22 日，正在上涨途中的 ST 银河以一字涨停板跳空上攻，其后的两个交易日，同样收出了一字涨停板。直至 6 月 25 日，该股股价高开后低走，涨停板才打开。此后，该股股价在顶部区域开始了振荡走势。

2021 年 7 月 15 日、7 月 16 日，ST 银河连续收出两个一字跌停板，这基本宣告了股价上升趋势的终结。7 月 19 日，该股股价低开后打开跌停板。至此，顶部岛形形态正式成立。其后，尽管该股股价出现了反弹，但 7 月 29 日，股价反弹至顶部岛形下跌起始位附近时，因受阻力而重新下跌。

此后，该股股价正式进入下跌通道。

第二节 整理形态的5个卖出形态

整理形态的出现，意味着股价正在选择新的突破方向。当股价一旦出现向下突破迹象时，投资者需第一时间出逃。

一、下降三角形及卖出时机

下降三角形通常出现在下跌途中或上涨末期，该形态具有这样的特征：股价在反复振荡过程中，每次下跌的低点基本处于同一水平位置，而每次反弹的高点却不断下移。随着形态的发展，股价波动的幅度越来越小，即高点和低点逐渐靠拢。如果将这些高点和低点分别用直线连接，就形成了一个向下倾斜的三角形。如图8-22所示。

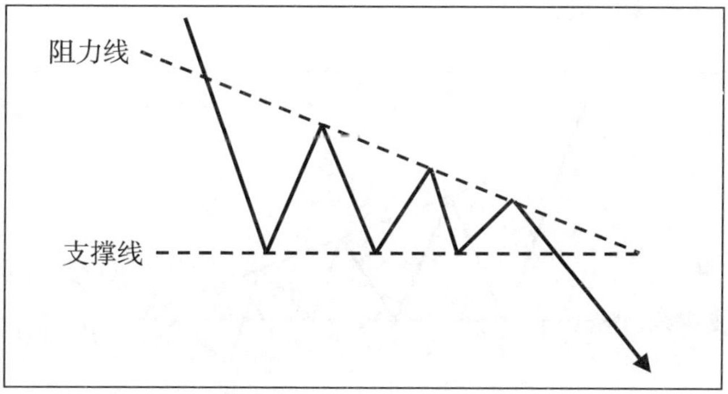

图8-22　下降三角形

下降三角形的形成一般经历了这样的过程：股价每次下跌到某一价位后，便会因获得支撑而出现回升，从而在下方形成了一根支撑线。但由于市场看淡该股，所以股价每次都会在高点回落，且这些高点的位置越来越低。这一态势严重打击了多方的意志，最终，股价在空方的强力打压之下跌破了支撑线，下降三角形形态正式形成。

下降三角形是一种常见的整理形态，出现该形态说明卖方力量在不断加强，而买方力量却在逐渐衰弱，预示市场有可能进入空头行情。

其操作要点如下。

第一，下降三角形在下跌行情中出现，通常表现为中继信号；在上涨行情中出现，则具有一定的转势意味。因此，一旦股价跌破下降三角形的下边线，投资者就应该坚决卖出离场。

第二，下降三角形的下边线一开始是支撑线，被突破后就变成了对股价的阻力线。之后，股价一旦上升到该线附近，便有可能遇阻回落。

第三，有时候，股价向下突破下降三角形后会有一次回抽，以确认突破是否有效，如图 8-23 所示。如果股价在三角形的上边线受阻回落，就证明突破有效，这时仍持有股票的投资者应该选择清空仓位；如果股价又重新回到三角形之内，则表示形态失败，但这时投资者最好保持观望姿态，不要贸然介入。不过，这种回抽动作有时并不会出现。

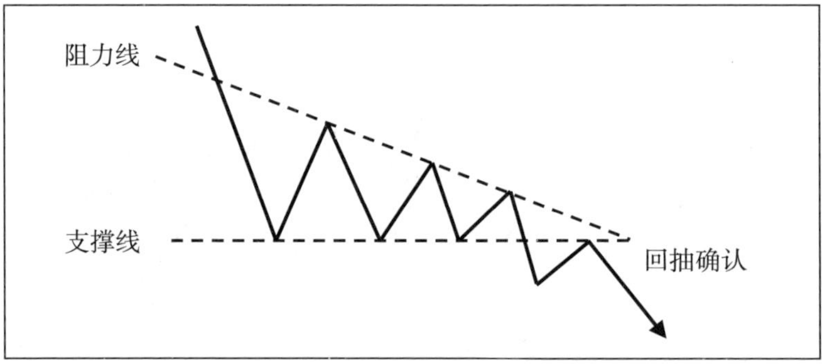

图 8-23　下降三角形的扩展形态

第四，通常，在下降三角形形成的过程中，成交量不会出现极度萎缩的情况，有时甚至会出现量价背离。在向下突破时，成交量也不会有太大的变化。

第五，一般情况下，下降三角形的高点与低点之间的最大垂直距离越大，后市下跌的空间相应地也就越大。

第六，下降三角形在绝大多数情况下是向下突破的，但也有例外。一旦股价形成向上突破，持股的投资者不宜再卖出，而持币的投资者仍以观望为佳。

第七，下降三角形完成的时间一般不会太长，如果股价持续整理，迟迟没有实现向下突破，那么走势极有可能演变成双重底或三重底等类型的底部形态。这时候，投资者最好不要轻易卖出股票。

下面来看一下汇川技术的案例，如图 8-24 所示。

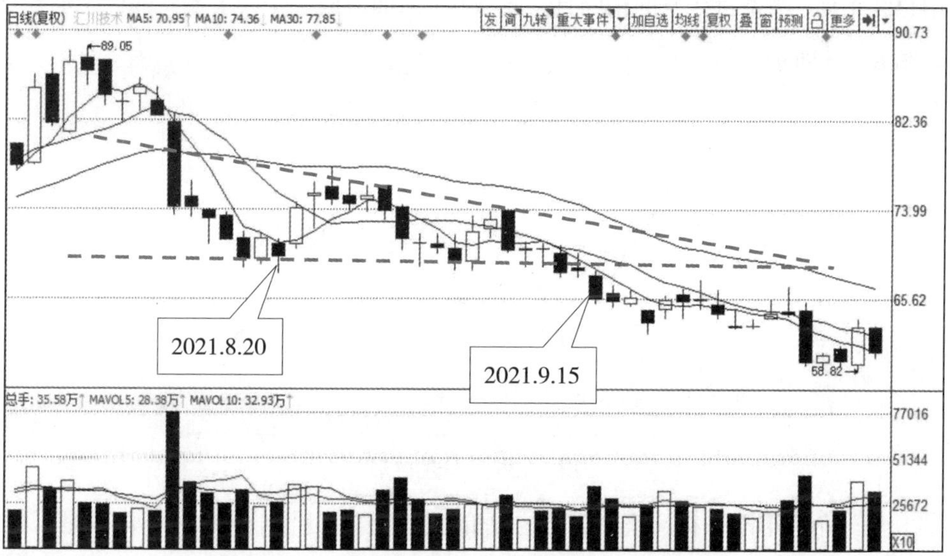

图 8-24　汇川技术（300124）日 K 线走势图

如图 8-24 所示，2021 年 8 月—9 月，汇川技术的日 K 线图上出现了下降三角形形态。

2021 年 8 月中旬，处于下跌途中的汇川技术走出了振荡调整行情。在反复振荡的过程中，股价几乎在同一价位上获得支撑，而反弹所形成的高点却越来越低，说明多方已经有些力不从心了。

2021 年 9 月 15 日，该股跳空低开低走，收出一根大阴线。也就在这一天，股价跌破了下降三角形的支撑线。这预示着股价将走向下跌之路，投资者应及时卖出股票。

此后，该股开启了一波漫长的下跌之路。

二、上升楔形及卖出时机

上升楔形又称上倾楔形，通常出现在下跌行情中。该形态表现为：在股价下跌过程中，出现了一小段向上的振荡整理行情，将反弹的高点和回落的低点分别用直线相连，两条直线方向相同且呈收敛状，从而形成一个向上倾斜的楔子形态。如图 8-25 所示。

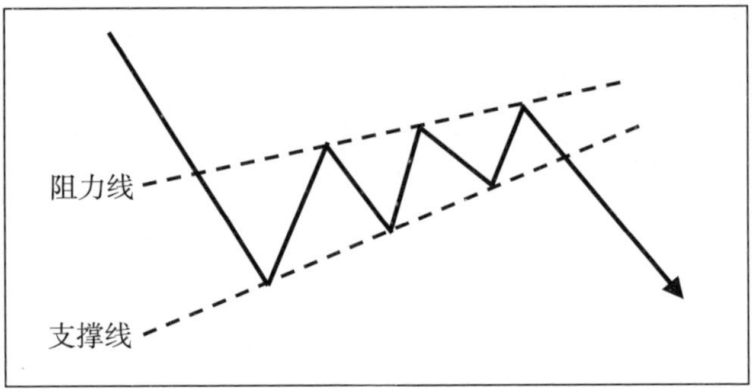

图 8-25　上升楔形

与三角形形态一样，楔形形态的股价走势同样是逐渐收敛的。不同的是，楔形上下两条边界线的方向相同，而三角形的上下两条边界线的方向并不一致。

上升楔形虽然是向上倾斜的，似乎是说明上方抛压并不严重，但新的反弹较前面的反弹波幅呈缩小的态势，表示买盘力量正在被消化，同时成交量的逐渐萎缩也有效证明了多方上攻意愿不强。因此，可以认为这种形态只是下跌途中的一种技术性反弹，并没有强力的多头想要抬升股价。

有时候，上升楔形会成为庄家制造诱多陷阱的一种手段。庄家会利用这一形态故意拉高股价，诱骗散户投资者买入，以达到出货的目的。

在下跌行情中出现上升楔形，一般只是投资者低位补仓或短线操作所致，一般不会影响下跌趋势的发展。因此，该形态通常表现为下跌中继信号。

其操作要点如下。

第一，在上升楔形形成的前半阶段，投资者可以按照楔形的上下边线进行高抛低吸操作，即在股价跌到下边线时买入，等到股价涨到上边线时再卖出。但是到了后半阶段，波动幅度已经很小，这时投资者最好不要进行波段操作。

第二，当股价逐渐接近顶点，成交量也越来越少，这种价升量减的背离现象说明上涨势头不会持久。看到这种情形，持股的投资者可以考虑逢高卖出股票。

第三，当股价跌破上升楔形的下边线时，表明上升楔形正式完成，投资者应该尽快将手中的股票抛空。

第四，上升楔形完成向下突破后，股价往往会急速下跌，但有时也会出现向上的回抽动作，如图 8-26 所示。出现回抽时，空仓的投资者不宜介入，仍然持股的投资者则应该抓住这一机会将剩余的股票全部卖出。

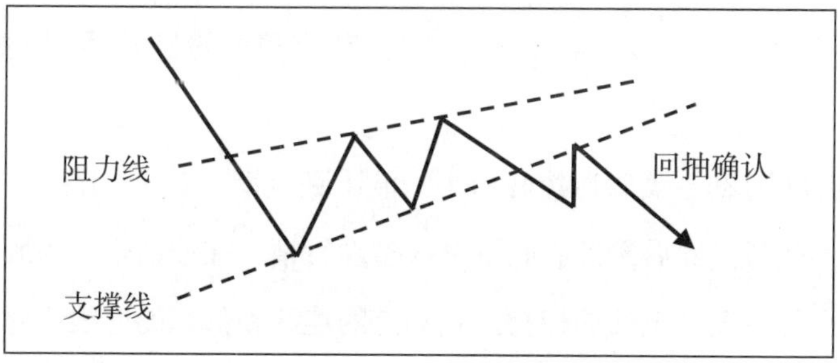

图 8-26　上升楔形的扩展形态

第五，上升楔形在形成过程中，成交量一般会呈持续萎缩状态。在向下突破时可能会有成交量的配合，也可能不会。股价上升的过程中，如果成交量持续放大，则不能看作是上升楔形，而应该视为反转形态。

第六，上升楔形形成的时间较长，一般至少需要三周（15 个交易日），有时甚至会持续 3 ～ 6 个月。持续的时间越长，下跌信号的可靠性越高，之后股价下跌的力度也会越强。

下面来看一下英唐智控的案例，如图 8–27 所示。

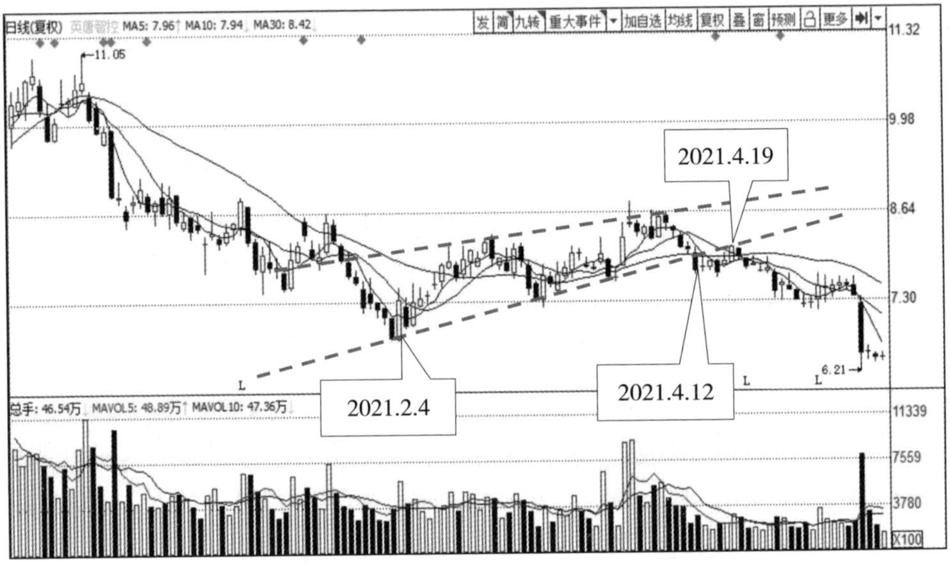

图 8–27　英唐智控（300131）日 K 线走势图

如图 8–27 所示，2021 年 2 月—4 月，英唐智控的日 K 线图上出现了上升楔形形态。

2020 年 11 月初，英唐智控开启了一波下跌行情。2 月 4 日，该股低开高走收出了一根大阳线，此后，该股股价进入整理行情。在波动中，该股反弹的高点和回落的低点都有逐渐上升的趋势，且高点的连线和低点的连线呈收敛状，从而形成了一个上升楔形形态。

2021 年 4 月 12 日，该股跌破了上升楔形的下边线，形成一个较为明显的卖点。看到此情形，仍持有股票的投资者应该把握机会清仓离场。

三、下降旗形及卖出时机

下降旗形通常在一段下跌行情之后出现，该形态表现为：股价在下跌过程中出现了一小段反弹行情，如果将反弹的高点和回落的低点分别用直线连接起来，就形成了两条向下倾斜的平行线，看上去就像一面倒置的旗帜。如图 8-28 所示。

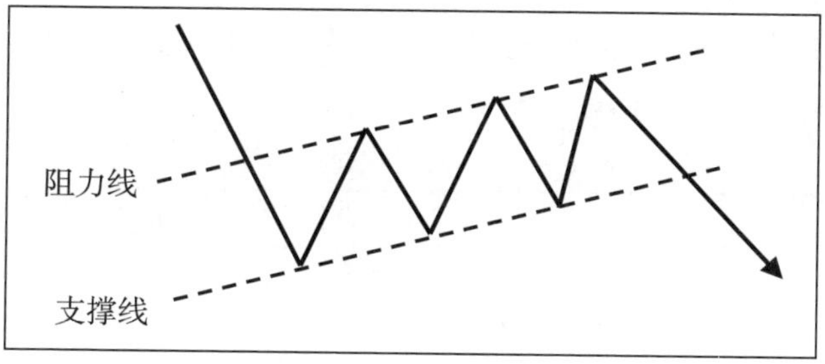

图 8-28　下降旗形

下降旗形的形成经历了这样的过程：股价在急速下降的过程中成交量逐渐增加，最后达到一个短期低点，这时一些投资者认为股价已经见底而开始购买，甚至前期被深套的投资者也希望以补仓来摊薄自己的损失，因此股价出现反弹，形成一个向上倾斜的平行四边形旗面。由于市场上的投资者对上涨信心不足，所以股价一般会以向下突破来结束下降旗形整理，从而再次进入下跌轨道。

庄家常常用下降旗形制造底部抬高的上升假象，诱骗散户投资者接盘，以达到出货的目的。一旦投资者看到股价上升而一头扎进去，十有八九会陷入庄家构筑的诱多陷阱。

股价走势出现下降旗形后，一般会以向下突破居多，向上突破的情况极少出现。因此，下降旗形通常被认为是下跌中继形态，可以看作是下跌途中的一次抵抗性调整。

其操作要点如下。

第一，当股价走势在快速下跌后出现了下降旗形形态，后市看跌的可能性很大，空仓的投资者宜保持观望状态，持股的投资者则适用于逢高卖出策略。

第二，当股价跌破下降旗形的下边线时，表示股价已经整理完毕，将继续下跌。这时，投资者应该尽快将手中的股票卖出，以减少损失。

第三，股价向下突破后，可能会有小幅回抽，但回抽的力量往往很弱，会在旗形的下边线附近遇到阻力，然后再度下跌，如图 8-29 所示。看到此情形后，仍持有股票的投资者应该果断清仓。不过，这种小幅回抽有时候也可能不会出现，所以投资者还是卖得越早越好。

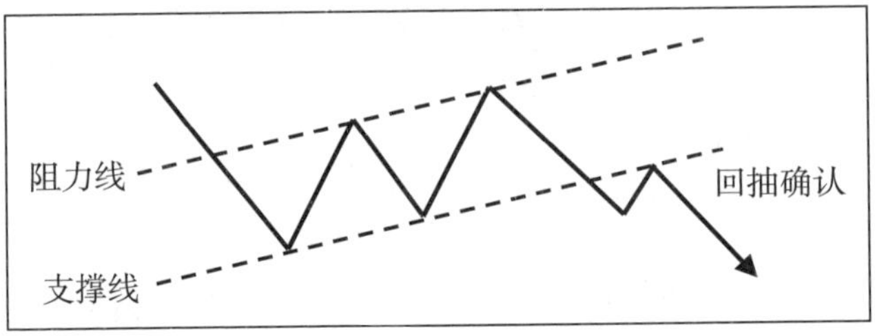

图 8-29　下降旗形的扩展形态

第四，下降旗形必须出现在一段快速下跌行情之后才有意义，在上涨行情中出现倾斜向上的平行四边形，则不能当作下降旗形来看待。

第五，旗杆的长度，即从股价开始大幅快速下跌（旗杆的形成点）到旗杆的顶点之间的垂直距离越大，那么后市下跌的幅度也就越大。这一距离也是下降旗形理论上的最小跌幅。

第六，整个旗形（不包括旗杆）的形成时间应该在 4 周（20 个交易日）之内，但如果在此期间没有形成有效突破，则股价有可能形成向上突破。

下面来看一下宝鹰股份的案例，如图 8-30 所示。2020 年 11 月—12 月，宝鹰股份的日 K 线图上出现了下降旗形形态。

2020 年 10 月底，宝鹰股份的股价经过微调后开始了加速下跌，11 月 2 日，该股收出一根光脚阴线。之后，该股开始了一波振荡上涨行情。将其逐渐升高的高点和低点分别连接，就形成了一个向上倾斜的平行四边形，这是典型的下降旗形形态。这时，投资者应保持理智，不要盲目买入。

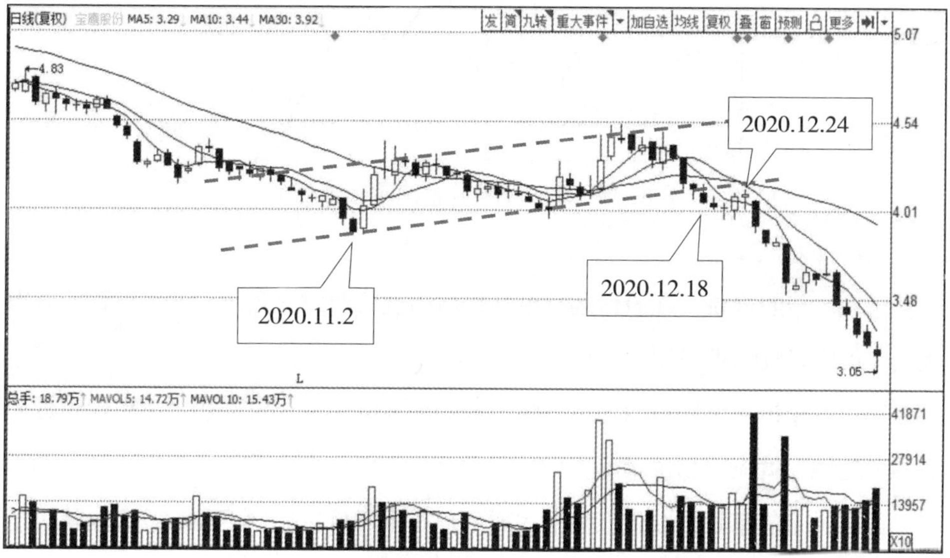

图 8-30　宝鹰股份（002047）日 K 线走势图

2020 年 12 月 18 日，宝鹰股份的股价跌破了下降旗形的下边线，表明下跌行情将继续。投资者应该抓住机会卖出股票。此后，该股股价出现了小幅调整，并在 12 月 24 日反弹至下降旗形下边线附近时，因受下边线阻力而重新下跌，这是投资者最后一次出逃机会。

此后，该股股价进入快速下跌通道。

四、股价跌破收敛三角形下边线

收敛三角形是前面介绍买入形态时重点分析的一种形态，这里重点研究股价完成整理后，向下突破收敛三角形下边线的情况，如图 8-31 所示。

如前所述，收敛三角形是一种整理形态，后市既有可能上行，也有可能向下。当股价 K 线有效跌破收敛三角形下边线时，则意味着股价将会开启下跌通道。

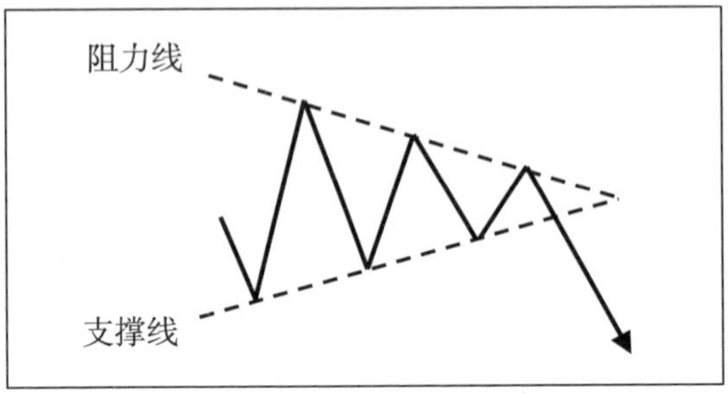

图 8-31 股价跌破收敛三角形下边线

其操作要点如下。

第一，一般来说，在股价运行至高位后出现的收敛三角形，未来下跌的概率较大，投资者宜谨慎对待。

第二，无论在上涨行情还是下降行情中出现收敛三角形形态，如果跌破该形态的下边线，就应该尽快卖出。

第三，一般来说，收敛三角形完成后，如果股价选择向下突破，成交量可能略微放大，但如果放出巨量，则极有可能是主力为了骗钱的洗盘动作，投资者应多加小心，谨防上当。

下面来看一下海陆重工的案例，如图 8-32 所示。2021 年 5 月—7 月，海陆重工的日 K 线图上出现了收敛三角形形态。

2021 年 5 月中旬，处于振荡上升途中的海陆重工创出阶段高点后开始进行横向振荡。在波动中，上涨的高点逐渐降低，下降的低点逐渐升高，呈现收敛三角形形状，且成交量呈现减少趋势。这说明多空双方势均力敌，但力量均消耗严重，后市具有不确定性。

这一整理走势持续了一个多月。2021 年 6 月 29 日，该股以一根下影线极短的光头阴线突破了收敛三角形的下边线，预示股价将继续下跌。看到这一信号，持有股票的投资者应该尽快实施斩仓行动。

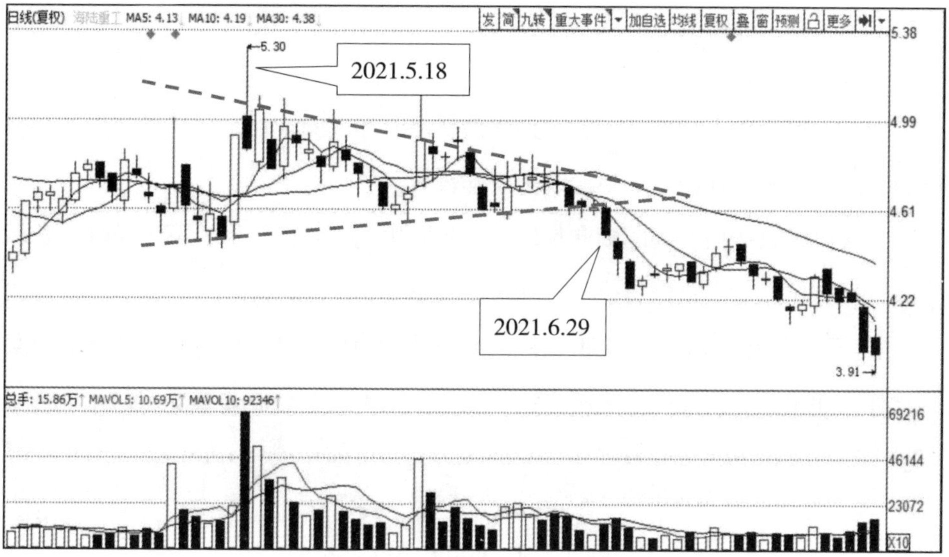

图 8-32 海陆重工（002255）日 K 线走势图

五、股价跌破矩形下边线

矩形是前面介绍买入形态时重点分析的一种形态，这里重点研究股价完成整理后向下突破矩形下边线的情况，如图 8-33 所示。

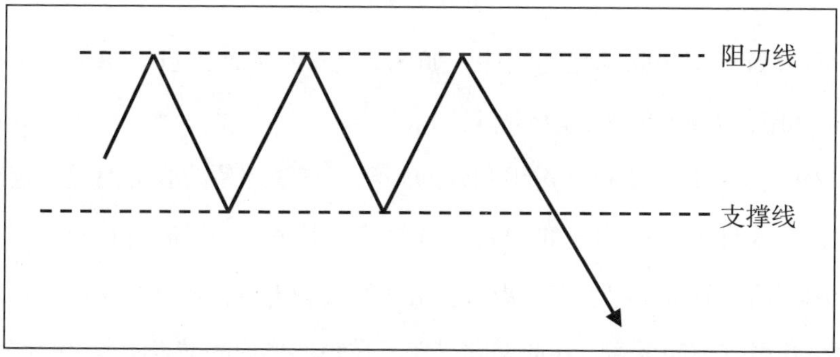

图 8-33 股价跌破矩形下边线

如前所述，矩形的上边线是股价的阻力线，下边线是股价的支撑线，一旦股价有效突破了其中的任何一条线，都标志着矩形形态的构筑完成。这里主要研判股价跌破矩形下边线的情况。

其操作要点如下。

第一，股价进入顶部区域后，其振荡整理所形成的矩形，往往具有顶部形态的特征，未来股价跌破矩形下边线的概率较大。

第二，经过一段时间的横向整理后，当股价向下跌破矩形的下边线时，表示空方开始占据优势，投资者可以考虑卖出股票。

第三，与股价向上突破矩形相似，向下跌破矩形后，股价有时也会有一个反抽动作，如果股价没能向上突破均线下边线，则不宜补仓，如图 8-34 所示。

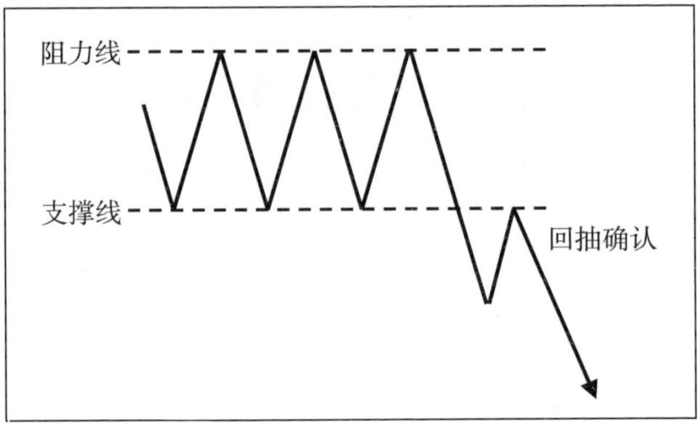

图 8-34　矩形整理的扩展形态

下面来看一下华联综超的案例，如图 8-35 所示。2021 年 8 月—9 月，华联综超的日 K 线图上出现了矩形整理形态。

2021 年 7 月底，受资产重组利好的刺激，华联综超的股价出现了连续涨停走势。直至 8 月 18 日，该股的涨停板才打开。其后，该股股价在一个水平的矩形区域中波动，股价每次上涨到矩形的上边线便会遇阻回落，每次触及矩形的下边线便会获得支撑而反弹。在此期间，尤其在矩形形成的前半阶段，有经验的投资者可以进行高抛低吸的短线操作。

2021 年 9 月 22 日，该股跳空低开低走，股价 K 线对矩形的下边线实现了

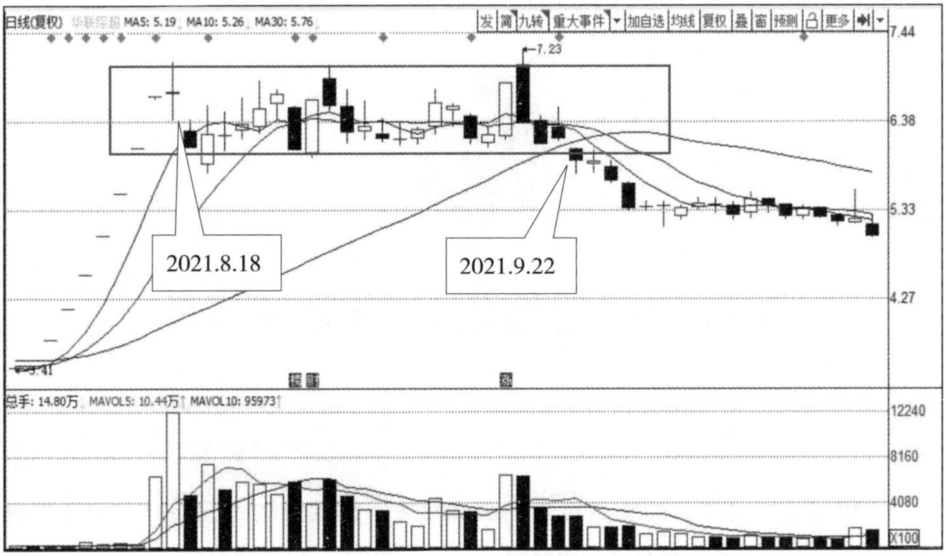

图 8-35　华联综超（600361）日 K 线走势图

有效突破，表示矩形整理已经完成，该股将继续下跌走势。仍然持股的投资者应该在向下突破的当天或次日将该股股票全部卖出。该股在之后没有出现回抽动作，所以，投资者很难再找到第二个明确的卖出信号。

第九章

K线与趋势线组合的交易信号

股价在运行当中，如果其包含的波峰和波谷都相应地高于前一个波峰和波谷，就称为上涨趋势；相反，如果其包含的波峰和波谷都低于前一个波峰和波谷，就称为下跌趋势；如果后面的波峰与波谷都基本与前面的波峰和波谷持平的话，则称为振荡趋势，或者是横盘趋势、无趋势。

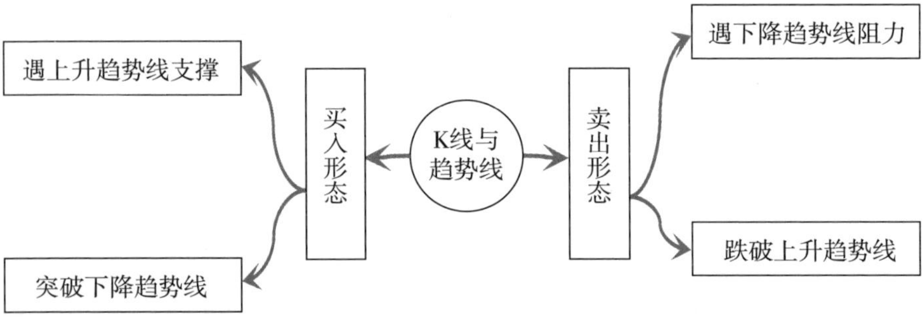

图 9-1　K 线与趋势线组合识别交易机会知识导图

第一节 K 线与趋势线识别的 2 个买入形态

与股价运行趋势相对应，趋势线也主要包括上升趋势线、下降趋势线和横向趋势线三类。在识别短线买入形态方面，我们主要使用的是上升趋势线和下降趋势线。

一、股价 K 线遇上升趋势线支撑

上升趋势线是指在股价上涨趋势中，连接明显的支撑区域（最低点）的直线。一般情况下，上升趋势线一旦形成，就会对股价产生一定的支撑作用。如图 9-2 所示。

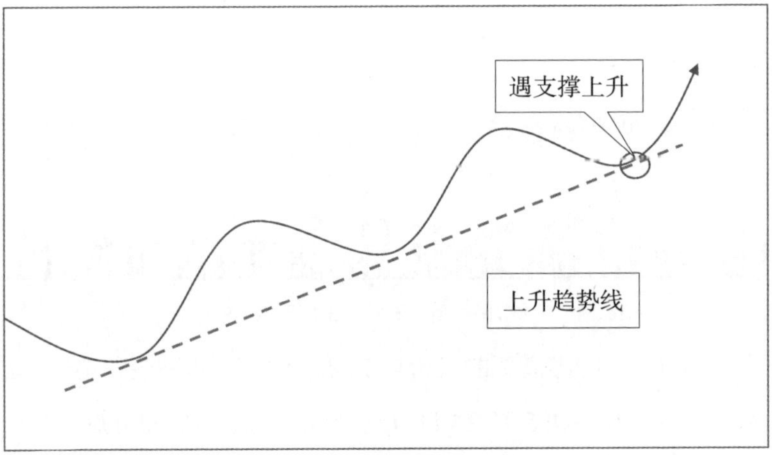

图 9-2 上升趋势线示意图

通常情况下，当股价回调到上升趋势线附近时，往往会有大量买盘涌入，从而使股价再次回升，这就是典型的买入时机。

股价 K 线遇上升趋势线支撑而上攻的操作要点如下。

第一，通常来说，趋势线涉及的时间越长，趋势线的支撑作用越强，股价K线受到支撑后，再度上扬的概率更高。

第二，上升趋势线所连接的回调低点中，若有对应阶段成交量最低点（百日以上“地量”更佳）的，则股价遇支撑再度上升的概率也会增大。

第三，股价K线遇上升趋势线支撑再度上升时，若成交量能够同步放大，则更可增强买入信号的有效性。

下面来看一皖维高新的案例，如图9-3所示。

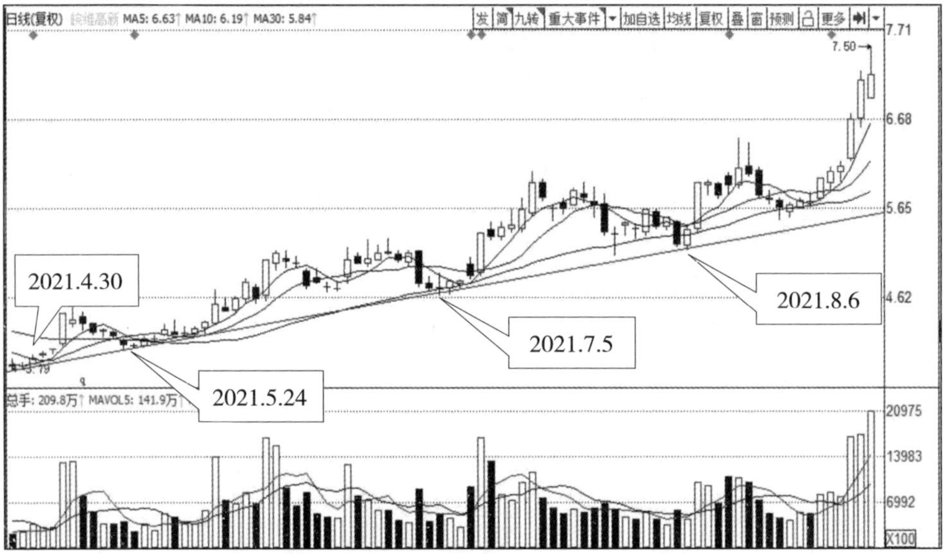

图9-3 皖维高新（600063）日K线走势图

如图9-3所示，皖维高新的股价自2021年4月初出现振荡上升走势。该股在2021年4月30日和5月24日分别形成了两个明显的低点，且后一个低点明显要高于前一个，这说明该股处于上升趋势中。此时，投资者可以用两个回调的低点画出一条上升趋势线。2021年7月5日和8月6日，该股股价两次回调到达趋势线附近时，均因受趋势线支撑而重新上涨，这就是较佳的短线买入机会。

二、股价 K 线突破下降趋势线阻力

下降趋势线是指在股价下跌趋势中，连接明显的阻力区域（最高点）的直线。一般情况下，下降趋势线一旦形成，就会对股价产生一定的阻力作用。

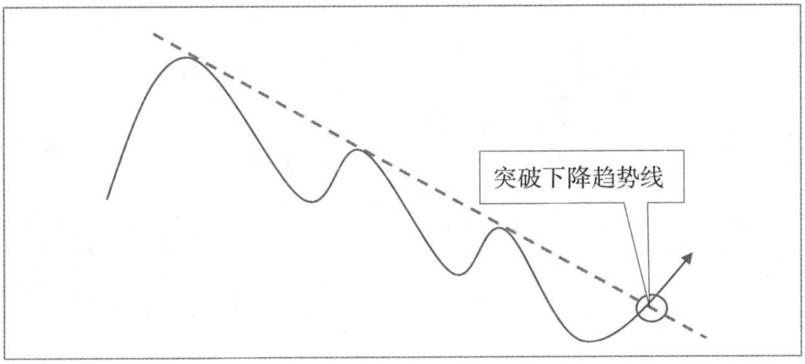

图 9-4　股价突破下降趋势线

处于下跌过程中的股价，每次上涨到下降趋势线附近时，往往会有大量的卖盘涌出，从而使股价再次回落。不过，如果股价向上突破下降趋势线，且被验证为有效，那么，下降趋势线的阻碍作用将会消失，这就是典型的短线买入机会。如图 9-4 所示。

其操作要点如下。

第一，通常情况下，下降趋势线涉及的时间越长，趋势线的阻力作用越强，股价对下降趋势线完成突破后，股价上升的概率和幅度就会越大。

第二，股价完成对下降趋势线突破时，若成交量出现明显放大，则可增强股价突破的有效性，未来股价继续上升的概率很大。

下面来看一下万集科技的案例，如图 9-5 所示。万集科技的股价自 2021 年 8 月中出现振荡下跌走势。该股在 2021 年 8 月 16 日和 9 月 24 日分别形成了两个明显的反弹高点，且后一个高点要明显低于前一个，这说明该股处于下跌趋势中。此时，投资者可以用两个反弹高点画出一条下降趋势线。2021 年 11 月 10 日，

该股股价放量向上突破下降趋势线，说明该股股价短期有反弹的可能，短线买入时机出现。

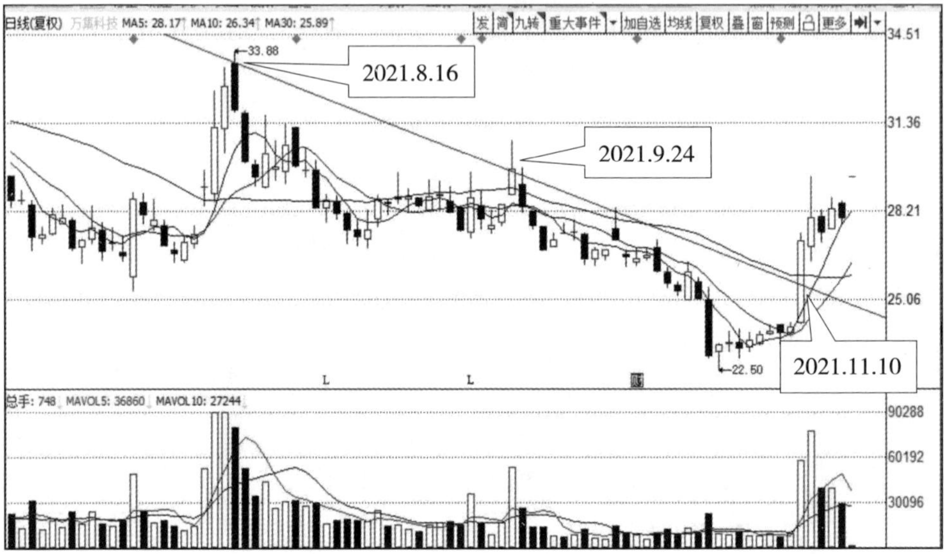

图 9-5　万集科技（300552）日 K 线走势图

第二节 K 线与趋势线识别的 2 个卖出形态

趋势线在识别股价买入时机方面具有较强的优势，同样，在识别卖出信号方面也具有其他技术分析工具无可比拟的优势。

一、股价 K 线遇下降趋势线阻力

下降趋势线是指在股价下降趋势中，连接明显的反弹区域（最高点）的直线。

一般情况下，下降趋势线一旦形成，就会对股价产生一定的阻力作用。如图 9-6 所示。

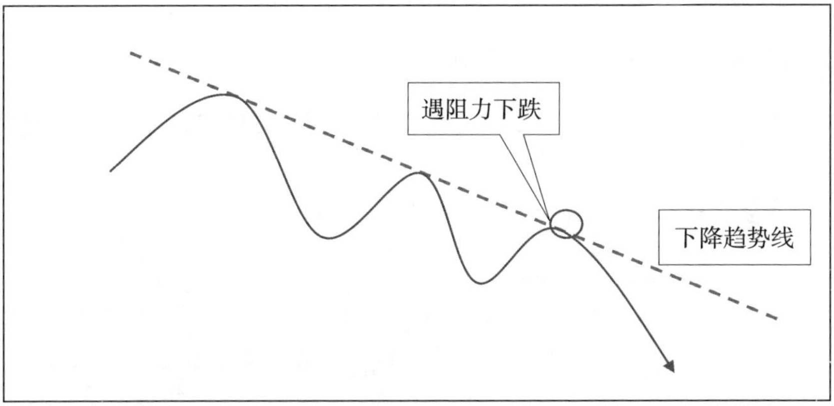

图 9-6　下降趋势线示意图

通常情况下，当股价反弹到下降趋势线附近时，往往会有大量卖盘涌出，从而使股价再次下跌，这就是典型的卖出时机。

股价 K 线遇下降趋势线阻力而下跌的操作要点如下。

第一，通常来说，下降趋势线涉及的时间越长，趋势线的阻力作用越强，股价 K 线遇到阻力后，再度下跌的概率更高。

第二，下降趋势线所连接的反弹高点中，若有对应阶段成交量最高点的，则股价遇阻力再度回落的概率也会增大。

第三，股价 K 线遇下降趋势线阻力再度下跌时，一般不要求成交量放大相配合，若成交量出现放大态势，则可增大下跌的概率。

第四，股价来到下降趋势线附近时，投资者一般都需要进行一定的减仓操作，若遇趋势线回落则坚决清仓；反之，若股价能够向上突破趋势线，再考虑重新加仓。

下面来看一下电科院的案例，如图 9-7 所示。电科院的股价自 2020 年 12 月初出现振荡下跌走势。该股在 2020 年 12 月 1 日和 12 月 24 日分别形成了两个明显的高点，且后一个高点要明显低于前一个，说明该股处于下跌趋势中。此时，投资者可以用两个反弹高点画出一条下降趋势线。2021 年 1 月 22 日，该股股价再次反弹至趋势线附近时，因受趋势线阻力而重新下跌，对于仍然持有股票的投资者来说，这是最佳的卖出时机。

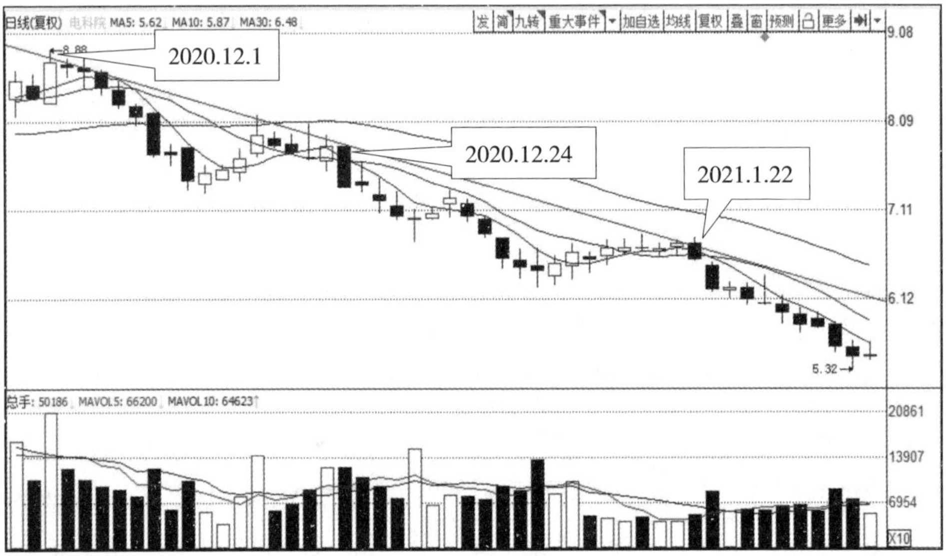

图 9–7　电科院（300215）日 K 线走势图

二、股价 K 线跌破上升趋势线

上升趋势线是指在股价上涨趋势中，连接明显的支撑区域（最低点）的直线。一般情况下，上升趋势线一旦形成，就会对股价产生一定的支撑作用。

处于上升过程中的股价，每次回调到上升趋势线附近时，往往会有大量买盘涌入，从而使股价再次上升。不过，如果股价向下跌破上升趋势线，且被验证为有效，那么，上升趋势线的支撑作用将会消失，这就是典型的短线卖出机会。如图 9–8 所示。

其操作要点如下。

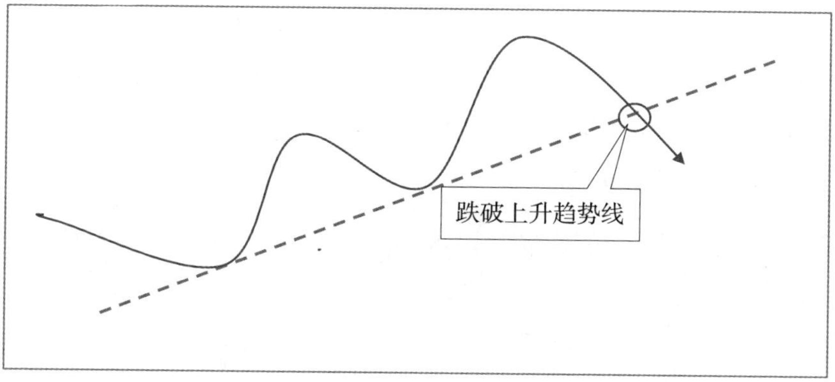

图 9-8 股价跌破上升趋势线

第一，通常情况下，上升趋势线涉及的时间越长，趋势线的支撑作用越强，股价对上升趋势线完成跌破后，股价下跌的概率和幅度都会越大。

第二，股价完成对上升趋势线突破时，一般不需要成交量放大相配合，但若成交量出现明显的放大，则可增强股价下跌的概率。

下面来看一下炬华科技的案例，如图 9-9 所示。

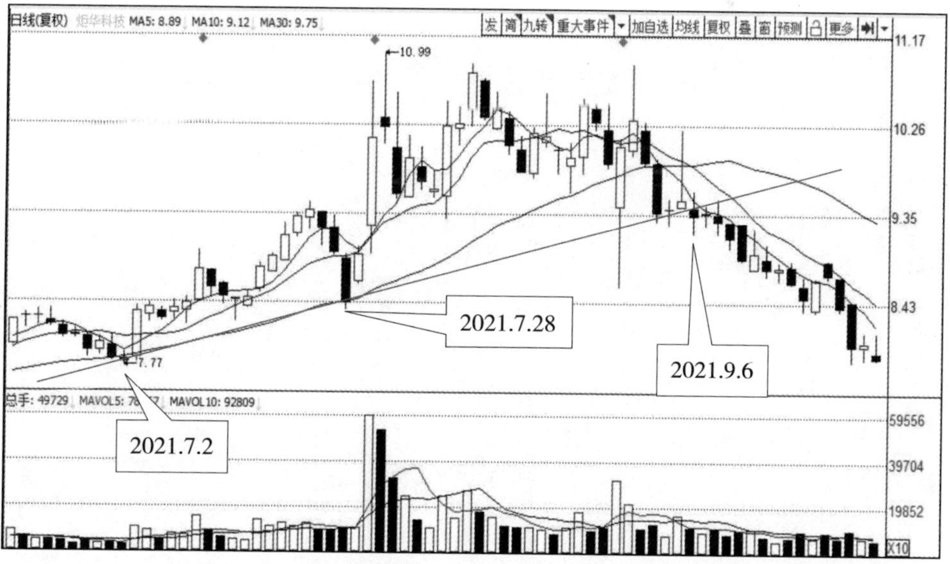

图 9-9 炬华科技（300360）日 K 线走势图

如图 9-9 所示，炬华科技的股价自 2021 年 7 月初出现振荡上升走势。该股在 2021 年 7 月 2 日和 7 月 28 日分别形成了两个回落的低点，且后一个低点要明显高于前一个，这说明该股处于上升趋势中。此时，投资者可以用两个回落的低点画出一条上升趋势线。

2021 年 9 月 6 日，该股股价向下跌破上升趋势线，说明该股股价有结束上升、开启下跌行情的可能，投资者可考虑卖出操作。

第十章

组合技术分析识别短线交易机会

交易信号有效性的问题，是困扰短线交易者的核心问题之一。通过将 K 线或 K 线组合与其他技术分析工具（包括均线、成交量以及其他技术指标等）结合使用，在一定程度上可以提升交易信号的有效性。

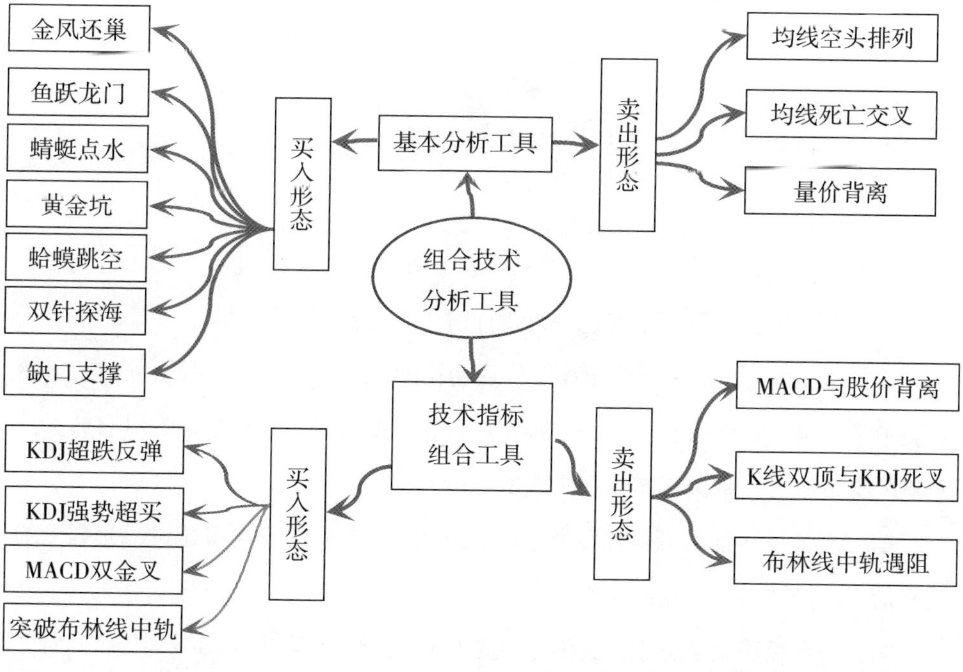

图 10-1 组合技术分析识别短线交易机会知识导图

第一节 K线与均线、成交量识别的7个买入信号

从投资安全角度来看，买入信号的识别要特别谨慎。本节介绍了几种准确性相对较高的短线买入形态，以供读者参考。

一、金凤还巢

金凤还巢是指一根拔地而起的大阳线之后，股价出现回调，且在其回调至均线位置时，因受均线支撑而重新上攻的一种形态。如图10-2所示。金凤还巢是一种明显的上攻信号，暗喻股价在大幅上攻后稍作停顿，再度腾飞。

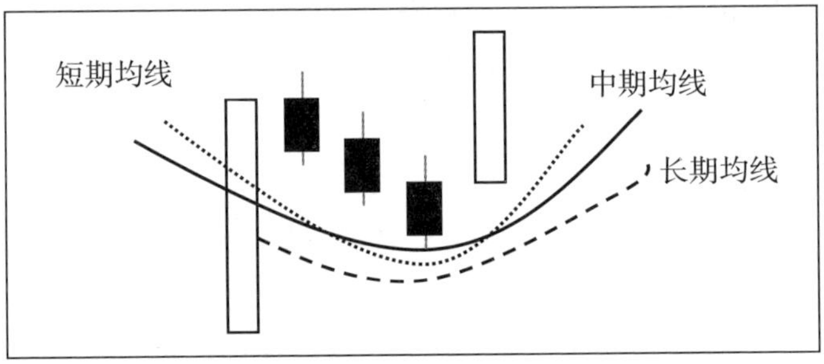

图10-2　金凤还巢

投资者在根据金凤还巢形态进行操作时，其操作要点如下。

第一，金凤还巢形态一般出现股价启动初期，第一根大阳线（涨停阳线最佳）将股价推向高点，此后股价回调小幅整理。股价整理时，成交量最好没有放大，一旦成交量放大，则该形态存在失败的可能。

第二，金凤还巢表示多方发力上攻后，经过短暂休整后再度出发，是强烈的看涨信号，投资者不宜继续看空。

第三，金凤还巢形态中，股价K线回调所遇的均线以中期均线为佳。此时，

长期均线若仍能继续向右上方倾斜，则可坚定看好后市。

第四，第一根大阳线的实体越长，收盘价距离均线的位置越远，看涨信号越强烈。

第五，股价回调时，调整的幅度越小（不超过大阳线的 1/2 为佳），未来继续上涨的动能越足。

下面来看一下科斯伍德的案例，如图 10-3 所示。

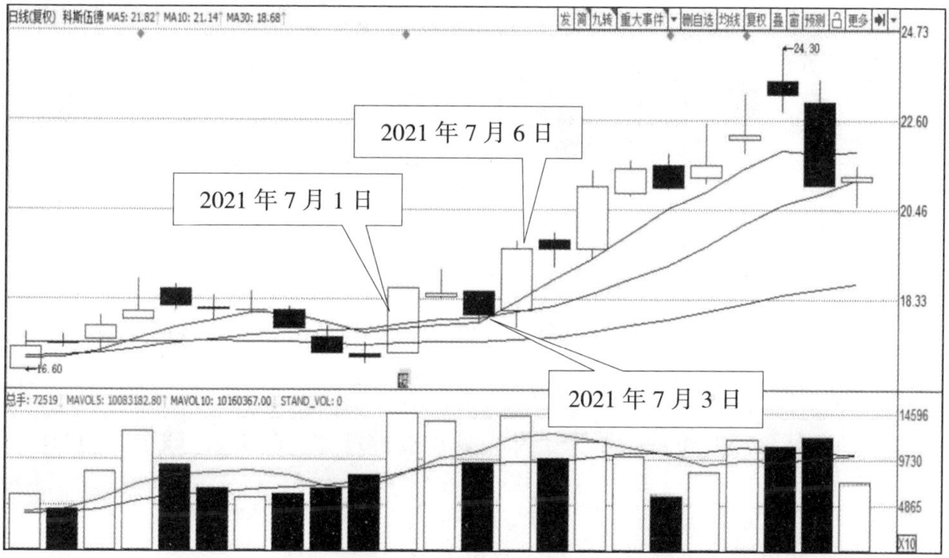

图 10-3　金凤还巢：科斯伍德（300192）的日 K 线图

如图 10-3 所示，2020 年 7 月 1 日，正在低位反复振荡的科斯伍德大幅拉升，并以涨停报收。此后，该股股价连续两个交易日出现缩量调整走势。当股价 K 线调整至 10 日均线位置时，因受 10 日均线支撑而重新启动。观察此时 K 线的位置可知，股价调整的幅度未达到 7 月 1 日阳线的 1/2。与此同时，当股价回调时，30 日均线仍处于向右上方倾斜态势，这说明该股股价仍处于强势上行趋势。

7 月 6 日，该股股价重新放量上升。至此，金凤还巢形态正式成立，投资者可积极入场追涨买入该股。

二、鱼跃龙门

鱼跃龙门形态也是股价启动上涨的一个信号，该信号与均线金叉组合，将大大加强上涨信号的准确性，如图 10-4 所示。

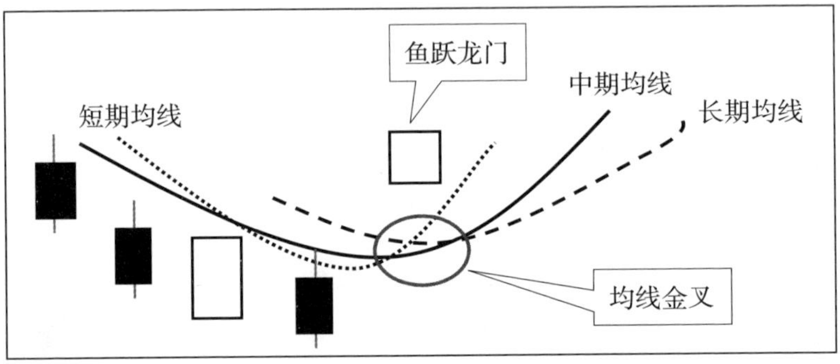

图 10-4　鱼跃龙门

投资者在根据鱼跃龙门形态进行操作时，其操作要点如下。

第一，30 日均线由下跌状态转为上涨状态或放平状态，且 5 日均线、10 日均线与 30 日均线可能会出现缠绕现象。

第二，某一日股价放量跳空上涨，且直接越过 30 日均线，收于 30 日均线之上。

第三，股价跳空上涨当日，成交量放大数倍。

第四，股价跳空上涨时，短期均线上穿中期均线形成黄金交叉形态。

第五，当股价跳空上涨并收于 30 日均线之上时，就是该股第一个买点。当股价突破重要阻力位时，是加仓该股的好时机。

下面来看一下伟星新材的案例，如图 10-5 所示。伟星新材的股价经过一波下跌与振荡调整后，在 2020 年 9 月下旬走出了鱼跃龙门形态，预示股价将企稳上涨。

2020 年 9 月初，伟星新材的股价一直在 30 日均线下方运行，30 日均线由下跌状态逐渐转变为放平状态，说明股价走势将要企稳。

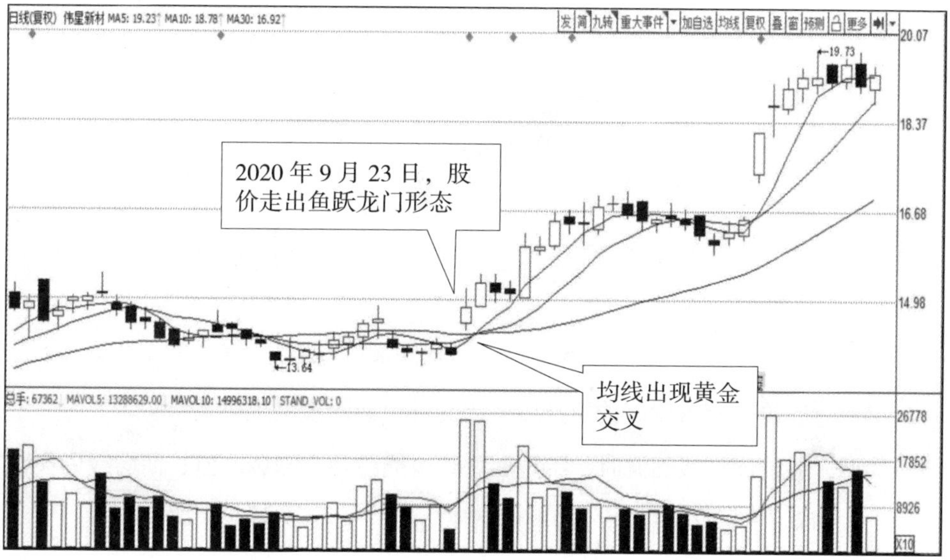

图 10-5　伟星新材（002372）日 K 线走势图

9 月 23 日，伟星新材的股价越过 30 日均线跳空高开并收出一根高位阳线，在 K 线走势图上留下了一个缺口，这说明鱼跃龙门形态形成，投资者可买入该股。投资者观察此时的均线指标可知，此时 5 日均线上穿 10 日均线和 30 日均线，形成黄金交叉形态，这也预示股价将出现一波上涨行情。

三、蜻蜓点水

蜻蜓点水是指股价经过一段时间的拉升后，出现调整走势，当股价 K 线的下影线触及某根中短期均线后，被迅速拉升而起。这是一种处于强势上升趋势中的股票的回调整理形态。如图 10-6 所示。

投资者在根据蜻蜓点水形态进行操作时，其操作要点如下。

第一，股价经过一段大幅上攻后出现回调走势时，成交量应该会同步呈现萎缩状态，这是主力洗盘的典型特征。

第二，股价 K 线在向均线靠拢时，最好是 K 线的下影线触及均线，这说明股价在触及均线后被拉升而起。

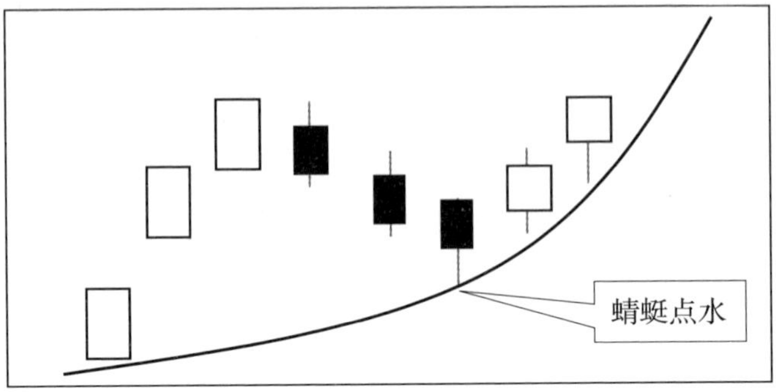

图 10-6　蜻蜓点水

第三，股价受到支撑而被拉升后，成交量也会同步呈现放大状态。

第四，股价向均线回调时，中短期均线可能会随之回调，但长期均线仍会呈向右上方倾斜态势，这是股价强势的典型特征。

下面来看一下利尔化学的案例，如图 10-7 所示。2020 年 5 月下旬以后，利尔化学的股价出现了一波振荡上攻走势。该股股价在上升过程中，曾出现了几次规模较大的调整走势。

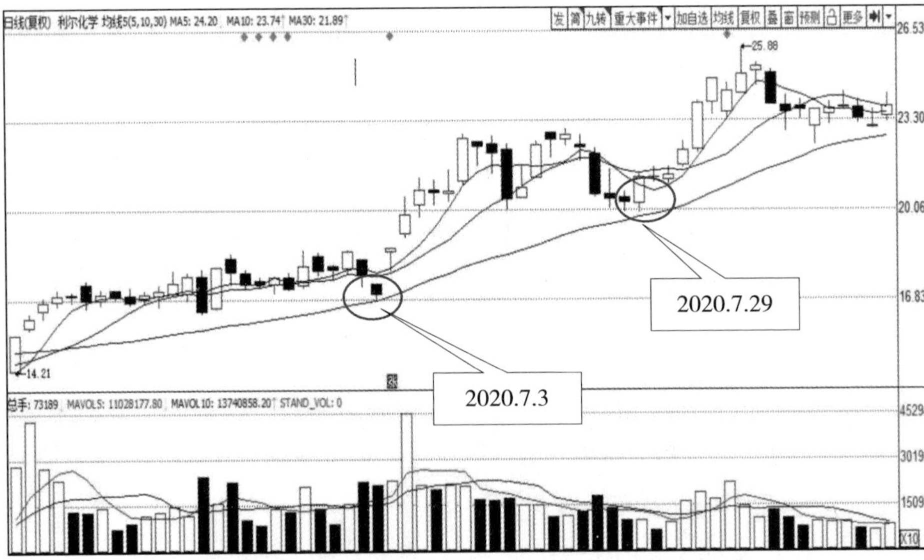

图 10-7　利尔化学（002258）日 K 线走势图

7 月 3 日和 7 月 29 日，利尔化学的股价两次回调至 30 日均线附近，均因均线的支撑而重新上扬。两根 K 线的下影线在踩到 30 日均线后腾空而起，随后股价出现大幅上攻走势。此形态就是典型的蜻蜓点水形态，投资者见到此种形态后，可立即入场追涨买入该股。

四、黄金坑

黄金坑形态特征是: 股价经过一段时间的横盘整理之后, 展开一波下跌走势, 随后股价放量反弹突破下跌起始线。

该形态的操作要点如下。

第一，股价走出黄金坑前，大盘处于横盘或上涨环境中。

第二，股价上冲黄金坑下跌起始位时，大盘延续上涨行情，如果能够大幅上涨更好。

第三，股价经过较长时间的横盘整理，成交量出现萎缩态势，各条均线出现黏合状态。

第四，某日股价启动下跌走势，且经过连续数日杀跌之后出现筑底迹象。

第五，筑底完成后，股价开始缓慢上涨，成交量同步放人。

第六，股价来到下跌起始线位置时，往往会出现放量突破走势，说明股价走势趋强。

第七，当股价放量突破下跌起始线，并且肯定收于起始线之上时，投资者可考虑买入该股。

下面来看一下金雷股份的案例，如图 10-8 所示。

金雷股份技的股价在 2021 年 6 月底到 7 月初期间，走出了黄金坑形态，说明该股未来走势趋强。

2021 年 6 月 28 日，金雷股份的股价经过一段时间的振荡盘整之后出现了下跌走势。股价经过几个交易日的下跌之后，反转向上。

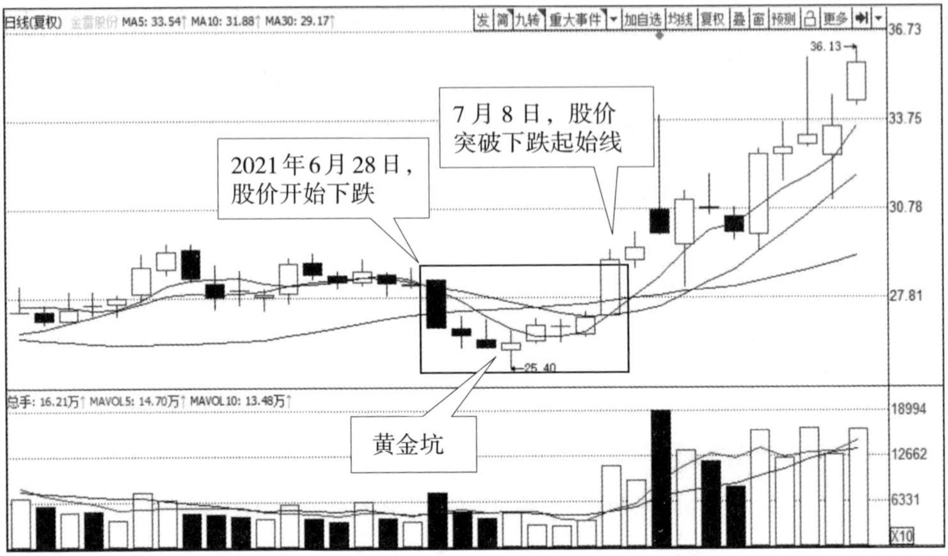

图 10-8　金雷股份（300443）日K线走势图

7月初，该股股价来到下跌起始线附近，但遇到了一定的阻力。7月8日，该股股价大幅放量向上突破了下跌起始线位置，标志着黄金坑形态的最终形成，投资者可于当日买入该股。

投资者观察该股成交量可知，股价下跌过程中成交量出现了萎缩态势，而股价持续上攻时，成交量出现了持续放大态势，这说明有资金持续流入该股，是典型的买入信号。

五、蛤蟆跳空

蛤蟆跳空形态是指股价某一日放量跳空突破前期高点连线，并且收于趋势线之上，表明股价上涨势头较猛。

该形态的操作要点如下。

第一，各条均线呈向右上方倾斜态势。

第二，股价已经连续创下两个高点，且后一个高点要高于前一个高点，这两个高点可以用一根趋势线连接。

第三，某一日股价放量跳空上涨，并且直接越过前期高点的趋势线；股价跳空当日，收盘价位于趋势线之上，且成交量放大数倍。

第四，当股价放量跳空越过趋势线，并且肯定收于趋势线之上时，投资者可考虑买入该股。

下面来看一下川恒股份的案例，如图 10-9 所示。川恒股份的股价在 2021 年 7 月到 9 月期间，走出了蛤蟆跳空形态，说明该股未来趋于强势。

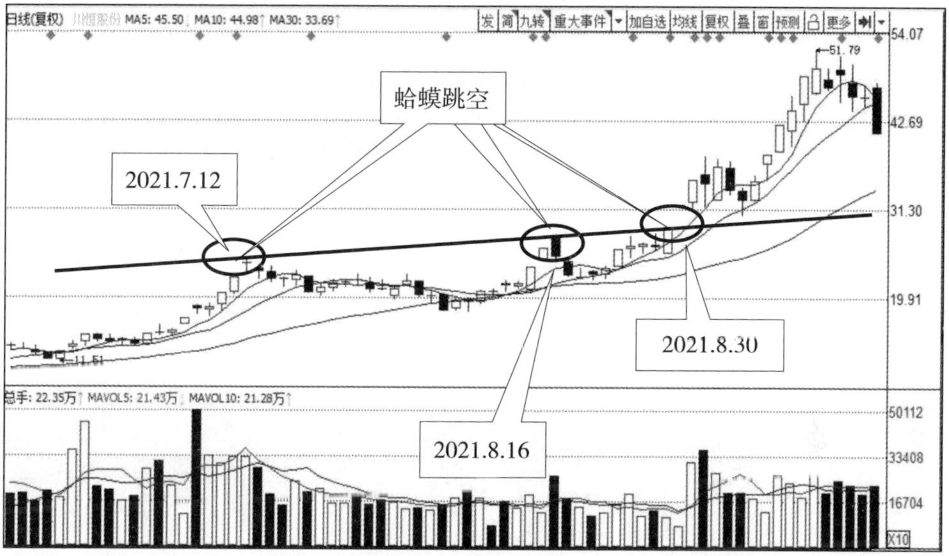

图 10-9　川恒股份（002895）日 K 线走势图

2021 年 7 月 12 日，川恒股份的股价创下一个短期高点后重新开始下跌，该股调整一段时间后再度上涨，并于 8 月 16 日来到前期高点之后再度下跌。投资者可以将两个高点用直线连接，如果股价突破这一趋势线就可买入该股。

2021 年 8 月 30 日，该股跳空高开高走，并封上涨停板，此时蛤蟆跳空形态正式形成，说明股价走势较强，未来还将继续上涨。

六、双针探海

双针探海是指股价在底部盘整过程中形成的双底形态，且每个底部都有一根带长下影线的 K 线。

其具体操作要点如下。

第一，股价经过一段时间的下跌之后，有明显的筑底迹象，且成交量维持在较低水平。

第二，股价在短期内接连走出了两个底部，构成了双底形态。

第三，在双底形态中，每个底部都有一根下影线。

第四，第二个底高于第一个底，说明股价有企稳反弹的迹象。

第五，股价走出双底形态后的次日，如果股价发动上攻，就是买入该股的一个较好时机。

下面来看一下川投能源的案例，如图 10-10 所示。川投能源的股价在 2021 年 7 月 28 日和 8 月 20 日走出了双针探海形态，预示股价将要企稳上涨。

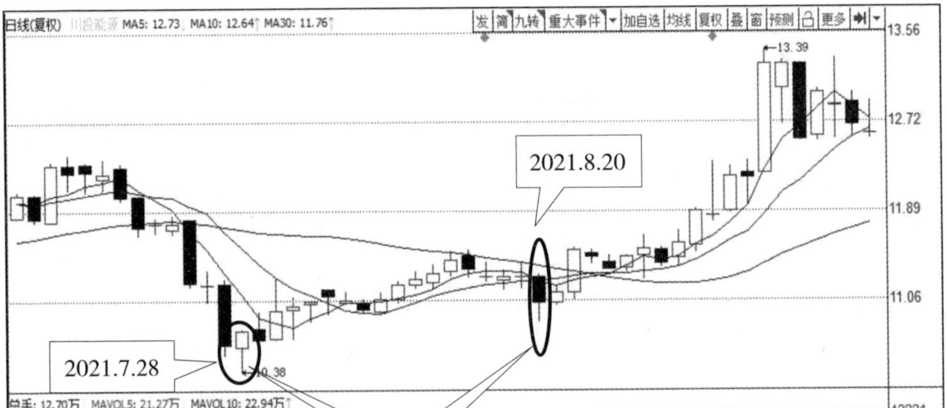

图 10-10　川投能源（600674）日 K 线走势图

2021 年 7 月中旬，川投能源的股价走出了一波下跌行情。

川投能源的股价在 7 月 28 日和 8 月 20 日两个交易日内走出了带长下影线的 K 线，并形成了双底形态，预示着双针探海形态正式形成。投资者需要观察该股随后的走势，股价一旦企稳反弹，则可迅速跟进买入。股价如果跌破下影线最低点，则说明下跌行情还将持续，投资者不可轻易入场。

投资者观察 8 月 20 日的 K 线形态可知，尽管当日以阴线报收，但下影线较长，说明多方已经开始反攻，投资者可伺机买入。

七、缺口支撑

股价上攻过程中若产生了缺口，那么该缺口就会对股价产生一定的支撑作用。若股价回调至缺口位置，则会因缺口的支撑而再度上攻。

其具体操作要点如下。

第一，股价在上涨过程中出现缺口，说明市场上的投资者普遍看好后市，并愿意以较高的价格买入股票，缺口的上沿是投资者比较认可的一个买入价格，于是，在此位置就会有相当多的投资者设下买盘等待股价回调。当股价经过一段时间的上涨后，重新下跌到缺口上沿位置时，先前预设的买单就会成交，从而促使股价发动新一轮的上涨。

第二，一般情况下，缺口越大，支撑能力就越强，股价下跌到缺口位置时，遇阻上涨的可能性也就越大。

第三，股价在创下阶段高点后出现回调时，成交量应该呈现出萎缩的态势，表明主力并没有出货，这也就为该股未来的上涨提供了必要的条件。

下面来看一下大金重工的案例，如图 10-11 所示。2021 年 9 月，大金重工的股价出现了回落遇缺口支撑而重新上涨的情况，预示股价将有一波上涨行情。

大金重工的股价在 2021 年 8 月下旬经过整理后开始被大幅度拉升。9 月 3 日，该股以一字线涨停报收，K 线图上出现了一个巨大的缺口。其后，该股股价经过

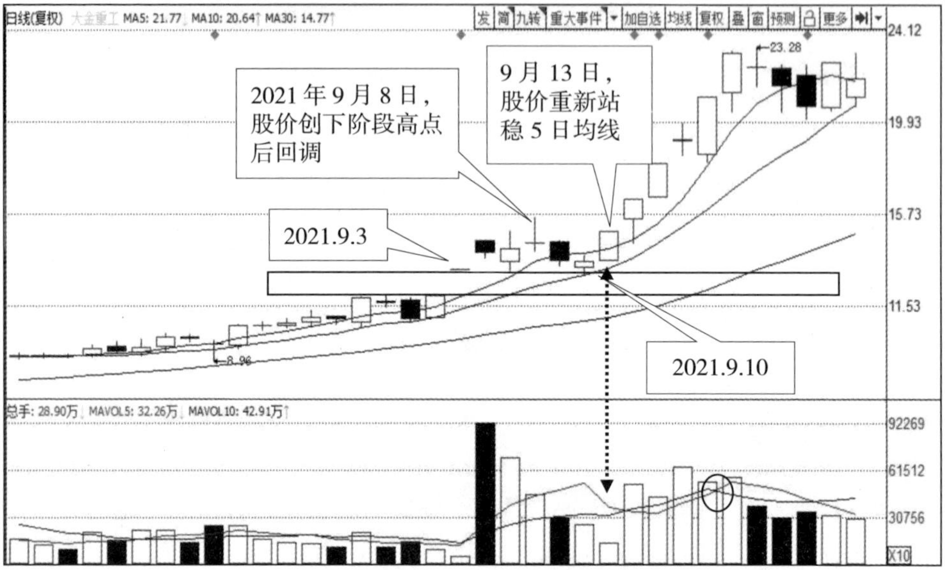

图 10-11　大金重工（002487）日 K 线走势图

一波上升后开始回调。

2021 年 9 月 10 日，该股股价在缺口区域获得支撑，此后重新上攻，并于 9 月 13 日重新站稳 5 日均线。这属于一个典型的买入信号，投资者可在 9 月 13 日执行买入操作。

第二节 K 线与其他技术指标识别的 4 个买入信号

K 线可以与多种技术指标组合，研判短线的买入信号。本节选取其中准确性较高，使用较为广泛的几种，以供读者参考。

一、K 线与 KDJ 指标超跌反弹技法

股价在短期内出现了大幅走低形态（以中到大阴线的出现为显著标志），KDJ 指标同步大幅下行，曲线 J 更是到达了 0 线。此后，股价出现反弹，且曲线 J 拐头向上，曲线 K 在 20 线下方完成对曲线 D 的穿越，形成了低位金叉。

KDJ 指标超跌反弹的具体操作要点，包括以下几点。

第一，股价 K 线经过一段时间的下跌后，连续收出大阴线，说明空方在做最后一搏，曲线 J 同步进入 0 线以下。这种情形，一方面说明空方实力较强，另一方面也说明了这是一种不可持续的情形，未来股价反弹的概率很大。

第二，随着股价的反弹，曲线 K 迅速拐头向上与曲线 D 形成低位黄金交叉，且交叉点在 20 线下方。

第三，股价 K 线经历急跌后，特别是放量大跌，则未来企稳反弹的概率相对更高。

下面来看一下天禾股份的案例，如图 10-12 所示。天禾股份的股价经过一

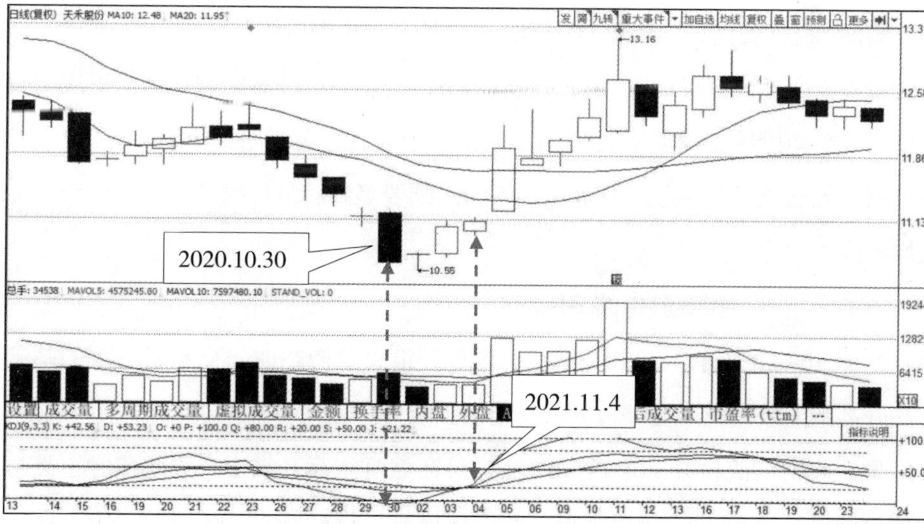

图 10-12　天禾股份（002999）KDJ 指标走势图

波大幅下行后，在 2020 年 10 月 30 日再度收出一根大阴线，与此同时，曲线 J 进入到 0 线以下。这表明空方实力达到极强状态，也意味着这种状态很难持续太长时间。

11 月 4 日，该股股价在经过前两个交易日的小幅上升后再度收出一根小阳线，且此时曲线 J 已经自 0 线外拐头向上，KDJ 指标在 20 线附近位置形成了低位金叉，这属于典型的看涨信号，喜欢抄底反弹的投资者可考虑少量建仓该股。

二、K 线强攻与 KDJ 超买

K 线强攻与 KDJ 指标超买，是通过追击强势股以达成获利目标的操盘方法。

该技巧的操盘要点如下。

第一，大盘处于上涨或反弹行情中。

第二，股价 K 线前一交易日收出光头大阳线，以涨停为佳。

第三，KDJ 指标进入超买区间，且指标线 J 到达 100 线。

第四，目标股当日股价 K 线强势上涨，且突破了均价线与前日收盘价。此时，投资者可以考虑买进目标股。买入时机如下：一是股价冲高回调之后，再次突破均价线或受均价线支撑重新上涨之时；二是股价冲高达到涨停板价位时，可以考虑追高买入；三是如果股价开盘出现下跌，则要等到股价重拾升势，且股价线突破均价线之后再买入。

下面来看一下集泰股份的案例。

如图 10-13 所示，2020 年 6 月 18 日，集泰股份在前一交易日上攻的基础上高开高走，收出一个涨停板，成交量同步放大。

集泰股份的股价在 2020 年 6 月 18 日突然跳空高开高走，说明该股上涨势头明显加速。此时，KDJ 指标进入超买区域，且指标线 J 已经接近了 100 线。当日该股收出涨停板，是股价快速上升的信号。

喜欢短线搏击反弹的投资者可积极入场追涨，但需要控制好仓位。

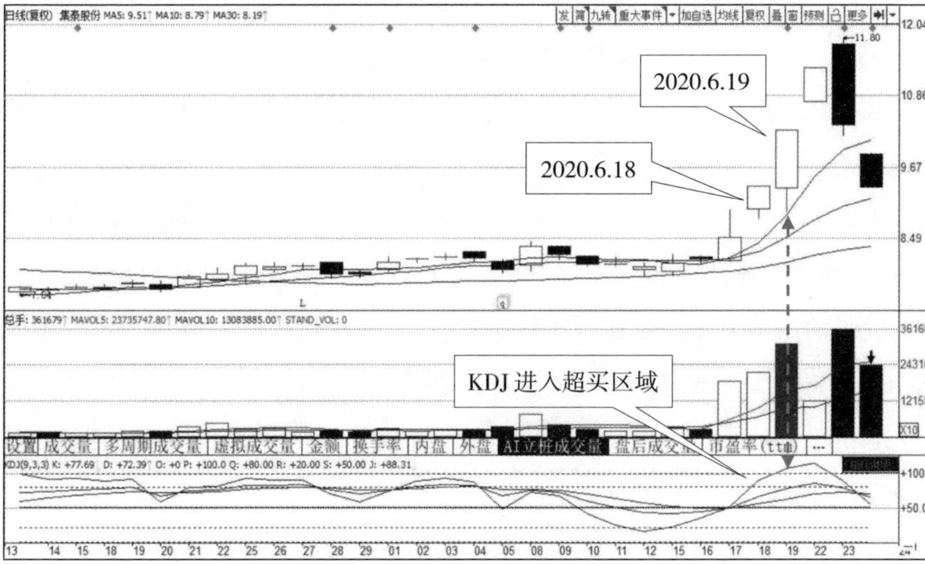

图 10-13　集泰股份（002909）日 K 线走势图

三、MACD 指标低位双金叉 + 突破 0 轴

MACD 指标低位双金叉 + 突破 0 轴，是指 DIFF 快线与 DEA 慢线在 0 轴下方连续形成两个金叉后，股价 K 线启动，MACD 指标一举向上突破 0 轴的形态。

MACD 指标双金叉与突破 0 轴的具体要求如下。

第一，DIFF 快线与 DEA 慢线两次形成黄金交叉时位于 0 轴下方，说明多方虽然暂时取得了优势地位，但并未占据主导地位，因此，需要 MACD 指标向上突破 0 轴来确认这一优势。

第二，两个金叉之间的死叉时间不能太长，而且越短越好。金叉之间间隔的时间过长，说明这个金叉分别代表了两个不同的上升波段，也就失去了组合的力量和效果。

第三，两个金叉的交叉点中，若后一个高于前一个，则更能反映多方力量的强大。

第四，两个金叉出现期间，成交量应该出现温和放大，但不能出现巨量。

第五，MACD 指标在短期内形成的两个金叉应该是相对简单的交叉，而非缠绕式交叉。也就是说，如果 MACD 指标出现了连续的缠绕，频繁地交叉，则此形态无效。

下面来看一下新力金融的案例，如图 10-14 所示。新力金融的股价 K 线经过一段时间的振荡上涨后出现下行走势。其后，股价自底部开始振荡反弹。随着股价的振荡上升，MACD 指标在 2020 年 5 月 8 日和 5 月 29 日连续走出两个低位黄金交叉形态，且后一个金叉要高于前一个，这说明股价可能很快进入快速上升通道。不过，鉴于这两个交叉点仍位于 0 轴下方，投资者可继续观望。

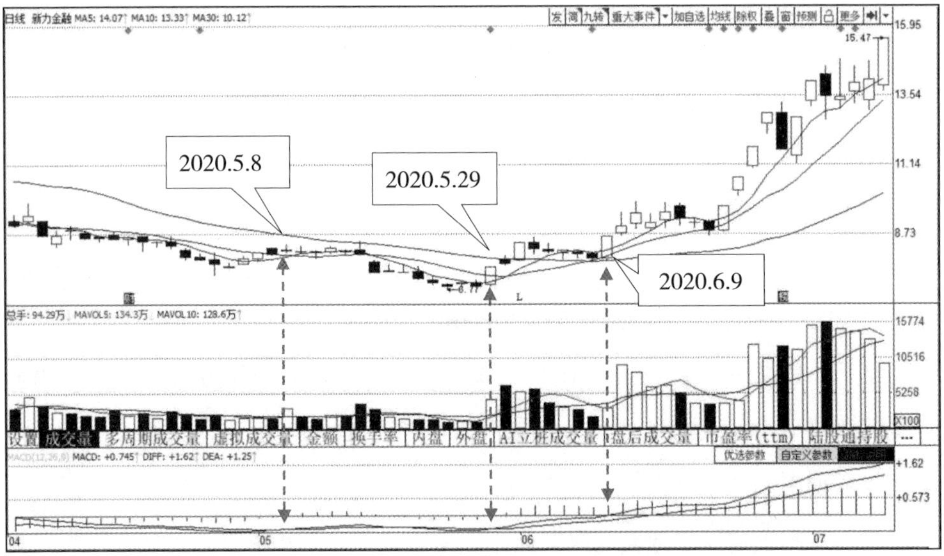

图 10-14　新力金融（600318）MACD 指标走势图

6 月 9 日，股价 K 线温和放量上攻，DIFF 线向上突破 0 轴。至此，“MACD 指标双金叉 +DIFF 突破 0 轴”形态正式成立，这也意味着股价将迎来一波快速上升走势，投资者可积极入场买入该股。

其后，该股股价出现了一波快速上升走势。

四、股价放量突破中轨线

股价放量突破中轨线，是股价中期波段启动最显著、最主要的一个特征，后面讲解的很多实战操作技术都与其有关。

股价 K 线放量完成对布林线中轨的突破，意味着股价中线走强的趋势基本确立。

其操作要点如下。

第一，股价经过一段时间的振荡上升后，出现了加速上攻的态势。从 K 线形态上来看，这属于典型的触底回升走势。股价的触底回升能否最终演化为股价运行趋势的反转，其实主要就是看能否完成对中轨线的有效突破。

第二，股价 K 线对中轨线的有效突破需要具备这样几个特征：其一，成交量温和放大；其二，股价突破中轨线后能够站稳中轨线（连续三个交易日没有跌破中轨线）。

第三，当股价突破中轨线时，布林通道的喇叭口迅速放大，这也是股价进入高波动区间的一个显著特征。投资者可借助布林通道宽度指标来观察布林通道喇叭口的波动情况。

第四，从成交量方面来看，当股价向上突破时，成交量出现了明显的放大，这也是股价进入上行通道的显著特征。

第五，当股价完成对中轨线的突破后，中轨线的方向也会呈现拐头向上的态势，这说明股价中线运行趋势已经进入上升通道，比较有利于投资者进行中线交易。

基于以上判断，投资者更可以在股价向上突破中轨线时入场追涨，并在股价跌破中轨线时执行卖出操作。

下面来看一下兴发集团的案例，如图 10-15 所示。

如图 10-15 所示，兴发集团的股价在 2020 年 4 月到 6 月期间，出现了一波横向盘整走势。该股股价在振荡过程中，布林通道的喇叭口越来越窄，这说明股价波动幅度越来越小，正在选择未来的突破方向，投资者宜密切关注该股其后的走势。

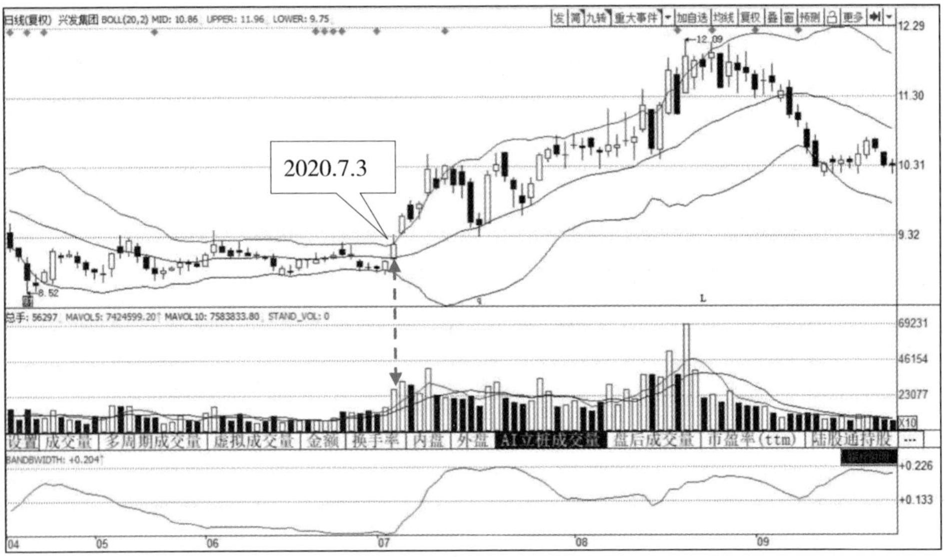

图 10-15　兴发集团（600141）日 K 线走势图

2020 年 7 月初，该股股价出现小幅下跌，且股价触及了布林线下轨，但由于布林通道的喇叭口继续收缩，投资者也可仍然将其看成股价的正常盘整。

7 月 3 日，该股股价放量向上突破了布林线中轨，说明股价进入了快速上涨区间。观察当时的布林通道宽度情况可知，布林通道宽度指标开始自底部向上反弹，这说明布林通道的喇叭口开始放大，股价的波动幅度开始放大，这也是股价启动上涨的一个较为明确的迹象。

综合以上分析，投资者可在股价放量向上突破中轨线时开始入场建仓。其后，若股价有效跌破中轨线，则可考虑清仓。

第三节 K线与均线、成交量识别的3个卖出信号

在实战操作过程中，股价进入高位后，投资者都要做好随时撤退的准备，特别是下面几种形态出现时，投资者更要小心。

一、均线空头排列

均线空头排列是指长期均线、中期均线和短期均线按照自上而下的顺序排列，三根均线呈现向下倾斜状，如图10-16所示。均线的空头排列，表示空方力量强大，股价进入到一个持续的下跌期，通常是中线离场的信号。

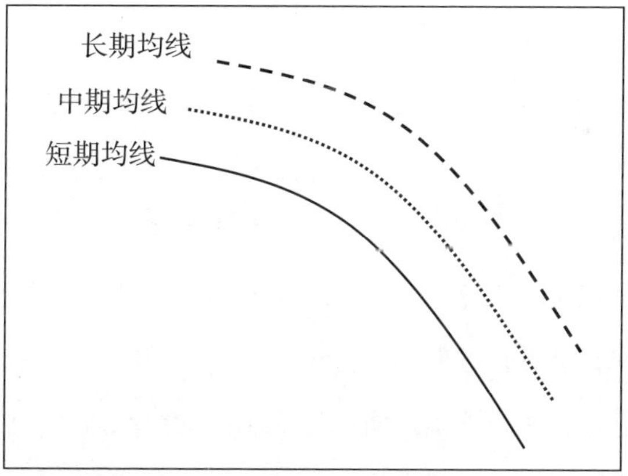

图10-16 均线的空头排列

投资者根据均线的空头排列进行操作时，应该注意以下几点。

第一，当均线呈空头排列时，投资者可以在前期和中期积极做空，尤其是空头排列刚形成的首个交易日，是最佳的卖出时机。

第二，均线如呈空头排列，股价大多会处于短期均线之下运行，如果股价反弹，并在某条均线附近遇到阻力再度下跌，持股者应果断卖出。

第三，当股价下跌到低位后，均线虽然仍呈空头排列，但是已经有走平或掉头向上的迹象，此时投资者不应再盲目割肉。

下面来看一下梅安森的案例，如图 10-17 所示。

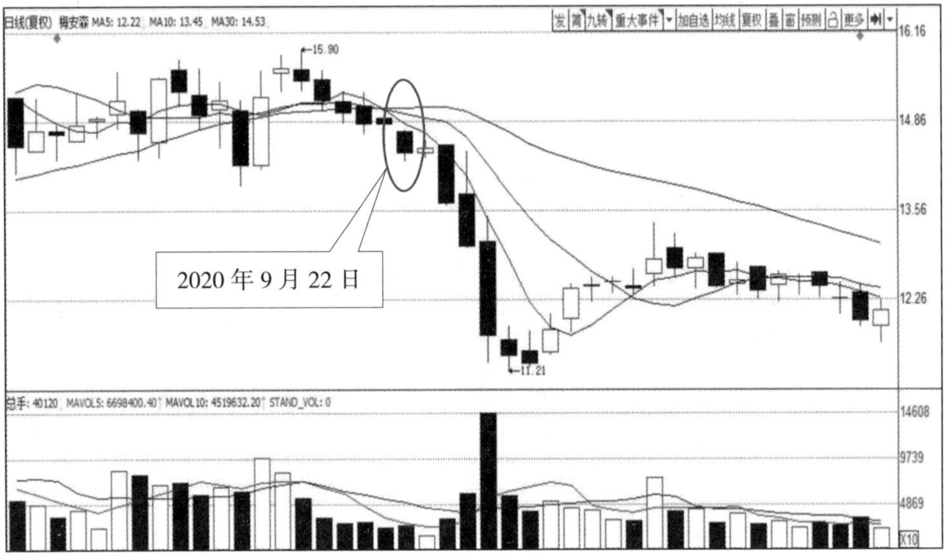

图 10-17 梅安森（300275）日 K 线走势图

如图 10-17 所示，2020 年 9 月 22 日，梅安森的股价大幅下挫，与此同时，5 日均线向下跌破 10 日均线和 30 日均线， 5 日、10 日和 30 日均线形成了空头排列状态，这意味着该股已进入到空头市场中，股价的整体趋势将转弱。由于梅安森的股价之前已有较大的涨幅，所以这次出现的空头排列，会引发一波较大的下跌行情，持股的投资者应及时离场。

二、均线死亡交叉

均线死亡交叉简称死叉，是指周期较短的均线由上而下跌破周期较长的均线，而且这两条均线的方向都是向下的，如图 10-18 所示。均线死叉代表支撑线被向下突破，表示股价将继续下跌，通常是卖出信号。

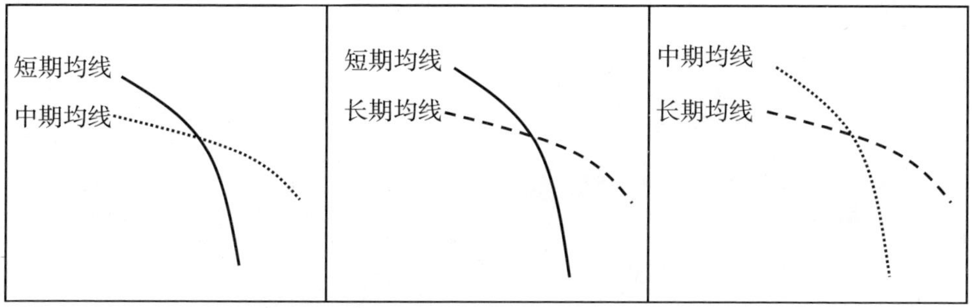

图 10-18 均线死叉

投资者在根据均线的死亡交叉进行操作时，应该注意以下几点。

第一，短期均线跌破下降中的长期均线，形成死亡交叉，投资者应该在死叉形成的当天果断卖出。

第二，均线形成死叉时，周期较长的均线应该是向下的。如果该均线走平或向上，则是一个虚假的死叉，不能视为卖出信号。

第三，如果周 K 线图上的均线出现死叉，中长期投资者应该积极做空，持币观望。

第四，两条交叉的均线下倾的角度越大，周期越长，看跌信号越强烈。

第五，两条周期较长的均线发生死叉时，如果股价在交叉点下方附近，那么投资者可以继续做空；如果股价位于均线下方较远的位置，那么股价有可能出现反弹，持股者不宜马上割肉，应等反弹出现后择高卖出。

下面来看一下云天化的案例，如图 10-19 所示。2020 年 8 月 19 日，处于上涨行情末期的云天化创出新高后回落，当天收出一根上影线很长的阴线。次日该股收出一根十字线，表示多方无力上攻，股价随时有下跌可能，之后该股出现连续的小幅下跌。2020 年 8 月 26 日，云天化的 5 日均线跌破了正在向下移动的 10 日均线，形成了死亡交叉。这是较为明显的卖出信号，投资者应考虑卖出该股。

其后，该股股价虽出现反弹，但反弹力度很小，该股开始了一波快速杀跌过程。

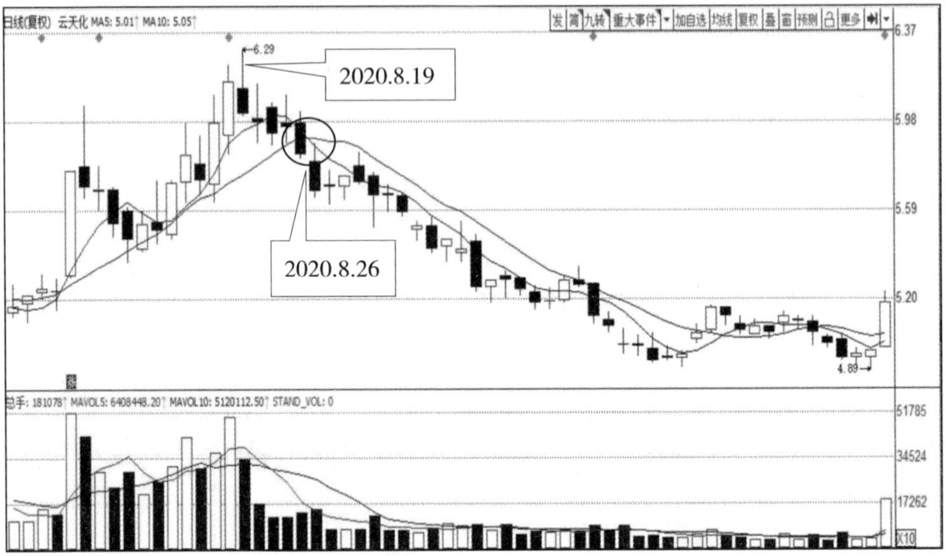

图 10-19　云天化（600096）日 K 线走势图

三、股价 K 线与成交量顶背离

量价顶背离是指股价创出一浪比一浪高的高点时，成交量却没有创出新高。按照正常的量价理论，股价的上涨是由资金推动的，那么，股价创出更高的高点时，必然会出现更高的成交量；反之，当股价创出新高时，成交量却没有创出新高，则说明市场的增量资金存在不足，这种上涨势头很难持续。

当然，这种量价背离出现后，有时股价会很快转入下行趋势，有时可能还会再度出现二次背离，甚至三次背离后才开始下跌。不过，下跌是最终的归宿，因而，量价顶背离出现后，即使均线系统发出买入信号，投资者也应该清楚，这种上升势头是很难持续的，还是应该选择卖出这类股票的。

下面来看一下南方轴承的案例，如图 10-20 所示。自 2020 年 2 月下旬，南方轴承的股价开始了一段时间的振荡上扬。在上涨过程中，股价分别在 5 月 26 日和 7 月 23 日创下两个阶段高点，且后一个高点明显高于前一个。不过，观察两个阶段高点所对应的成交量可以发现，第二个高点所对应的成交量柱明显低于第一个，说明该股出现了量价顶背离形态。这说明股价未来将进入下行通道，投资者不宜再入场交易。

图 10-20 南方轴承（002553）日 K 线走势图

9 月 9 日，该股股价大幅上涨，且 10 日均线向上突破了 20 日均线，而 60 日均线呈振荡上扬态势。一般来说，此时就应该是一个较佳的买入点位，但鉴于此前该股股价已经出现了量价顶背离，因此，投资者还是以放弃买入该股为佳。

第四节 K 线与其他技术指标识别的 3 个卖出信号

K 线与其他技术指标组合发出的卖出信号，也是值得投资者重点关注的对象。事实上，K 线与其他技术指标组合识别卖出形态的技巧很多，本节仅列举了其中几个，以供读者参考。

一、K 线双顶与 KDJ 死叉

K 线双重顶与 KDJ 指标组合的具体要求如下。

第一，股价 K 线在形成两个顶部的过程中，KDJ 指标也会同步出现至少两次的高位死叉（50 线上方的死叉）。

第二，股价 K 线形成双重顶的过程中，曲线 K 与曲线 D 的高点要位于 50 线上方。

第三，曲线 K 与曲线 D 在股价 K 线形成顶部区间，所形成的两个死叉要一个比一个低。

第四，双重顶的第二个顶要高于第一个，双重顶形成后，股价跌破颈线位，就是该股的一个卖点；曲线 K 与曲线 D 二次形成死叉时，也是该股的卖点。

下面来看一下阿石创的案例，如图 10−21 所示。

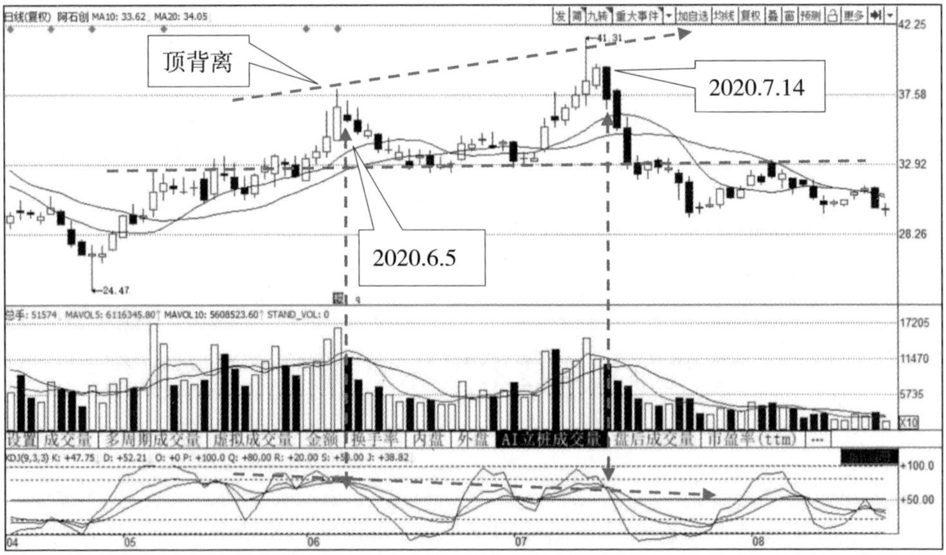

图 10−21　阿石创（300706）日 K 线走势图

如图 10-21 所示，阿石创的股价在 2020 年 6 月上旬出现了明显的筑顶迹象。2020 年 6 月 4 日和 7 月 10 日，该股分别创下了两个顶部高点，形成了双重顶形态，且后一个顶要高于前一个。按照双重形态的操作要求，通常要等到股价跌破颈线位时，才能正式确认双重顶形态形成，不过，此时股价已经下跌较大的幅度了。

投资者如果结合 KDJ 指标进行分析，就可以提早作出卖出股票的判断。首先，随着股价双重形态的出现，KDJ 指标在 6 月 5 日和 7 月 14 日分别出现了两个死亡交叉，都是比较明显的卖出信号，而且曲线 K 在死叉前所创下的两个高点一个比一个低，这说明股价与 KDJ 指标出现了顶背离形态。因此，当曲线 K 与曲线 D 形成死亡交叉的 7 月 14 日，投资者就应该卖出股票，而不是等到跌破颈线时再卖出。

二、股价 K 线与 MACD 顶背离

MACD 指标与股价的顶背离与量价顶背离情况相似，当股价创出一波比一波高的价格时，MACD 指标却并未同步创出新高，这就是 MACD 指标与股价的顶背离，也就意味着股价即将结束上行趋势。此后，若均线出现金叉等买入形态，投资者也不宜入场执行买入操作。

下面来看一下万孚生物的案例，如图 10-22 所示。自 2020 年 2 月下旬，万孚生物的股价开始了一段时间的振荡上扬。该股股价在上涨过程中，分别在 4 月 23 日和 7 月 15 日创下了两个阶段高点，且后一个高点明显高于前一个。不过，观察两个阶段高点所对应的 MACD 指标可以发现，第二个高点对应的 MACD 指标的高点明显低于第一个，说明该股出现了 MACD 指标顶背离形态。这说明股价未来将进入下行通道，投资者不宜再入场交易。

9 月 1 日，该股股价连续大幅上涨，且 10 日均线向上突破了 20 日均线，

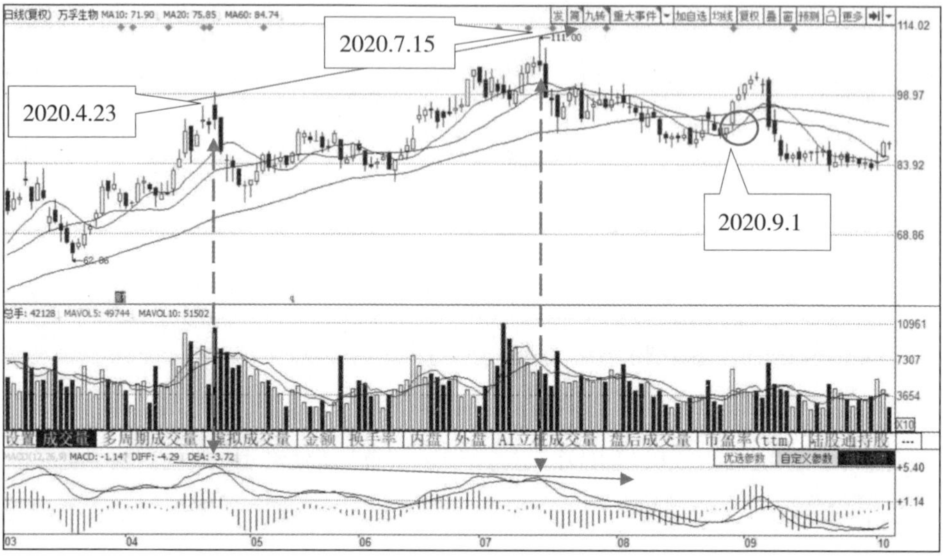

图 10-22　万孚生物（300482）日 K 线走势图

而 60 日均线呈振荡上扬态势。一般来说，此时就是一个较佳的买入点位。但鉴于此前该股股价已经出现了 MACD 指标顶背离形态，因此，投资者还是以放弃买入该股为佳。

三、布林线中轨遇阻回落

一般而言，当股价运行于中轨线下方时，是不建议投资者入场交易的。不过，在股价出现超跌的情况下，有时候投资者入场抄底后，股价也会随之回升。当股价触及中轨线且并未突破中轨线就出现回落的迹象，则属于典型的卖出信号。

其操作要点如下。

第一，股价自高点回落一段时间后，可能来到布林线下轨附近，甚至会跌破下轨线，此后，股价可能会出现反弹走势。

第二，随着股价的反弹，布林通道的喇叭口可能会呈现收缩状态，这是股价波动幅度较弱的标志。

第三，股价反弹至布林线中轨位置时，因受中轨线的阻力而重新下跌。一般情况下，此时布林线中轨可能会处于向右下方倾斜态势，即股价运行趋势属于下行趋势，这就是投资者离场的最佳时机。

第四，随着股价在中轨线位置遇阻回落，布林通道的喇叭口可能会重新放大，这也是股价加速下跌的一种迹象。

下面来看一下山东黄金的案例，如图 10-23 所示。山东黄金的股价自 2020 年 8 月 7 日高位回落后，一路下跌，并很快跌破了中轨线。

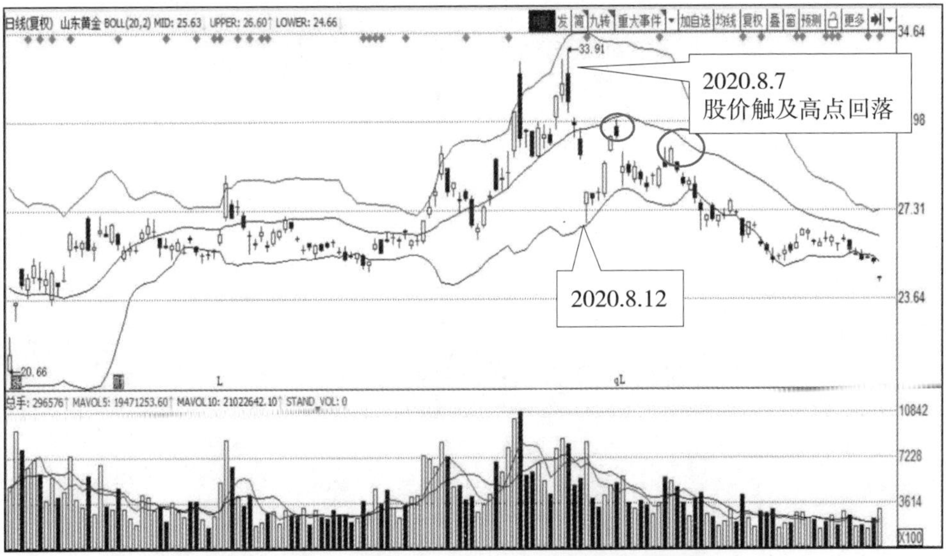

图 10-23　山东黄金（600547）日 K 线走势图

2020 年 8 月 12 日，该股股价在触及了布林线下轨后出现反弹走势，由于该股之前跌幅很大，很多喜欢抢反弹的投资者开始入场。此后，该股股价在触及中轨线位置时，因受中轨线的阻力而再度下跌。随着股价反弹遇阻回落，布林通道的喇叭口开始重新放大，这说明该股股价还将延续下跌趋势。

其后，该股股价一直沿布林线下轨线下行。期间，该股股价多次出现反弹走势，但是当股价反弹至布林线中轨线位置时，均因中轨线的阻力而回落。

由于该股已经步入下行趋势，投资者还是不参与反弹为宜。